"十二五"普通高等教育本科国家级规划教材

21世纪韩国语系列教材

韩国语
视听说教程

三

（第二版）

何彤梅　总　主　编
张国强　执行总主编

潘燕梅　主　编

北京大学出版社
PEKING UNIVERSITY PRESS

图书在版编目(CIP)数据

韩国语视听说教程.3/ 潘燕梅 主编. —2版. —北京：北京大学出版社，2016.4
(21世纪韩国语系列教材)
ISBN 978-7-301-26816-2

Ⅰ.韩… Ⅱ.①潘… Ⅲ.朝鲜语—听说教学—高等学校—教材 Ⅳ.①H559.4

中国版本图书馆CIP数据核字(2016)第023235号

书　　　名	韩国语视听说教程(三)(第二版)
	HANGUOYU SHITINGSHUO JIAOCHENG (SAN) (DI-ER BAN)
著作责任者	潘燕梅　主编
组稿编辑	张　娜
责任编辑	刘　虹
标准书号	ISBN 978-7-301-26816-2
出版发行	北京大学出版社
地　　　址	北京市海淀区成府路205号 100871
网　　　址	http://www.pup.cn　新浪微博:@北京大学出版社
电子邮箱	编辑部 pupwaiwen@pup.cn　总编室 zpup@pup.cn
电　　　话	邮购部 010-62752015　发行部 010-62750672　编辑部 010-62754382
印刷者	北京虎彩文化传播有限公司
经销者	新华书店
	787毫米×1092毫米　16开本　18印张　438千字
	2010年8月第1版
	2016年4月第2版　2024年8月第6次印刷
定　　　价	56.00元

未经许可，不得以任何方式复制或抄袭本书之部分或全部内容。
版权所有，侵权必究
举报电话: 010-62752024　电子邮箱: fd@pup.cn
图书如有印装质量问题，请与出版部联系，电话: 010-62756370

"十二五"普通高等教育本科国家级规划教材

"21世纪韩国语系列教材"专家委员会

主任委员：

安炳浩　北京大学　教授
　　　　中国朝鲜语/韩国语教育研究学会会长
张光军　解放军外国语学院亚非系主任　博导
　　　　教育部外语教学指导委员会委员
　　　　大韩民国国语国文学会海外理事
张　敏　北京大学　教授　博导
牛林杰　山东大学韩国学院院长　教授　博导

委　员：

金永寿　延边大学朝鲜韩国学院院长　教授
苗春梅　北京外国语大学亚非学院韩国语系主任　教授
何彤梅　大连外国语大学韩国语系主任　教授
王　丹　北京大学外国语学院朝鲜(韩国)语言文化系主任　教授　博导

韩国专家顾问：

闵贤植　韩国首尔大学国语教育系　教授
姜信沆　韩国成均馆大学国语国文系　教授
赵恒禄　韩国祥明大学国语教育系　教授

目 录

- 제1과 한국의 풍습 ………………………………………………………… 1
- 제2과 한식 ……………………………………………………………………… 8
- 제3과 한국의 민속 ……………………………………………………………… 15
- 제4과 지리와 관광 ……………………………………………………………… 23
- 제5과 한국의 문화 ……………………………………………………………… 29
- 제6과 경제와 생활 ……………………………………………………………… 37
- 제7과 직장 생활 ………………………………………………………………… 44
- 제8과 바른 말, 고운 말 (1) …………………………………………………… 53
- 제9과 바른 말, 고운 말 (2) …………………………………………………… 61
- 제10과 아름다운 글 ……………………………………………………………… 68
- 제11과 연애와 결혼 이야기 …………………………………………………… 74
- 제12과 한국의 드라마 (1) ……………………………………………………… 82
- 제13과 한국의 드라마 (2) ……………………………………………………… 89
- 제14과 한자성어 ………………………………………………………………… 96
- 제15과 속담 ……………………………………………………………………… 102
- 제16과 뉴스 (1) ………………………………………………………………… 109
- 제17과 뉴스 (2) ………………………………………………………………… 117
- 제18과 뉴스 (3) ………………………………………………………………… 125
- 제19과 연예 소식 ………………………………………………………………… 134
- 제20과 선거 이야기 ……………………………………………………………… 142
- 제21과 한복 ……………………………………………………………………… 148
- 제22과 사람을 감동시키는 글 (1) …………………………………………… 154
- 제23과 사람을 감동시키는 글 (2) …………………………………………… 159
- 제24과 한국의 경제 ……………………………………………………………… 165
- 제25과 한국의 역사 인물과 옛날 이야기 …………………………………… 171
- 녹음대본 录音资料 ……………………………………………………………… 182
- 답안 正确答案 …………………………………………………………………… 258

目 录

- 제1과   한국의 풍습 ·· 1
- 제2과   한식 ·· 8
- 제3과   한국의 민속 ·· 15
- 제4과   지리와 관광 ·· 23
- 제5과   한국의 문화 ·· 29
- 제6과   경제와 생활 ·· 37
- 제7과   직장 생활 ··· 44
- 제8과   바른 말, 고운 말 (1) ······································ 53
- 제9과   바른 말, 고운 말 (2) ······································ 61
- 제10과 아름다운 글 ·· 68
- 제11과 연애와 결혼 이야기 ·· 74
- 제12과 한국의 드라마 (1) ·· 82
- 제13과 한국의 드라마 (2) ·· 89
- 제14과 한자성어 ·· 96
- 제15과 속담 ·· 102
- 제16과 뉴스 (1) ··· 109
- 제17과 뉴스 (2) ··· 117
- 제18과 뉴스 (3) ··· 125
- 제19과 연예 소식 ·· 134
- 제20과 선거 이야기 ··· 142
- 제21과 한복 ·· 148
- 제22과 사람을 감동시키는 글 (1) ······························· 154
- 제23과 사람을 감동시키는 글 (2) ······························· 159
- 제24과 한국의 경제 ··· 165
- 제25과 한국의 역사 인물과 옛날 이야기 ···················· 171
- 녹음대본 录音资料 ··· 182
- 답안 正确答案 ··· 258

제1과   한국의 풍습

학습 내용: 한국의 풍습을 익힌다.
질문: 알고 있는 한국 풍습을 이야기하세요.

 마당 1

새 단어:
어림없다[형용사]   没门儿 / 도저히 될 가망이 없다.
　*그가 나를 끌어들이려구? 어림없다!
횡재[명사]   橫禍 / 뜻밖에 재난을 당함. 또는 그 재난
어젯밤[명사]   昨晚,昨夜 / 어제의 밤.
외상[명사]   賒账 / 값은 나중에 치르기로 하고 물건을 사거나 파는 일.
백일[명사]   百天,百日 / 아이가 태어난 날로부터 백 번째 되는 날.
집다[동사]   抓,夹 / 손가락이나 발가락으로 물건을 잡아서 들다.
　『…을』 / *젓가락으로 반찬을 집어요.
돌잔치[명사]   周岁宴 / 첫돌이 되는 날에 베푸는 잔치.

대화 1
1. 민우는 왜 왕진한테 축하해 줍니까?

대화 2
1. 들은 내용과 다른 것을 고르십시오.
   1) 윤아는 민수한테 선물을 사 가지고 갈 것이다.
   2) 민수의 어머니가 음식을 충분히 준비하지 않았다.
   3) 민수는 윤아한테 컵라면을 사 줬다.
   4) 윤아는 음식을 먹었는데도 배고프다.

대화 3
1. 들은 내용과 같은 것을 고르십시오.
   1) 오늘은 남자의 애기 백일입니다.
   2) 오늘은 여자의 애기 돌입니다.
   3) 아이가 먼저 돈을 집었다.
   4) 아이가 먼저 실을 집었다.

2. 애기의 돌은 어떤 날입니까?

대화 4
1. 돌잔치 때 왜 금반지를 선물합니까? 무슨 뜻입니까?

마당 2

새 단어:

엿[명사]   糖稀, 麦芽糖 / 곡식으로 밥을 지어 엿기름으로 삭힌 뒤 겻불로 밥이 물처럼 되도록 끓이고, 그것을 자루에 넣어 짜낸 다음 진득진득해질 때까지 고아 만든 달고 끈적끈적한 음식.

교문[명사]   校门 / 학교의 문.

도끼[명사]   斧子 / 나무를 찍거나 패는 연장의 하나. 쐐기 모양의 큰 쇠 날의 머리 부분에 구멍을 뚫어 단단한 나무 자루를 박아 만든다.

돋보기[명사]   放大镜, 老花镜 / 작은 것을 크게 보이도록 알의 배를 볼록하게 만든 안경. 흔히 노인들이 쓴다.

손[명사]   鬼神 / 귀신.

길일[명사]   吉日 / 운이 좋거나 상서로운 날.

조왕[명사]   灶王爷 / 한민족의 토속신앙에서 부엌을 지배하는(다스리는) 신이다.

불씨[명사]   火种 / 언제나 불을 옮겨 붙일 수 있게 묻어 두는 불덩이.

제1과 한국의 풍습

> 흰시루떡[명사]   白糯米蒸糕/ 떡가루에 콩이나 팥 따위를 섞어 시루에 켜를 안치고 찐 떡. 떡가루에 섞는 재료와 만드는 방법에 따라 백설기, 콩 시루떡, 대추 시루떡, 석이 시루떡, 갖은시루떡 따위의 여러 종류가 있다.
>
> 멍석[명사]   草席 / 짚으로 결어 네모지게 만든 큰 깔개. 흔히 곡식을 넣어 말리는 데 쓰나, 시골에서는 큰일이 있을 때 마당에 깔아 놓고 손님을 모시기도 한다.
>
> 엎드리다[동사]   卧,伏地 /『…에』 배를 바닥에 붙이거나 팔다리를 짚고 몸 전체를 길게 뻗다.
>   * 그는 방바닥에 엎드려 책을 읽고 있었다.
>
> 허사[명사]   泡汤 / 보람을 얻지 못하고 쓸데없이 한 노력.

내용 1

1. 한국 사람들은 보통 시험을 앞둔 친구에게 무엇을 선물합니까?

2. 시험이 있는 날에 무슨 모습을 많이 볼 수 있습니까? 무슨 뜻입니까?

내용 2

1. 휴지와 포크 등을 선물하는 이유는 뭡니까?

2. 돋보기와 거울은 언제 선물합니까? 무슨 뜻입니까?

내용 3

1. 조왕이란 무슨 신입니까?

2. '손 없는 날'은 무슨 날을 가리킵니까?

3. 이사할 때 무슨 음식을 먹습니까?

내용 4

1. 발렌타인데이 때는 "내"가 왜 초콜릿을 선물했습니까?

2. "내"가 선물을 받기 위해 어떻게 노력했습니까?

 마당 3

새 단어:
답례품[동사]   答谢品 / 감사의 표시로 주는 물건.
금기[명사]   禁忌, 忌讳 / 마음에 꺼려서 하지 않거나 피함.
축의금[명사]   礼金, 礼钱 / 축하하는 뜻을 나타내기 위하여 내는 돈.
부의금[명사]   丧礼钱, 奠钱 / 부의로 보내는 돈.
짝수[명사]   双数, 偶数 / <수학> 2로 나누어서 나머지가 0이 되는 수. 2, 4, 6, 8, 10 따위의 수를 이른다.
홀수[명사]   单数, 奇数 / <수학> 2로 나누어서 나머지 1이 남는 수. 1, 3, 5, 7, 9 따위의 수를 이른다.
괘종시계[명사]   挂钟 / 시간마다 종이 울리는 시계. 보통 벽에 걸어 둔다.
욕설[명사]   辱骂 / 남의 인격을 무시하는 모욕적인 말. 또는 남을 저주하는 말.
건어물[명사]   干海鲜 / 생선, 조개류 따위를 말린 식품.
연하장[명사]   贺年卡 / 새해를 축하하기 위하여 간단한 글이나 그림을 담아 보내는 서장(書狀).
스카치[명사]   苏格兰威士忌 / 스코틀랜드산의 몰트위스키 또는 블렌디드 위스키. 이탄(泥炭)을 사용하므로 특유의 훈연(燻煙) 향이 있다.
코냑 [명사]   白兰地 / 프랑스 코냐크 지방에서 생산하는 고급 술. 포도주를 증류하여 정제한 것으로 알코올 농도가 40~70%이다.

1. 중, 한, 일 나라별 금기인 것은 무엇입니까? 빈칸을 채우십시오.

나라 \ 내용	선물	금기 선물
중국	————	
일본		
한국		————

2. 들은 내용과 일치하는 것을 고르십시오.
   1) 한국에서 우산을 선물하는 것은 실례가 된다.
   2) 한국에서 초대를 받을 때 먹을 것을 가져가지 않는다.
   3) 일본에서 여름에는 수입 스카치, 코냑을 선물하는 것이 좋다.
   4) 일본에서 꽃을 선물할 때 짝수를 한다.

3. 한국에서 축의금과 부의금을 줄 때 어떻게 해야 합니까?

마당 4

새 단어:
공경[명사]   恭敬 / 공손히 받들어 모심.
경례[명사]   敬礼 / 공경의 뜻을 나타내기 위하여 인사하는 일.
상기[명사]   想起 / 지난 일을 돌이켜 생각하여 냄.
지체[명사]   耽误, 拖延 / 때를 늦추거나 질질 끎.
굽히다[동사] 使弯曲 / '굽다'의 사동사.
    *그는 허리를 굽혀 그 소형차에 올라탔다.
이마[명사]   额头 / 얼굴의 눈썹 위로부터 머리털이 난 아래까지의 부분.
반절[명사]   欠身 / 허리를 굽혀 양손을 바닥에 짚고 앉아 고개를 숙여서 하는 여자의 절.
무릎[명사]   膝盖 / <의학> 넓적다리와 정강이의 사이에 있는 관절의 앞부분.

1. 남자가 절하는 순서를 쓰십시오.
   남자의 경우
   1)
   2)
   3)
   4)
   5)
   6)
   7)

2. 여자가 절하는 순서를 쓰십시오.
   여자의 경우
   1)
   2)
   3)
   4)
   5)

 마당 5

새 단어:
예단[명사]   礼单 / 예물로 보내는 비단.
신부[명사]   新娘 / 갓 결혼하였거나 결혼하는 여자.

신랑[명사]　新郎 / 갓 결혼하였거나 결혼하는 남자.
트러블(trouble)[명사]　烦恼,苦恼,忧愁 / '말썽', '충돌', '고장', '문제점', '불화'로 순화.
지름길[명사]　捷径 / 멀리 돌지 않고 가깝게 질러 통하는 길.
곁들이다[동사]　搭配 /『…에』어떤 공간이나 상황 따위에 끼어들다.
　　*큰 가게 구석에 조그만 다방이 곁들어 있다.
은수저[명사]　银勺子和筷子 / 은으로 만든 숟가락과 젓가락.
속지[명사]　信纸 / 편지 봉투 따위에 들어 있는, 글 쓴 종이.
한지[명사]　宣纸 / 고유의 제조법으로 만든 종이. 닥나무 껍질 따위의 섬유를 원료로 한다.
뻣뻣하다[형용사]　挺,生硬 물체가 굳고 꼿꼿하다.
봉하다[동사]　封,封口 /『…을』/ 문, 봉투, 그릇 따위를 열지 못하게 꼭 붙이거나 싸서 막다.
　　*이 편지는 아직 봉하지 않았다
예법[명사]　礼法,礼节 / 예절.
받치다[동사]　托,衬托,支撑 /『…에 …을』어떤 물건의 밑이나 안에 다른 물체를 대다.
　　*그는 양손으로 머리를 받친 채 무엇을 생각하고 있다
혼수[명사]　嫁妆,结婚用品 / 혼인에 드는 물품.

1. 아래 양식은 결혼식 축의금봉투입니다. 친구가 결혼한다면 편지지에 축하말을 써 보세요.

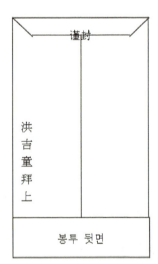

2. 예단에 대해 맞는 것은 어느 것입니까?
   1) 예단은 남자집의 가장이 정하는 것이다.
   2) 예단은 보내는 시기가 정해져 있다.
   3) 예단은 현금만으로 한다.
   4) 예단은 시댁에서 원하는 시기에 맞춰서 한다.

3. 예단을 받는 시댁에서는 어떻게 예단을 받습니까?

제2과 한식

학습 내용: 한국 음식에 대한 이야기를 듣고 이해한다.
질문: 1. 한국 음식의 특징은 무엇이라고 생각합니까? 원인을 설명하세요.
2. 한국 음식을 만들어 본 적이 있습니까?

 마당 1

새 단어:

찌개[명사] 汤 / 뚝배기나 작은 냄비에 국물을 바특하게 잡아 고기·채소·두부 따위를 넣고, 간장·된장·고추장·젓국 따위를 쳐서 갖은 양념을 하여 끓인 반찬.

건더기[명사] 稠的,干的,(汤里的)固体物质 / 국이나 찌개 따위의 국물이 있는 음식 속에 들어 있는 국물 이외의 것.

한정식[명사] 韩定食(韩国传统套餐) / 전통적인 한식 식단을 바탕으로 여러 가지 음식을 내는 정식.

고민[명사] 苦恼,忧愁 / 마음속으로 괴로워하고 애를 태움.

게장[명사] 酱螃蟹 / 염장한 게를 간장에 숙성한 다음, 그 간장을 따라 내어 끓였다가 식혀, 숙성한 게에 다시 부어 삭힌 음식. 고춧가루가 들어간 양념장에 날 게를 버무려 빨갛게 만들기도 한다.

감추다[동사] 隐藏,藏起来 /『…을 …에』『…을 …으로』남이 보거나 찾아내지 못하도록 가리거나 숨기다.
  * 떠나는 날 아침, 할머니는 옷 속에 감추어 두었던 돈을 꺼내 주셨다.
추어탕[명사] 泥鳅汤 / 된장을 푼 물에 미꾸라지를 갈아 넣고 우거지 따위와 함께 끓인 국.
미꾸라지[명사] 泥鳅 /『동물』미꾸릿과의 민물고기. 몸의 길이는 10~20cm이고 등은 푸른빛을 띤 검은색이며, 배는 흰색이고 검은 점이 많다. 몸은 가늘고 길며 몹시 미끄럽고 수염이 길다. 논, 개천, 못 따위의 흙 속에 사는데 가끔 수면에 떠올라 공기 호흡을 한다. 한국, 중국 등지에 분포한다.
뼈[명사] 骨头 /『의학』척추동물의 살 속에서 그 몸을 지탱하는 단단한 물질. 표면은 뼈막으로 덮여 있고, 속에는 혈구를 만드는 골수로 채워져 있다.
갈다[동사] 磨,研磨 / 날카롭게 날을 세우거나 표면을 매끄럽게 하기 위하여 다른 물건에 대고 문지르다.
  * 맨돌로 밀을 갈아요.

대화 1

1. 국과 찌개의 차이점은 무엇일까요?

2. 옛날 사람들은 어떻게 단백질을 보충했습니까?

대화 2

1. 수진은 무슨 고민을 하고 있습니까?

2. 한정식이 갈비보다 좋은 점이 무엇입니까?

3. 프로그램에서 나온 한정식집의 특징은 무엇입니까?

내용 3

1. 게장을 만들 때 쓰이는 자료가 아닌 것은 무엇입니까?
   1) 게
   2) 고춧가루
   3) 새우
   4) 간장

2. 게장은 왜 밥도둑이라고 합니까?

3. '게 눈 감추듯이'는 무슨 뜻입니까?

내용 4

들은 내용과 같으면 ○표, 다르면 ×표 하십시오.
1) 추어탕은 가을에 먹는 음식이었다. (　　　)
2) 서울의 미꾸라지는 뼈가 단단하여 갈아서 추어탕을 끓였지만 남쪽 지방은 그래도 끓여 먹었다고 했다. (　　　)
3) 지역마다 미꾸라지의 종류가 다르니까 추어탕을 끓이는 방법도 많이 다르다. 　　　　　　　　　　　　　　　　　　　　　　　　　　　　　(　　　)
4) 추어탕에는 미용 효과가 별로 없다. (　　　)

마당 2

새 단어:
한우[명사]　韩牛 / 소의 한 품종. 암소는 600kg, 황소는 650kg 정도이며, 누런 갈색이다. 체질이 강하고 성질이 온순하며, 고기 맛이 좋다.
쫄깃하다[형용사]　筋道 / 씹히는 맛이 조금 차지고 질긴 듯한 느낌이 있다.
기르다[동사]　养, 培育 / 동식물을 보살펴 자라게 하다.
　*엄마는 혼자서 아들을 길렀다.
모듬[명사]　拼盘 / '모임'의 잘못.
일품[명사]　精品 / 품질이나 상태가 제일감. 또는 그런 물품.
사르르[부사]　慢慢地, 静静地 / 눈이나 얼음 따위가 저절로 살살 녹는 모양.
만점[명사]　满分 / 규정한 점수에 꽉 찬 점수.
사골[명사]　腿骨 / 짐승, 특히 소의 네 다리뼈. 주로 몸을 보신하는 데 쓴다.
곰탕[명사]　牛尾汤 / 곰국.

1. 팔도순한우집의 한우에 관한 설명이 아닌 것을 고르십시오.
　 1) 국내산 1등급 한우고기다.
　 2) 안창살, 갈비살 등 부위별로 다 있다.
　 3) 먹으면 사르르 녹는 느낌이 든다.
　 4) 한우는 구워서만 먹을 수 있다.
2. 여성 손님들에게 인기가 좋은 음식은 무엇입니까?
　　1) 한우사골　　　2) 갈비탕　　　3) 곰탕　　　4) 게장정식

3. 팔도순한우집에서 먹을 수 없는 음식은 무엇입니까?
   1) 한우 모듬구이   2) 삼겹살   3) 육회   4) 영양돌솥밥

 마당 3

새 단어:
감자탕[명사]   土豆汤 / 돼지 뼈에 감자, 들깨, 파, 마늘 따위의 양념을 넣어 끓인 찌개.
등뼈[명사]   脊骨 /『의학』'척추뼈'의 전용어.
척수[명사]   脊髓 /『의학』척추의 관 속에 있는 중추 신경 계통의 부분. 길이는 약 45cm이고 원기둥 모양이며, 위쪽은 머리뼈 안의 숨뇌로 이어지고 아래쪽 끝은 대개 둘째 허리뼈 높이에서 끝난다.
자웅[명사]   雌雄 / 암수.
겨루다[동사]   较量, 竞争 / 서로 버티어 승부를 다투다.
   * 그는 나와 한번 겨루어 볼 만한 상대이다.
노약자[명사]   老弱者 / 늙거나 약한 사람.
개항되다[동사]   开港, 通航 / 외국과 통상을 할 수 있게 항구를 개방하여 외국 선박의 출입을 허가하거나 그렇게 하게 하다.
경인선[명사]   京仁线 /『교통』서울과 인천 사이를 잇는 철도. 한국 최초의 철도로 1899년 9월 18일에 제물포에서 노량진 사이가 개통되었으며, 1965년 9월 18일에 복선이 개통되었다. 길이는 27km.

1. 들은 내용과 같으면 ○표, 다르면 ×표 하십시오.
   1) 감자탕은 감자가 들어 있어서 감자탕이라고 한다.
   2) 감자탕은 전라도 지역에서 유래되어 지금은 인천의 대표 음식이다.
   3) 감자탕은 남녀노소 다 몸에 좋은 음식이다.
   4) 감자탕이 인천에 자리를 잡은 지 100년이 넘었다.

2. 돼지 등뼈에 없는 성분을 고르십시오.
   1) 단백질   2) 칼슘   3) 비타민 B   4) 비타민 A

3. 들은 내용과 일치하는 것을 고르십시오.
   1) 감자탕은 한국의 대표 전통 음식이다.
   2) 감자탕은 삼국시대에 전라도 지역에서 유래된 것이다.
   3) 지금은 감자탕은 노약자나 환자들을 먹게 한다.
   4) 돼지고기가 맛 없어 소고기로 감자탕을 만든다.

4. 돼지 등뼈의 효과를 사람 별로 써 놓으십시오.

사람 별로	효과
여자	
노인	
어린이	

마당 4

새 단어:

후춧가루[명사]　胡椒粉 / 후추를 갈아서 만든 가루. 양념으로 쓴다.
핏물[명사]　血水 /『의학』'피'를 액체로 강조하여 이르는 말.
큼직하다[형용사]　非常大 / 꽤 크다.
토막[명사]　片, 段 / 크고 덩어리가 진 도막.
냄비[명사]　锅, 汤锅, 炖锅 / 음식을 끓이거나 삶는 데 쓰는 용구의 하나. 보통 솥보다는 운두가 낮고 뚜껑과 손잡이가 있다.
다지다[동사]　切 / 고기, 채소 양념감 따위를 여러 번 칼질하여 잘게 만들다.
팔팔[부사]　咕嘟咕嘟(沸腾的样子) / 작은 것이 힘차게 날거나 뛰는 모양.

1. 감자탕에 들어가는 재료 이름을 쓰십시오.

(　　　)　　　(　　　)　　　(　　　)

(　　　)　　　(　　　)　　　(　　　)

제2과 한식 13

(   )   (   )   (   )

2. 다시 듣고 주어진 단어를 골라 빈칸을 채우십시오.

> 담그다   붓다   건지다   끓이다   빼놓다   넣다   자르다
> 다지다   섞다   만들다   맞추다   삶다   벗기다

1) 양념장은 고춧가루에 (   ) 마늘, 생강, 진간장, 술, 소금, 후춧가루를 (   ) 만드세요.
2) 다음에 감자는 껍질을 (   ) 뒤 2등분하여 냉수에 (   ) 다가 건져 물기를 (   ) 냄비에 물을 넉넉히 (   ) 손질해 (   ) 감자를 (   ) 삶으세요.
3) 큼직한 냄비에 삶은 돼지 등뼈와 감자를 (   ) 국물을 (   ) 센 불어 팔팔 끓이세요.
4) 감자가 익고 국물이 반쯤 줄면 불을 줄이고 준비한 양념장을 넣어 간을 (   ) 세요.

3. 감자탕을 만드는 방법을 요약해서 이야기해 보십시오.

 마당 5

> 새 단어:
>
> 발효[명사]   发酵 /『화학』효모나 세균 따위의 미생물이 유기 화합물을 분해하여 알코올류, 유기산류, 이산화탄소 따위를 생기게 하는 작용. 좁은 뜻으로는 산소가 없는 상태에서 미생물이 탄수화물을 분해하여 에너지를 얻는 작용을 이른다. 술, 된장, 간장, 치즈 따위를 만드는 데에 쓴다.
>
> 알칼리(alkali)[명사]   碱,碱性物质 /『화학』물에 녹으면 염기성을 나타내는 알칼리 또는 알칼리 토금속의 수용성 수산화물을 통틀어 이르는 말. 수산화나트륨, 수산화칼륨 따위가 있다.
>
> 캅사이신(capsaicin)[명사]   辣椒素;辣椒苦 /『화학』=캡사이신. 고추의 패운 맛운 내는성분.
>
> 무기질[명사]   无机物 /『화학』무기 화합물의 성질. 또는 그 성질을 가진 물질. 주로 생명체의 골격, 조직, 체액 따위에 포함되어 있는 칼슘·인·물·철·요오드 따위를 말한다. 생체 유지에 없어서는 안 되는 영양소이다.

> 섬유질[명사] 纤维 / 섬유로 이루어진 물질.
> 끼우다[동사] 插,安装 / 벌어진 사이에 무엇을 넣고 죄어서 빠지지 않게 하다.
>   * 편지를 어디에 끼워 두었는지 모르겠다.
> 스포츠형 머리[명사] 平头,运动头 / 남자 머리 모양의 하나. 뒷머리와 옆머리는 치올려 깎고 정수리 머리는 평면에 가깝게 깎는다.

윗 이야기를 듣고 질문에 답하십시오.

1. 이야기 내용과 같으면 ○표, 다르면 ×표 하십시오.
    1) 김치는 한국의 대표적인 음식이다. (   )
    2) 김치가 다이어트에 좋다. (   )
    3) 김치를 먹으면 암을 예방할 수 있다. (   )
    4) 김치의 암 예방효과가 증명되지 않고 있다. (   )

2. 깍두기가 뜻하는 의미가 아닌 것은 무엇입니까?
    1) 김치 이름   2) 못 생긴 다리
    3) 스포츠형 머리   4) 이편 저편에 다 끼어서 놀이에 참가하는 아이

3. 김치국부터 마신다는 말은 무슨 뜻입니까?

제3과   한국의 민속

학습 내용: 한옥과 한국 민속놀이와 관련된 내용이다.
질문: 1. 한옥에 대해 잘 아세요?
      2. 한국 전통 놀이를 할 줄 아세요?

 마당 1

새 단어:

농악[명사]   农乐 / <음악> 농촌에서 농부들 사이에 행하여지는 우리나라 고유의 음악. 나발, 태평소, 소고, 꽹과리, 북, 장구, 징 따위를 불거나 치면서 노래하고 춤추며 때로는 곡예를 곁들이기도 한다. ≒풍물놀이.

두레[명사]   互助组 / 농민들이 농번기에 공동으로 농사일을 하기 위하여 마을이나 부락 단위로 만든 조직.

향연[명사]   宴席 / 특별히 융숭하게 손님을 대접하는 잔치.

축제[명사]   庆祝活动 / 축하하여 벌이는 큰 규모의 행사.

꽹과리[명사]   锣 / <음악> 농악과 무악 따위에 사용하는 타악기의 하나. 놋쇠로 만들어 채로 쳐서 소리를 내는 악기로, 징보다 작으며 주로 농악에서 상쇠가 치고 북과 함께 굿에도 쓴다.

징[명사]   锣 / <음악> 민속 음악에 쓰는 타악기의 하나. 놋쇠로 전이 없는 대야

같이 만들어, 울의 한쪽에 두 개의 구멍을 내어 끈을 꿰고 채로 쳐서 소리를 낸다. 음색이 부드럽고 장중하다.

장구[명사]　长鼓 /〈음악〉 국악에서 쓰는 타악기의 하나. 기다란 오동나무로 만든 것으로, 통의 허리는 가늘고 잘록하며, 한쪽에는 말가죽을 매어 오른쪽 마구리에 대고, 한쪽에는 쇠가죽을 매어 왼쪽 마구리에 대어 붉은 줄로 얽어 팽팽하게 켕겨 놓았다. 왼쪽은 손이나 궁글채로, 오른쪽은 열채로 치는데, 그 음색이 각기 다르다. 고려 시대에 중국에서 전하여 온 것이라고 하며, 우리나라의 대표적 악기로서 반주에 널리 쓴다.

북[명사]　鼓 /〈음악〉 타악기의 하나. 나무나 쇠붙이 따위로 만든 둥근 통의 양쪽 마구리에 가죽을 팽팽하게 씌우고, 채로 가죽 부분을 쳐서 소리를 낸다.

탈춤[명사]　假面舞 /〈예술〉 탈을 쓰고 추는 춤.

줄타기[명사]　空中走绳, 走钢丝 / 줄광대나 줄꾼이 줄 위를 걸어다니면서 여러 가지 재주를 보이는 놀이.

광대[명사]　传统艺人 / 가면극, 인형극, 줄타기, 땅재주, 판소리 따위를 하던 직업적 예능인.

연희하다[동사]　表演 / 말과 동작으로 여러 사람 앞에서 재주를 부리다.
　*장터에서는 남사당패들이 풍물, 땅재주, 줄타기 등의 갖가지 연희한다.

아궁이[명사]　灶坑 / 방고래에 불을 넣거나 솥 또는 가마에 불을 지피기 위해 만든 구멍.

부뚜막[명사]　锅台 / 아궁이 위에 솥을 걸어 놓는 언저리. 흙과 돌을 섞어 쌓아 편평하게 만든다.

온돌[명사]　韩式炕, 温突 / 화기(火氣)가 방 밑을 통과하여 방을 덥히는 장치.

굴뚝[명사]　烟筒 / 불을 땔 때에, 연기가 밖으로 빠져나가도록 만든 구조물. 주로 철판, 토관, 벽돌 따위로 만든다.

원두막[명사]　瓜棚 / 오이, 참외, 수박, 호박 따위를 심은 밭을 지키기 위하여 밭머리에 지은 막.

움집[명사]　窝棚 / 움을 파고 지은 집. 움막보다 조금 크다.

1. 아래 그림에서 나온 것의 이름을 알고 있습니까? 알고 있다면 어떤 것인지 이야기해 보십시오.

　　1) 아궁이　　2) 부뚜막　　3) 온돌
　　4) 굴뚝　　　5) 원두막　　6) 움집

　(　　)　　　　　(　　)　　　　　(　　)

제3과 한국의 민속   17

( )

( )

( )

2. 다음은 무엇에 대한 내용입니까? 알맞은 답을 쓰고 어떻게 하는지 설명하십시오.

( )   ( )

( )   ( )

 마당 2

새 단어:

민속놀이[명사]   民俗游戏 / 민간에 전하여 내려오는 놀이. 각 지방의 생활과 풍
  속이 잘 나타나 있다.
전래되다[동사]   传来 / 예로부터 전하여 내려오다.
  *이것이 예전부터 전래된 풍습이다.
되살리다[동사]   使……复活 / '되살다'의 사동사.
널뛰기[명사]   跷跷板 / 긴 널빤지의 중간을 괴어 놓고 양쪽 끝에 한 사람씩 올
  라서서 번갈아 뛰어 오르는 놀이. 한국 고유의 놀이로 주로 음력 정월이나 단
  오, 추석에 여자들이 한다.
그네뛰기[명사]   荡秋千 / 혼자 또는 둘이서 그네 위에 올라타 두 손으로 두 줄
  을 각각 잡고 몸을 날려 앞뒤로 왔다 갔다 하는 놀이.

놋다리놀이[명사]　桥游戏 / 경상북도 안동·의성 등지에서 음력 정월 보름 밤에 부녀자들이 하는 민속놀이의 하나. 부녀자들이 한 줄로 서서 허리를 굽히고 앞사람의 허리를 안아 다리를 만들면 공주로 뽑힌 여자가 노래에 맞추어 등을 밟고 지나간다.

연날리기[명사]　放风筝 / 바람을 이용하여 연을 하늘 높이 띄움. 또는 그런 놀이.

윷놀이[명사]　芣茨游戏 /〈민속〉편을 갈라 윷으로 승부를 겨루는 놀이. 둘 또는 두 편 이상의 사람이 교대로 윷을 던져서 도·개·걸·윷·모의 끗수를 가리며, 그에 따라 윷판 위에 네 개의 말을 움직여 모든 말이 먼저 최종점을 통과하는 편이 이긴다.

줄다리기[명사]　拔河 /〈민속〉여러 사람이 편을 갈라서, 굵은 밧줄을 마주 잡고 당겨서 승부를 겨루는 놀이.

차전놀이　战车游戏 /〈민속〉=차전(車戰).

결부되다[동사]　结合 /『…에』『(…과)』{ '…과'가 나타나지 않을 때는 여럿임을 뜻하는 말이 주어로 온다} ⇒ 결부.
*그 일은 통일 문제와도 결부된다.

1. 내용을 듣고 다음 빈칸을 채우십시오.
   1) 남녀노소 함께 즐기는 대표적인 놀이가 있는데 (　　　)라고 해요.
   2) 여성의 놀이는 (　　　), (　　　), (　　　) 등이 있고 남성 놀이에는 (　　　), (　　　) 등이 있어요.
   3) 놀이로 일년 농사가 풍년이 될지 미리 (　　　)는 수도 있답니다.
   4) 놀이를 통해서 마을 사람들이 더욱 단결하게 되고 (　　　)을 기르게 되는거죠.
   5) 줄다리기, 차전놀이처럼 (　　　)놀이와 (　　　)이 결부되는 일이 많다고 들었어요.

2. 내용을 듣고 질문에 답하십시오.
   1) 여성의 놀이와 남성의 놀이는 어떤 것이 있습니까?

   2) 한국의 놀이는 주로 언제 합니까?

   3) 한국의 놀이를 어떻게 합니까?

제3과 한국의 민속　19

 마당 3

새 단어:
- 한옥[명사]　韩屋 / 한국 고유의 형식으로 지은 집을 양식 건물에 상대하여 이르는 말.
- 구들[명사]　炕 / <건설> 고래를 켜고 구들장을 덮어 흙을 발라서 방바닥을 만들고 불을 때어 난방을 하는 구조물.
- 마루[명사]　地板 / <건설> 집채 안에 바닥과 사이를 띄우고 깐 널빤지. 또는 그 널빤지를 깔아 놓은 곳.
- 다다미[명사]　日式榻榻米 / 마루방에 까는 일본식 돗자리. 속에 짚을 5cm가량의 두께로 넣고, 위에 돗자리를 씌워 꿰맨 것으로, 보통 너비 석 자에 길이 여섯 자 정도의 직사각형 모양으로 만든다. ≒돗짚요·돗짚자리·왜돗자리.
- 살림방[명사]　里屋 / 살림하는 방.
- 전형적[관형사/명사]　典型的 / 어떤 부류의 특징을 가장 잘 나타내는. 또는 그런 것.
- 고조선[명사]　古朝鲜 / BC 108년까지 요동과 한반도 서북부 지역에 존재한 한국 최초의 국가.
- 시베리아[명사]　西伯利亚 / 지명.
- 지열[명사]　地热 / <지리> 지구 안에 본디부터 있는 열. 밑으로 내려갈수록 점점 뜨거워진다.
- 난방[명사]　取暖 / 건물의 안이나 방 안을 따뜻하게 함. ≒온방.

1. 내용을 듣고 틀리면 ×표, 맞으면 ○표를 하십시오.
    1) 한옥과 일본집은 모두 다 나무로 짓는다. (　　　)
    2) 한옥은 마루와 다다미로 구성되어 있다. (　　　)
    3) 중국 중원 지방의 살림방에는 구들과 마루가 없다. (　　　)
    4) 구들과 마루를 갖추고 있는 집은 한옥밖에 없다. (　　　)
    5) 온돌이란 이름은 4,000여 년전부터 불렸다. (　　　)

2. 내용을 듣고 질문에 답하십시오.
    1) 한옥과 중국집, 일본집은 짓는 방식에 어떤 차이점이 있습니까?

    2) 구조로 보아 한옥과 중국집, 일본집의 차이점은 무엇입니까?

    3) 사람들은 어떻게 온돌을 만들었습니까?

마당 4

새 단어:
행하다[동사] 举行,实行 /『…을』어떤 일을 실제로 해 나가다.
굿중놀이[명사] 化缘僧游戏 / 굿중패가 꽹과리를 치면서 요란스럽게 염불을 하는 일.
향토놀이[명사] 乡土游戏 / 그 지방 주민들만이 즐기는 놀이.
황해도[명사] 黄海道 / 조선반도 중부에 있는 도.
경계[명사] 界线 / 지역이 구분되는 한계.
풍작[명사] 丰收 / 농작물의 수확이 평년작을 훨씬 웃도는 일. 또는 그렇게 지은 농사.
세시 풍속[명사] 岁时风俗,节气习俗 / 한 해의 절기나 달, 계절에 따라 행하는 풍속
경격적[명사] [관형사] 有活力的,具有挑战性的 / 활기차고 도전적인.
율동적[명사] [관형사] 有节奏的 / 움직이는 사람이나 물체의 흐름새가 일정한 사이를 두고 조화롭게 규칙적으로 되풀이되는. 또는 그런 것.
성차별[명사] 性别差异 / 성별로 인한 차별.
관습[명사] 惯习 / 어떤 사회에서 오랫동안 지켜 내려와 그 사회 성원들이 널리 인정하는 질서나 풍습.
승화되다[동사] 升华 / 어떤 현상이 더 높은 상태로 전환되다.
억압되다[동사] 压制,抑制 /〈심리〉의식적 또는 무의식적으로 어떤 과정이나 행동, 특히 충동이나 욕망을 억누르다.
왜곡되다[동사] 歪曲 / 사실과 다르게 해석하거나 그릇되다.
  *왜곡된 역사사실을 바로 잡으세요.

다음은 무엇에 대한 내용입니까? 알맞은 것을 고르십시오.
1. 1) 민속놀이의 종류
   2) 지역별 민속놀이의 차이점
   3) 민속놀이의 정의
   4) 민속놀이의 기원

2. 1) 민속놀이와 세시풍속
   2) 치기와 차기의 구별
   3) 민속놀이에서의 남녀차이
   4) 민속놀이의 특징

마당 5

새 단어:

기둥[명사]　柱子 / 건축물에서, 주춧돌 위에 세워 보·도리 따위를 받치는 나무. 또는 돌·쇠·벽돌·콘크리트 따위로 모나거나 둥글게 만들어 곧추 높이 세운 것.

대청[명사]　大厅 / <건설> 한옥에서, 몸채의 방과 방 사이에 있는 큰 마루.

바르다[동사]　擦, 抹 / 풀칠한 종이나 헝겊 따위를 다른 물건의 표면에 고루 붙이다.
*벽에 벽지를 바르면 방이 더 깨끗히 보여요.

혼례[명사]　婚礼 / 결혼식.

장례[명사]　葬礼 / 장사를 지내는 일. 또는 그런 예식.

상류층[명사]　上流阶层 / 지위나 생활 정도가 높은 계층.

지붕[명사]　房顶 / 집의 맨 꼭대기 부분을 덮어 씌우는 덮개.

서민[명사]　老百姓, 庶民 / 아무 벼슬이나 신분적 특권을 갖지 못한 일반 사람.

볏짚[명사]　稻秆 / 벼의 낟알을 떨어낸 줄기.

뺏기다[동사]　巧夺, 掠夺 / '빼앗기다'의 준말.
*중요하지 않은 일에 시간을 뺏기고 싶지 않다.

강렬하다[형용사]　强烈 / 강하고 세차다.

태양열[명사]　太阳能 / <물리> 태양에서 나와 지구에 도달하는 열.

차단하다[동사]　切断 / 액체나 기체 따위의 흐름 또는 통로를 막거나 끊어서 통하지 못하게 하다.
*이 약은 자외선을 차단할 수 있는 데에서 보관하세요.

유사하다[형용사]　类似 / 서로 비슷하다.

용마루[명사]　房脊 / <건설> 지붕 가운데 부분에 있는 가장 높은 수평 마루.

농후하다[형용사]　浓厚 / 맛, 빛깔, 성분 따위가 매우 짙다.

늘어지다[동사]　耷拉, 下垂 / 물체의 끝이 아래로 처지다.
*밤을 새웠더니 온 몸이 늘어진다.

이부자리[명사]　被褥 / 이불과 요를 통틀어 이르는 말.

방석[명사]　垫子 / 앉을 때 밑에 까는 작은 깔개. 네모지거나 둥글며, 주로 밑이 배기거나 바닥이 찰 때 쓴다.

1. 한국의 전통 가옥에서 자연을 느낄 수 있는 이유를 고르십시오.
  1) 집은 돌, 나무, 흙 등의 재료로 만들었기 때문에
  2) 폐쇄적인 구조를 가지고 있기 때문에
  3) 안채와 사랑채로 나누어져 있기 때문에
  4) 부잣집에서는 기와로 지붕을 올렸기 때문에

2. 집은 어떤 공간입니까?

3. 다음 공간의 기능을 찾아 쓰십시오.
   1) 안채

   2) 사랑채

4. 한옥과 중국집의 차이점은 무엇입니까?
   1) 중국 남방지역 기와지붕은 장식이 너무 많다.
   2) 한국의 기와 지붕은 선이 넉넉하게 느껴진다.
   3) 한국과 중국의 문화는 같다.
   4) 한국의 기와 지붕은 선이 유창해서 넉넉한 맛이 농후한 반면 중국의 기와지붕은 대체로 장식이 놀랍다.

5. 한옥이 만들어진 재료를 이야기해 보세요.
   1) 기초
   2) 기둥, 문, 대청
   3) 벽
   4) 문과 창

제4과 지리와 관광

학습 내용: 한국의 지리를 익힌다.

 마당 1

새 단어:

회비[명사] 会费 / 모임을 만들거나 유지하기 위하여 그 모임의 구성원에게 걷는 돈.

두고 보다[관용어] (惯用语)等着瞧

배낭여행[명사] 背包旅行 / 필요한 물품을 준비하여 배낭에 넣고 떠나는 여행. 경비를 절약하고 생생한 체험을 할 수 있다는 장점이 있다.

교포[명사] 侨胞 / 다른 나라에 살고 있는 동포.

직행[명사] 直行, 直达 / 빠르게 감.

도쿄(Tokyo)[명사] 东京 /『지명』일본 간토(関東) 지방의 남부, 도쿄 만에 면하여 있는 도시. 일본의 정치, 문화, 경제, 공업, 교통의 중심지이다. 일본의 수도이다. 면적은 2,166㎢.

템플스테이(Temple stay)[명사] 寺庙生活体验活动 / 관광객들에게 절에 숙박하게 하여 사찰 생활을 체험할 수 있도록 하는 것을 말하다.

절[명사] 寺庙 / 승려가 불상을 모시고 불도(佛道)를 닦으며 교법을 펴는 집.

스님[명사] 僧人 /『불교』승려가 자신의 스승을 이르는 말.

대화 1

1. 들은 내용과 다른 것을 고르십시오.
   1) 희석은 친구들하고 설악산에 가자고 했다.
   2) 재남도 같이 갈 것이다.
   3) 두 사람은 청량리역에서 만나기로 약속했다.
   4) 희석은 지난 학기에 늦어서 기차를 놓친 적이 있었다.

2. 해가 서쪽에서 뜨겠다는 말은 무슨 뜻입니까?

대화 2

1. 다음 대화를 듣고 내용과 같은 것을 고르십시오.
   1) 두 사람은 같이 유럽 여행을 했다.
   2) 여행 비용은 용돈을 모아 둔 것이다.
   3) 한국 교포들이 운영할 숙소를 이용하는 것이 돈을 절약할 수 있다.
   4) 여행하면서 한국 교포한테 바가지를 썼다.

대화 3

내용을 듣고 질문에 답하십시오.
1. 남자는 어디로 갈 것입니까?
   1) 인천   2) 도쿄   3) LA   4) 서울

대화 4

내용을 듣고 질문에 답하십시오.
1. 여자는 추석에 무엇을 할 계획입니까?
   1) 고향에 가려고 한다.   2) 절에서 지낼 생각이다.
   3) 집에서 조용히 지낼 생각이다. 4) 한국 가정에서 홈스테이를 하려고 한다.

2. 들은 내용과 맞는 것을 고르십시오.
   1) 외국 생활을 국내에서 직접 체험해 볼 수 있다.
   2) 여러 종교에 대해서 공부할 수 있다.
   3) 새로운 사람들을 많이 만날 수 있다.
   4) 자신에 대해서 생각해 볼 기회가 된다.

 마당 2

새 단어:
대륙[명사] 大陆 / 넓은 면적을 가지고 해양의 영향이 내륙부에까지 직접적으로 미치지 않는 육지.

제4과 지리와 관광

압록강[명사] 鸭绿江 / 조선과 중국의 국경을 이루는 강이다. 고대 한국어 아루(혹은 알루)와 만주어로 두 벌판의 경계라는 뜻에서 이름이 유래했다.
두만강[명사] 图们江 / 백두산 남동쪽 사면에서 발원하여 나진선봉직할시 선봉군 우암리에서 동해로 흐르는 강.
특이하다[형용사] 特异 / 보통 것이나 보통 상태에 비하여 두드러지게 다르다.
비유하다[동사] 比喻 / 어떤 현상이나 사물을 직접 설명하지 아니하고 다른 비슷한 현상이나 사물에 빗대어서 설명하다.
　*예로부터 우리 민족은 용감무쌍한 사람을 호랑이에 비유해 왔다.
지형[명사] 地形 / 땅의 생긴 모양이나 형세.
기름지다[형용사] 富饶 / 음식물 따위에 기름기가 많다.
평야[명사] 原野, 平原 / 기복이 매우 작고, 지표면이 평평하고 너른 들.
산맥[명사] 山脉 /『지리』산봉우리가 선상(線狀)이나 대상(帶狀)으로 길게 연속되어 있는 지형. 세계의 대산맥은 대지나 고원과는 달리 특정 지대에 분포하고 있다.
분포하다[동사] 分布 / 일정한 범위에 흩어져 퍼져 있다.
　*교통 입지점에 인구가 집중적으로 분포한다.

1. 내용을 듣고 빈칸을 채우십시오.
　　조선반도(한반도)는 (　　　)과 (　　　)을 경계로 중국 및 러시아와 (　　　) 있고, 나머지 3면은 동해, 서해, 남해로 (　　　) 있다.

2. 한반도(조선반도)는 무슨 동물과 유사합니까?

3. 코리아(korea)는 어디서 나온 말입니까? 무슨 뜻입니까?

 마당 3

새 단어:
온대[명사] 温带 /『지리』열대와 한대 사이의 지역. 위도상으로는 남북 회귀선인 23.5도와 남북 극권 사이의 지역이며, 등온선에 의한 구분으로는 연평균 기온이 0~20℃ 또는 최한월(最寒月) 평균 기온이 영하 18~3℃의 지역이다.
꽃샘추위[명사] 倒春寒 / 이른 봄, 꽃이 필 무렵의 추위.
늦서리[명사] 晚霜 / 제철보다 늦게 내리는 서리.
황사[명사] 黄沙 /『지리』=황사 현상.
혼탁하다[형용사] 浑浊, 混沌 / 불순물이 섞이어 깨끗하지 못하고 흐리다.

열대야[명사]　热带夜晚, 闷热的夜晚 / 방 밖의 온도가 25℃ 이상인 무더운 밤.
집중호우[명사]　骤雨 /『지리』어느 한 지역에 집중적으로 내리는 비.
하순[명사]　下旬 / 한 달 가운데 21일에서 말일까지의 동안.
장마전선[명사]　梅雨锋线 /『지리』여름철에 한국의 남쪽 지방에 머물면서 장마를 가져오는 전선. 오호츠크 해에서 불어오는 차가운 동북 기류와 북태평양에서 불어오는 따뜻하고 습한 서남 기류가 충돌하여 생기는데 남쪽 지역부터 시작되어 차차 북상한다.
북상하다[동사]　北上 / 북쪽을 향하여 올라간다.
　　*장마전선이 이번 주말에 북상할 것으로 전망된다.

1. 한국 계절의 특징에 맞는 것을 고르십시오.

| 꽃샘추위 | 장마 | 삼복더위 | 열대야 |
| 황사 | 불볕더위 | 삼한사온 | 쾌적하다 |

봄　　　　　　　　　여름

가을　　　　　　　　겨울

 마당 4

새 단어:
기후[명사]　气候 / 일 년의 이십사절기와 칠십이후를 통틀어 이르는 말. '기'는 15일, '후'는 5일을 뜻한다.
끼치다[동사]　添, 影响 / 영향, 해, 은혜 따위를 당하거나 입게 하다.
　　기운이나 냄새, 생각, 느낌 따위가 덮치듯이 확 밀려들다.
　　*공사로 보행자에게 불편을 끼치게 되었다.
상하다[동사]　腐烂, 变质 / 음식이 변하거나 썩어서 먹을 수 없게 되다.
　　*상한 음식을 먹어서 식중독에 걸렸다.
젓갈[명사]　虾酱 / 젓으로 담근 음식.
남향집[명사]　朝南的房子 / 남향을 향하도록 지은 집.
솜[명사]　棉花 / 목화씨에 달라붙은 털 모양의 흰 섬유질. 부드럽고 가벼우며 탄력이 풍부하고 흡습성, 보온성이 있다. 가공하여 직물 따위로 널리 쓴다.
나막신[명사]　木屐 / 신의 하나. 나무를 파서 만든 것으로 앞뒤에 높은 굽이 있어 비가 오는 날이나 땅이 진 곳에서 신었다.
개발[명사]　开发 / 토지나 천연자원 따위를 유용하게 만듦.

죽부인[명사] 竹夫人, 竹笼 / 대오리로 길고 둥글게 얼기설기 엮어 만든 기구. 여름밤에 서늘한 기운이 돌게 하기 위하여 끼고 잔다.

1. 내용을 듣고 빈칸을 채우십시오.

	북쪽	남쪽
김치의 맛		
집		
옷		
신발		

2. 북쪽과 남쪽의 김치는 왜 맛이 다릅니까?

 마당 5

새 단어:

안동[명사] 安东 / 『지명』경상북도 동북쪽에 있는 시. 쌀, 보리, 인삼, 배추 따위의 농산물이 많이 나며, 축산업과 임산업이 발달하였다. 특히 안동포와 소주가 유명하다. 도산 서원, 봉정사, 하회 마을 따위의 명승지가 있다. 1995년 1월 행정 구역 개편 때 안동군을 통합하여 도농 복합 형태의 시를 이루었다. 면적은 1,520.91㎢.

낙동강[명사] 洛东江 / 『지명』영남지방 전역을 유역권으로 하며, 태백산의 못 황지를 원류로 하여 남해로 흐르는 강. 강 하류는 기름진 평야가 발달하였고, 강의 상류에 속하는 안동 부근은 천혜의 절경을 이룬다. 길이는 506.17km.

굽이치다[동사] (河流)蜿蜒地流淌 / 물이 힘차게 흘러 굽이가 나게 되다.
*흙탕물이 도랑에는 굽이치며 콸콸 내리쏟아지고 있다.

돌다[동사] 旋转, 兜圈儿 / 물체가 일정한 축을 중심으로 원을 그리면서 움직이다.

탈놀이[명사] 假面游戏, 假面舞 / 『민속』=탈놀음.

보존되다[동사] 保存 / 잘 보호하고 간수하여 남기다.
*문화재 대부분은 박물관에 보존되어 있다.

서낭당[명사] 城隍庙 / 『민속』서낭신을 모신 집.

엘리자베스(elizabeth)[명사] 伊丽莎白 / 영국의 여왕.

별신굿[명사] 別神祭仪式 / 『민속』동해안 일부와 충남 은산에서 전하여지는 복합적인 형식의 부락제. 유교식으로 제관이 축문을 읽은 뒤, 무당이 나와 굿을 한다.

> 문화재[명사] 文化遗产 / 문화재 보호법이 보호의 대상으로 정한 유형 문화재, 무형 문화재, 민속 문화재, 천연기념물, 사적, 명승지 따위를 이르는 말.

1. 하회마을의 위치를 그려 보세요.

2. 하회마을의 유명한 것이 아닌 것을 고르십시오.
   1) 지리적 특성
   2) 국보급 가옥
   3) 류성룡이 사는 곳
   4) 낙동강이 지나가서

3. 하회라는 것은 무슨 뜻입니까?

제5과 한국의 문화

학습 내용: 한국의 문화를 익힌다.
질문: 1. 한복을 입어 본 적이 있으세요?
 2. 먹어 본 한국음식이 있다면 어떻게 하는지 이야기해 보세요.

 마당 1

새 단어:

포기[명사] 棵(白菜),捆 / {수량을 나타내는 말 뒤에 쓰여} 뿌리를 단위로 한 초목의 낱개를 세는 단위.

미나리[명사] 水芹菜 / <식물> 산형목 미나리과의 여러해살이풀. 줄기는 높이가 30cm 정도이고 털이 없으며, 기는줄기가 뻗어서 번식한다. 잎은 어긋나고 긴 잎자루가 있으며 깃 모양으로 갈라진다.

쪽파[명사] 小葱 / <식물> 파의 하나. 길이는 30cm 정도이며, 잎은 좁고 비늘줄기는 좁은 달걀 모양이다. 꽃은 거의 피지 않는데 특이한 향기와 자극성이 있어 양념으로 쓴다.

고춧가루[명사] 辣椒面 / 붉게 익은 고추를 말려서 빻은 가루.

새우젓[명사] 虾酱 / 새우로 담근 젓. 빛이 흰 작은 새우에 소금을 뿌려 담근다.

멸치액젓[명사] 鳀鱼酱 / 멸치로 담근 젓.

절이다[동사]　腌制 /『…을 …에』'절다'의 사동사.
　　*배추를 소금물에 절인 다음에 물기를 빼세요.
버무리다[동사]　拌 / 여러 가지를 한 데 뒤섞다.
　　*삶은 나무를 양념으로 골고루 버무리세요.
꼭꼭[부사]　使劲地, 紧紧地 / 잇따라 또는 매우 야무지게 힘을 주어 누르거나 죄는 모양.
애호박[명사]　西葫芦 / 덜 여문 어린 호박.
도라지[명사]　桔梗 /〈식물〉초롱꽃과의 여러해살이풀. 높이는 40~100cm이며, 잎은 어긋나고 타원형이다. 뿌리는 통통하고 줄기는 한 대 또는 여러 대가 모여난다. 7~8월에 흰색이나 하늘색 꽃이 피고 열매는 삭과(蒴果)이다. 뿌리는 식용하거나 거담이나 진해의 약재로 쓴다. 산이나 들에 저절로 나는데 재배하기도 한다. 한국, 일본, 중국 등지에 분포한다.
고사리[명사]　蕨菜 /〈식물〉양치식물 고사릿과의 여러해살이풀. 높이는 1미터 정도이며, 이른 봄에 싹이 뿌리줄기에서 돋아나는데 꼭대기가 꼬불꼬불하게 말리고 흰 솜 같은 털로 온통 덮여 있다. 어린잎은 식용하고 뿌리줄기는 녹말을 만든다.
청포묵[명사]　绿豆凉粉 / 녹두묵
달걀[명사]　鸡蛋 / 닭이 낳은 알. 알껍데기, 노른자, 흰자 따위로 이루어져 있다. ≒계단(鷄蛋)·
다시마[명사]　海带 /〈식물〉갈조류 다시맛과의 하나.
깨소금[명사]　芝麻盐 / 볶은 참깨에 소금을 치고 빻아 만든 양념.
다지다[동사]　剁, 切碎 / 고기, 채소, 양념감 따위를 여러 번 칼질하여 잘게 만들다.
　　*다진 마늘을 넣고 잘 버무리세요.
후추[명사]　胡椒 / 후추나무의 열매. 음식의 양념이나, 위한(胃寒)·구토·곽란 따위에 약으로 쓴다.
지단[명사]　鸡蛋 / 한국요리의 고명의 하나.
부수다[동사]　碾碎 / 단단한 물체를 여러 조각이 나게 두드려 깨뜨리다.
　　*사람의 이는 음식물을 잘게 부숴 삼키기 좋게 하여 소화를 돕는 역할을 한다.
녹두[명사]　绿豆 /〈식물〉콩과의 한해살이풀.
숙주[명사]　绿豆芽 / 녹두로 만드는 음식이다. 숙주나물. 녹두나물.
식용유[명사]　食用油 / 음식을 만드는 데 사용하는 기름.
참기름[명사]　香油, 芝麻油 / 참깨로 짠 기름.
비비다[동사]　拌 / 어떤 재료에 다른 재료를 넣어 한데 버무리다.
　　* 국수는 열무에 비벼야 제 맛이 난다.
껍질[명사]　皮, 外皮 / 껍데기.
벗기다[동사]　脱 / 가죽이나 껍질 따위를 떼어 내다.
　　*그는 아이의 옷을 벗기고 있다.

> *나는 양파의 껍질을 벗기고 있는 계집애의 손을 보고 있었다.
> 프라인팬(frypan)[명사] 平底锅 / 기름을 두르고 여러 가지 필요한 음식을 지지거나 부쳐 만드는 운두가 높지 않은 넓적한 냄비.
> 당면[명사] 粉条 / 감자나 고구마 따위에 들어 있는 녹말을 가려 가루로 내어 그것으로 만든 마른 국수.
> 표고버섯[명사] 香菇 / <식물> 느타리버섯과의 버섯. 줄기는 굽고 짧으며, 삿갓의 지름은 6~10cm이고 원형 또는 심장 모양인데 짙은 자줏빛이다.
> 목이버섯[명사] 木耳 / <식물> 목이과의 버섯. 갓은 지름이 2~6cm이며, 모양이 사람의 귀와 비슷한데 군생한다.
> 물기[명사] 水汽 / 축축한 물의 기운.

1. 본문 내용을 듣고 필요한 재료를 쓰십시오. (5가지 이상)
   1) 김치

   2) 비빔밥

   3) 빈대떡

   4) 잡채

2. 각 음식을 만드는 순서를 자기말로 이야기를 해 보세요.

마당 2

> 새 단어:
> 지구촌[명사] 地球村 / 지구 전체를 한 마을처럼 여겨 이르는 말.
> 행사[명사] 活动 / 어떤 일을 시행함. 또는 그 일.
> 축전[명사] 庆典,庆祝活动 / 축하하는 뜻으로 행하는 의식이나 행사.
> 드럼페스티벌(drum festival)[명사] 鼓节 / 여기서 서울드럼페스티벌을 가리

> 킴. 서울특별시에서 해마다 10월에 열리는 문화예술축제.
> 불꽃놀이[명사]　烟花节 / 경축이나 기념 행사 때에 화포를 쏘아 공중에서 불꽃이 일어나게 하는 일.
> 쇼[명사]　表演 (show) / 공연.
> 감독[명사]　导演;教练 / 영화나 연극, 운동 경기 따위에서 일의 전체를 지휘하며 실질적으로 책임을 맡은 사람.
> 무술[명사]　武术 / 무기 쓰기, 주먹질, 발길질, 말달리기 따위의 무도에 관한 기술.
> 충주[명사]　忠州 / <지명> 충청북도 북부 가운데에 있는 시.
> 시연[명사]　预演,试演 / 무용이나 연극 따위를 일반에게 공개하기 전에 시험적으로 상연함.
> 다채롭다[형용사]　多彩的 / 여러 가지 색채나 형태, 종류 따위가 한데 어울리어 호화스럽다.
> 충남[명사]　忠南 / <지명> =충청남도
> 보령[명사]　保宁 / <지명>충청남도 서남부의 서해안에 있는 시.
> 머드(mud)[명사]　泥,泥巴 / 진흙.
> 선발대회[명사]　选拔大会 / 많은 가운데서 골라 뽑는 행사.

1. 축제를 다른 말로 뭐라고 합니까?

2. 서울에서 가장 유명한 축제는 무슨 축제입니까?

3. 부산영화제는 어떤 축제입니까?

4. 충주세계무술축제는 어떤 축제입니까?

5. 보령머드축제에 가면 무슨 볼거리가 있습니까?

마당 3

새 단어:

청담동[명사]　清潭洞 / 서울특별시 강남구에 있는 동.
매장[명사]　柜台, 卖场 / 물건을 파는 장소.
창립하다[동사]　创立 / 기관이나 단체 따위를 새로 만들어 세우다.
　*학회를 창립하고 학회지를 창간했다.
내한[명사]　来韩 / 외국인이 한국에 옴.
관계자[명사]　有关人士 / 어떤 일에 관련이 있는 사람.
인연[명사]　缘分 / 사람들 사이에 맺어지는 관계.
맺다[동사]　缔结 / 관계나 인연 따위를 이루거나 만들다.
　*그들은 친구 소개로 부부의 인연을 맺게 되었다.
야무지다[형용사]　精干, 精悍 / 사람의 성질이나 행동, 생김새 따위가 빈틈이 없이 꽤 단단하고 굳세다.
재봉[명사]　裁缝 / 옷감 따위를 말라서 재봉틀로 하는 바느질.
놀이터[명사]　游乐场 / 주로 아이들이 놀이를 하는 곳.
포옹[명사]　拥抱 / 사람을 또는 사람끼리 품에 껴안음.
아이디어(idea)[명사]　想法, 念头 / 어떤 일에 대한 구상. '고안', '생각', '착상', '착안'으로 순화.
오미자[명사]　五味子 / <한의학>오미자나무의 열매. 기침과 갈증 또는 땀과 설사를 멎게 하는 데 쓴다.
색감[명사]　色觉 / 색에 대한 감각.

1. 김예진은 어떻게 한복을 만들기 하게 되었고 언제 한복샵을 열게 되었습니까?

2. 김예진이 어떻게 주문을 많이 받기 시작했습니까?

3. 그녀는 왜 한복을 만드는 것이 자신에게는 세상에서 가장 재미있는 놀이라고 말합니까?

4. 김 씨는 원하는 것은 무엇입니까?

마당 4

새 단어:
잣[명사]   松子 / 잣나무의 열매.
호두[명사]   核桃 / 호두나무의 열매.
껍데기[명사]   外皮 / 알맹이를 빼내고 겉에 남은 물건.
딱딱하다[형용사]   坚硬 / 몹시 굳고 단단하다.
깨물다[동사]   咬 / 아랫니와 윗니가 맞닿을 정도로 세게 물다.
  *열 손가락 중 어느 하나도 깨물어서 아프지 않은 손가락이 없듯이, 자식이 아무리 많아도 부모에게는 모두 소중하다는 말.
부럼[명사]   坚果 /<민속>음력 정월 대보름날 새벽에 깨물어 먹는 딱딱한 열매 류인 땅콩, 호두, 잣, 밤, 은행 따위를 통틀어 이르는 말.
답교놀이[명사]   踏桥游戏 /<민속> =다리밟기.
밟다[동사]   踩, 踏 / 발을 들었다 놓으면서 어떤 대상 위에 대고 누르다.
  * 그는 드디어 제주 땅을 밟게 되었다.

1. 정월 놀이가 많은 이유가 무엇입니까?
   1) 정월에 놀면 재미있으니까
   2) 겨울에 바쁘지 않아서
   3) 겨울에는 먹을 것이 많기 때문에
   4) 겨울에 일이 많기 때문에

2. 정월 대보름 새벽에는 무엇을 먹습니까?
   1) 감자와 고구마
   2) 밤, 잣, 호두, 땅콩
   3) 떡국
   4) 송편

3. 부럼을 왜 먹습니까?
   1) 피부에 문제가 안 생긴다고 믿어서
   2) 새벽에 배가 고파서
   3) 소원을 이루기 위해서
   4) 피부에 좋아서

4. 정월 대보름 저녁에 다리를 열두 번 지나다니는 이유는 무엇입니까?
   1) 보름달을 새해 처음으로 보기 위해서
   2) 이렇게 하면 다리가 아프지 않다고 믿어서

3) 일년동안 농사를 잘 짓기 위해서
4) 달님에게 소원을 빌 수 있어서

마당 5

> 새 단어:
>
> 지포[명사]   纸牌
>
> 부여[명사]   扶余 / <역사> 통일 신라 경덕왕 때 '남부여'를 고친 이름.
>
> 가축[명사]   家畜 / 집에서 기르는 짐승. 소, 말, 돼지, 닭, 개 따위를 통틀어 이른다.
>
> 부락[명사]   部落 / 시골에서 여러 민가(民家)가 모여 이룬 마을. 또는 그 마을을 이룬 곳. '마을'로 순화.
>
> 번식시키다[동사]   繁殖 / 붇고 늘어서 많이 퍼지다.
>   * 세균을 크게 번식시킨다.
>
> 번갈다[동사]   交替, 交流 / 일정한 시간 동안 어떤 행동이 되풀이되어 미치는 대상들의 차례를 바꾸다.
>   * 그들은 여덟 시간마다 번갈아 일하다.
>
> 윷가락[명사]   棋子 / 윷의 낱개.
>
> 엎어지다[동사]   扑倒, 跌倒 / 서 있는 사람이나 물체 따위가 앞으로 넘어지다.
>   *그는 그대로 땅바닥에 엎어졌다.
>
> 젖혀지다[동사]   被翻过来 / 물건의 안쪽이나 아래쪽이 겉으로 드러나게 되다.
>   * 남이 볼세라 잦혀져 있던 화투짝을 얼른 다시 엎어 두었다.
>
> 말판[명사]   棋板 / 고누, 윷, 쌍륙 따위에서 말이 가는 길을 그린 판.
>
> 점치다[동사]   算命, 占卜 / 길흉과 화복을 판단하기 위하여 점괘를 내어 보다.
>   *현재로서는 국제 정세의 변화를 얼른 점칠 수 없다.

1. 아래 그림을 보고 어떤 것인지 판단하고 몇 칸을 전진시키는 것인지 이야기하십시오.

이름	상태	설명
도		
개		

걸		
윷		
모		

2. 윷놀이에 관해 다른 것은 무엇입니까?
   1) 윷놀이는 한국의 민속 놀이로서 중국에서 유래된 것이라고 추측하기가 어렵다.
   2) 윷놀이는 남녀노소를 막론하고 누구나 다 할 수 있는 놀이다.
   3) 윷놀이는 한국 삼국시대로부터 있었던 것이다.
   4) 윷놀이는 중국의 '지포' 하고 비슷하다.

3. 윷놀이는 지금과 옛날에 어떻게 다릅니까?

4. 윷놀이를 어떻게 놉니까?

제6과 경제와 생활

학습 내용: 경제와 생활의 밀접한 관계를 알아보기.
질문: 돈으로 살 수 있는 것과 없는 것을 이야기해 보세요.

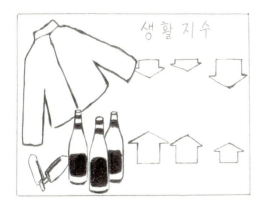

 마당 1

새 단어:

어학당[명사]   语学堂 / 언어를 가르치는 교육기관.
졸업식[명사]   毕业典礼 / 졸업장을 수여하는 의식.
졸업증서[명사]   毕业证书 / 어느 학문을 습득하여 마쳤음을 증명하는 서류.
대여[명사]   租借, 借贷 / 빌려 줌.
반납하다[동사]   返还 / 『…에/에게 …을』도로 돌려 주다.
　*어제 도서관에서 대출한 책을 반납 창구에 반납했다.
입학하다[동사]   入学 / 학생이 학교에 들어가다.
　*그는 올해 고려대 법과대학에 입학했다.
퇴사[명사]   辞职 / 회사를 그만두고 물러남.
대들다[동사]   抬杠, 对抗 / 요구하거나 반항하느라고 맞서서 달려들다.
　*어른에게 함부로 대들다니 예의가 없군.
찢어지다[동사]   被撕碎 / 찢기어 갈라지다.
　*손이 못에 긁혀 찢어졌다.

대화 1

1. 마이클 씨는 무슨 고민을 하고 있습니까?

2. 재욱 씨가 마이클한테 무슨 제의를 했습니까?

3. 한복 대여는 어디서 할 수 있습니까?

대화 2

1. 이 남자는 대학을 졸업하고 나서 무슨 일을 겪어 봤습니까?

2. 이 남자는 속임을 당하고 지금은 어떻게 되었습니까?

3. '돌다리도 두드려 보고 건너라' 는 말은 무슨 뜻입니까?

4. '열 길 물속은 알아도 한 길 사람의 속은 모른다' 는 말은 무슨 뜻입니까?

대화 3

1. 어머니는 왜 그를 혼냈습니까? 그리고 뭐라고 했습니까?

2. 어머님이 화를 낸 후에 남자는 어떻게 했습니까?

3. '몸에 좋은 약이 입에 쓰다' 는 말은 무슨 뜻입니까?

대화 4

1. 고객은 왜 바지를 교환하러 갔습니까?

2. 교환하거나 환불할 때 필요한 것은 무엇입니까?

대화 5

1. 들은 내용과 다른 것을 고르십시오.
   1) 고객은 휴대폰을 산 지 1주일이 되었다.
   2) 휴대폰의 배터리가 고장났다.
   3) 고객은 결국 휴대폰을 환불을 했다.
   4) 수리하는 데 2~3일 정도 걸린다.

2. 휴대폰이 어떤 문제가 있습니까?

3. 점원은 문제를 어떻게 해결해 주려고 했습니까?

4. 휴대폰을 어떻게 하기로 했습니까?

마당 2

새 단어:
이익[명사] 利益 / 물질적으로나 정신적으로 보탬이 되는 것.
손해[명사] 损失 / 물질적으로나 정신적으로 밑짐.
전문가[명사] 专家 / 어떤 분야를 연구하거나 그 일에 종사하여 그 분야에 상당한 지식과 경험을 가진 사람.
경제적[관형사][명사] 经济的 / 인간의 생활에 필요한 재화나 용역을 생산·분배·소비하는 모든 활동에 관한. 또는 그런 것.
밥솥[명사] 饭锅 / 밥을 짓는 솥.
절약하다[동사] 节约 / 함부로 쓰지 아니하고 꼭 필요한 데에만 써서 아끼다.
　*그는 용돈을 몇 달 동안 절약해서 부모님께 선물을 사 드렸다.
효과적[관형사][명사] 有效的 / 어떤 목적을 지닌 행위에 의하여 보람이나 좋은 결과가 드러나는. 또는 그런 것.
개인적[관형사][명사] 个人的 / 개인에 속하거나 관계되는. 또는 그런 것.
사회적[관형사][명사] 社会的 / 사회에 관계되거나 사회성을 지닌. 또는 그런 것.
바람직하다[형용사] 值得期许的 / 바랄 만한 가치가 있다.

1. 결혼하는 것의 장점이 아닌 것은 무엇입니까?
   1) 자식을 얻을 수 있다.
   2) 자원을 절약할 수 있다.

3) 가사를 나눠서 할 수 있다.
4) 가전제품이나 가사도구들을 효과적으로 쓸 수 있다.

2. 들은 내용과 같으면 ○표, 다르면 ×표를 하십시오.
   1) 전문가들은 결혼을 여러모로 봐서 좋은 점이 많다고 한다. (   )
   2) 1인용 밥을 두 번 하는 전기 비용은 2인용 밥을 한 번 하는 전기 비용과 비슷하다. (   )
   3) 결혼하게 된다면 생활비용을 절약할 수 있다. (   )
   4) 결혼은 개인적으로 보나 사회적으로 보나 다 바람직한 현상이다. (   )

3. 여러분은 결혼과 경제에 대해 어떻게 생각하고 계십니까? 이야기해 보세요.

 마당 3

새 단어:
판매량[명사]   销售量 / 일정한 기간에 상품 따위를 파는 양.
달라지다[동사]   变得不同 / 변하여 전과는 다르게 되다.
　*10년만에 만났더니 그 친구가 몰라보게 달라졌다.
편의점[명사]   便利店 / 고객의 편의를 위하여 24시간 문을 여는 잡화점. 주로 일용 잡화, 식료품 따위를 취급한다.
어묵[명사]   鱼丸, 关东煮 / 생선의 살을 뼈째 으깨어 소금, 칡가루, 조미료 따위를 넣고 나무 판에 올려 쪄서 익힌 일본 음식.
진열되다[동사]   陈列 / 여러 사람에게 보이기 위하여 물건을 죽 벌여 놓이다.
　*전시대에 진열되고 있는 물품을 만지지 마세요.
특정하다[형용사]   特定 / {주로 '특정한' 꼴로 쓰여} 특별히 정하여져 있다.
첫눈[명사]   第一场雪 / 그해 겨울에 처음으로 내리는 눈.
사은품[명사]   赠品 / 마케팅의 수단으로서 손님의 호감을 얻기 위하여 공짜로 주는 물품.

1. 날씨 마케팅이란 무엇입니까?

2. 여름이 되면 잘 팔리지 않는 것은 무엇입니까?
   1) 어묵   2) 아이스크림   3) 음료수   4) 맥주

3. 다음에서 맞는 것을 연결하십시오.
   크리스마스에 눈이 올 때　　　　　　　　호빵
   휴가 때 비가 내려 못 갈 때　　　　　　　선물

첫눈이 내릴 때   현금
추운 날에   사은품이나 선물

4. 주변에 있는 날씨 마케팅 이야기를 해 보십시오.

마당 4

> 새 단어:
> 짬뽕[명사]   炒马面 / 중화요리의 하나. 국수에 각종 해물이나 야채를 섞어서 볶은 것에 돼지 뼈나 소 뼈, 닭 뼈를 우린 국물을 부어 만든다. '초마면'으로 순화.
> 중국집[명사]   中餐馆 / 중국 요리를 파는 식당.
> 업계[명사]   业界 / 같은 산업이나 상업에 종사하는 사람의 사회.
> 신선도[명사]   新鲜度 / 신선한 정도.
> 빙과류[명사]   雪糕冷饮类 / 얼음과자 따위.
> 대행[명사]   代行, 代理 / 남을 대신하여 행함.
> 띠다[동사]   具有 / 물건을 몸에 지니다.
>   * 어떤 성질을 가진다.
> 이미지 (image)   形象 / 어떤 사람이나 사물로부터 받는 느낌. '심상', '영상', '인상'으로 순화.
> 실천하다[동사]   实践 / 생각한 바를 실제로 행하다.
>   *계획을 실천하기 위해서 노력했다.
> 신뢰[명사]   信赖 / 굳게 믿고 의지함.

1. 비가 오는 날에 장사가 잘 되는 집이 아닌 것을 고르십시오.
   1) 중국집   2) 극장   3) 비디오집   4) 수산물 시장

2. 비가 오면 잘 안 나가는 음식이 무엇입니까?
   1) 자장면   2) 짬뽕   3) 탕   4) 찌개

3. 들은 내용과 다른 것을 고르십시오.
   1) 비가 오는 날에 사람들이 생선을 별로 안 먹고 싶어한다.
   2) 황사 때 돼지 고기, 상추, 소주가 잘 팔린다.
   3) 날씨가 30도가 넘는 날에 이온 음료가 잘 팔린다.
   4) 기온이 25도 이상으로 오면 빙과류의 매출이 높아진다.

4. 날씨 마케팅에서 기본이 되는 것은 무엇입니까?

5. 들은 내용 이외에 날씨와 관계가 있는 사업은 무엇이 있을까요? 같이 이야기해 봅시다.

 마당 5

새 단어:

임산부[명사]　孕产妇 / 임부와 산부를 아울러 이르는 말.
출산[명사]　生育 / 아이를 낳음.
유도하다[동사]　引导 / 사람이나 물건을 목적한 장소나 방향으로 이끌다.
　　＊선생님은 학생들이 독서를 하도록 분위기를 유도했다.
국민연금[명사]　国民年金, 退休养老金 / <사회> 늙거나 질병, 사망 따위를 당했을 경우에 본인이나 가족들의 생활 보장을 위하여 지급되는 연금.
간주하다[동사]　看做 / 상태, 모양, 성질 따위가 그와 같다고 봄. 또는 그렇다고 여기다.
　　＊조직 위원회에서는 이번 올림픽을 성공적이었다고 간주했다.
크레디트(credit)[명사]　信用 / 신용도
우선적[관형사][명사]　优先的 / 딴 것에 앞서 특별하게 대우하는. 또는 그런 것.
전기요금[명사]　电费 / 전력의 판매가격.
국민임대주택[명사]　国民租赁住宅, 廉租房 / 국가 또는 민간 건설업체가 건축하여 주민에게 임대하는 주택.
입주권[명사]　入住权 / 아파트를 특별히 분양대상자로 확정지어 그 대상자가 시행처에 기록으로 남아 있어 확인된 자나, 공공기관에서 대상자로 확정지어 통보를 한 철거민으로써 공공기관에 확인될 수 있을 때 그 권리를 입주권이라 한다.
지급하다[동사]　支付, 给予 / 돈이나 물품 따위를 정하여진 몫만큼 내주다.
　　＊그 돈은 그날 지급하거나 다음 일당을 줄 때 그만큼을 가산해서 주게 되어 있었다.
지원금[명사]　资助金 / 지지하여 돕기 위하여 주는 돈.
보육비[명사]　保育费 / 어린 아이를 키우는 데 쓰는 비용.
지원액[명사]　支援金额 / 지원하는 자금의 액수.

1. 오늘은 무슨 날입니까?

2. 출산장려제는 어떤 제도입니까?

제6과 경제와 생활   43

3. 들은 내용과 일치하는 것을 고르십시오.
   1) 자녀 셋을 낳을 경우에는 국민연금이 감면된다.
   2) 자녀 셋을 낳을 경우에는 학교를 우선적으로 선택한다.
   3) 서울 시보다 지방에서는 출산 지원금을 더 많이 지급해 준다.
   4) 두 자녀만 낳아도 출산 크레디트 혜택은 물론 출산 지원금 대상이 되지 않는다.

4. 출산장려제는 무슨 혜택이 있습니까? 서울 시와 지방을 비교하면서 이야기해 보세요.

지역별	서울 시	목포
혜택		

제7과 직장 생활

학습 내용: 직장과 관련된 내용을 익힌다.
질문: 1. 직장 생활을 할 만해요?
    2. 좋은 직장은 어떤 직장이라고 생각하십니까?

 마당 1

새 단어:

불경기[명사] 不景气 / <경제> 경제 활동이 일반적으로 침체되는 상태. 물가와 임금이 내리고 생산이 위축되며 실업이 늘어난다.

독[명사] 缸 / 간장, 술, 김치 따위를 담가 두는 데에 쓰는 큰 오지그릇이나 질그릇. 운두가 높고 중배가 조금 부르며 전이 달려 있다.

지경[의존명사] 地步, 境地 / {관형사나 어미 '-은', '-는', '-을' 뒤에 쓰여} '경우'나 '형편', '정도'의 뜻을 나타내는 말.

업종[명사] 行业 / 직업이나 영업의 종류.

고비[명사] 关键 / 일이 되어 가는 과정에서 가장 중요한 단계나 대목. 또는 막다른 절정.

제7과 직장 생활

> 기운[명사]   力气 / 생물이 살아 움직이는 힘.
> 합격되다[동사]   合格 / 시험, 검사, 심사 따위에서 일정한 조건을 갖추어 어떠한 자격이나 지위 따위를 얻다.
>   *시험이 합격되면 맛있는 걸 사줄게요.
> 연봉[명사]   年薪 / 일 년 동안에 받는 봉급의 총액.
> 적성[명사]   适应性 / 어떤 일에 알맞은 성질이나 적응 능력. 또는 그와 같은 소질이나 성격.
> 기사[명사]   报道 / 신문이나 잡지 따위에서, 어떠한 사실을 알리는 글.
> 신세대[명사]   新生代 / 새로운 세대. 흔히 20세 이하의 젊은 세대를 이른다.

대화 1

1. 대화 내용과 다른 것을 고르십시오.
   1) 요새 경제가 어렵다.
   2) 두 사람은 다 회사를 운영하는 것에 고민을 하고 있다.
   3) 한 사람은 회사 운영에 자금을 많이 투자했는데도 이익은 안 보인다.
   4) 한 사람은 돈이 없어서 많이 걱정하곤 있다.

대화 2

1. 대화를 듣고 알 수 있는 것을 고르십시오.
   1) 대화에서 나온 두 사람은 다 장사하고 싶어한다.
   2) 한 사람은 식당을 했다가 옷가게로 바꾸려고 한다.
   3) 옷가게 사장도 많은 고비를 겪어 봤다.
   4) 식당 사장은 식당을 운영하면서 단 음식과 쓴 음식을 다 먹어 보았다.

대화 3

1. 비 온 뒤에 땅이 더 굳어진다는 말은 무슨 뜻입니까?

2. 위의 내용을 듣고 대화에서 나온 남자가 친구라면 그의 고민에 대해 무슨 충고를 해 줄 것입니까?

대화 4

1. 남자가 직장을 옮기려고 하는 이유가 아닌 것은 무엇입니까?
   1) 근무 조건이 나쁘다
   2) 연봉이 적다
   3) 적성에 맞지 않다
   4) 승진할 가망이 없다

2. 남자나 여자가 직업을 선택할 때 가장 중요하게 생각하는 것은 무엇입니까?
   1) 연봉
   2) 근무 조건
   3) 적성
   4) 직장 분위기

대화 5

1. 민석이 이상하게 생각하는 기사는 어떤 기사입니까?

2. 요즘 신세대들은 어떻게 생각합니까?

 마당 2

새 단어:
옮기다[동사]   移动 / '옮다'의 사동사.
   *그가 전공을 법학에서 정치학으로 옮긴 것은 특별히 정치를 하고 싶어 한 것은 아니었다.
경력[명사]   经验 / 여러 가지 일을 겪어 지내 옴.
그만두다[동사]   辞职 / 하던 일을 그치고 안 하다.
   *그는 옷가게를 그만두고 식당을 차렸다.
상사[명사]   上司 / 자기보다 벼슬이나 지위가 위인 사람.
격려[명사]   激励 / 용기나 의욕이 솟아나도록 북돋워 줌.
반항[명사]   反抗 / 다른 사람이나 대상에 맞서 대들거나 반대함.
무시하다[동사]   忽视 / 사람을 깔보거나 업신여기다.
   *과장님은 사람을 무시하는 경향이 있다.
두고두고[부사]   常常, 长期多次 / 여러 번에 걸쳐 오랫동안.
합성어[명사]   合成词 / <언어> 둘 이상의 실질 형태소가 결합하여 하나의 단어가 된 말.
측면[명사]   侧面 / 사물이나 현상의 한 부분. 또는 한쪽 면.
쌍둥이[명사]   双胞胎 / 한 어머니에게 한꺼번에 태어난 두 아이.
칠갑산[명사]   七甲山 / <지명> 충청남도 청양군 정산면, 대치면, 적곡면에 걸쳐 있는 산. 1973년에 도립 공원으로 지정되었다. 높이는 561미터.
득남[명사]   得子 / 아들을 낳음.
득녀[명사]   得女 / 딸을 낳음.

제7과 직장 생활

대화 1

1. 내용을 듣고 각자 직장 생활의 고민을 말해 보십시오.
   1)
   2)
   3)
   4)
   5)

내용 2

1. 내용을 듣고 부하 직원이 듣고 싶은 말과 듣고 싶지 않은 말을 고르십시오.

   부하 직원이 듣고 싶은 말:
   ①
   ②
   ③
   ④
   ⑤
   ⑥
   ⑦
   ⑧

   부하 직원이 듣고 싶지 않은 말:
   ①
   ②
   ③
   ④
   ⑤
   ⑥
   ⑦
   ⑧

2. 직장에서 상사가 듣고 싶은 말과 듣기 싫은 말은 무엇일까요? 여러분이 생각하시는 대로 말해 보십시오.

듣기 좋은 말	듣기 안 좋은 말
①	①
②	②
③	③
④	④
⑤	⑤
⑥	⑥
⑦	⑦
⑧	⑧

내용 3

1. 들은 내용과 다른 것을 고르십시오.
    1) 요새 아르바이트만 하는 일본과 한국 젊은 사람들이 늘고 있다.
    2) 글을 쓴 사람은 프리트가 바람직하다고 본다.
    3) 요새 직장을 찾기가 어려운 편이다.
    4) 프리트 직장은 정규직보다 못하다.

내용 4

1. 내용을 듣고 맞는 것을 고르십시오.
    1) 이광호 씨는 처음 아빠가 된 것이 아니다.
    2) 이광호 씨는 아들만 얻었다.
    3) 오늘 이광호 씨가 한 턱 내는 것으로 알고 있다.
    4) 직원들이 모두 칠갑산에 갈 것이다.

마당 3

새 단어:

중위권[명사] 中等
이수[명사] 修(学分、课程) / 해당 학과를 순서대로 공부하여 마침.
채우다[동사] 添充 / '차다'의 사동사.
  * 이삿짐이 방 안을 가득 채우고 있다.
상반기[명사] 上半期 / 한 해나 어떤 일정한 기간을 둘로 똑같이 나눌 때에 앞의 절반 기간.
제출하다[동사] 提出 / 문안(文案)이나 의견, 법안(法案) 따위를 내다.
  *그는 사표를 부장에게 제출하고 밖으로 나갔다.
낙방[명사] 落榜 / 시험, 모집, 선거 따위에 응하였다가 떨어짐.
고배[명사] 苦杯,苦酒 / 쓰라린 경험을 비유적으로 이르는 말.
연수[명사] 研修 / 학문 따위를 연구하고 닦음.
호락호락하다[형용사] 好欺负,可忽略的 / 일이나 사람이 만만하다.
명문대[명사] 名牌大学 / 이름난 좋은 대학교.
눈높이[명사] 眼光 / 어떤 사물을 보거나 상황을 인식하는 안목의 수준.
낮추다[동사] 降低 / '낮다'의 사동사.
  *우리가 동갑이니까 말씀을 낮추세요.
중견기업[명사] 中型企业 / 지위와 규모는 그다지 높거나 크지 아니하나 중심적 역할을 하거나 확실한 업적을 올리고 있는 기업.
망설이다[동사] 犹豫 / 이리저리 생각만 하고 태도를 결정하지 못하다.
  *공부를 마치고 취직할까 진학할까 아직 망설이고 있다.
겨자[명사] 芥末 / '겨자씨로 만든 양념.

제7과 직장 생활

타이틀 (title)[명사]   称号;标题 / 제목, 표제, 칭호 따위.
선호하다[동사]   喜欢,偏爱 / 여럿 가운데서 특별히 가려서 좋아하다.
불가피하다[형용사]   不可逃避 / 피할 수 없다.
백수[명사]   无业游民 / 돈 한 푼 없이 빈둥거리며 놀고먹는 건달.
면하다[동사]   避免 / 어떤 상태나 처지에서 벗어나다.
  *그런 일을 저질렀다면 처벌을 면하기 어려울 것이다.
엔지족(NG)[명사]   延期毕业族 / 엔지족(NG[←NO Graduation]族) 취업을 위해 졸업 전 마지막 학기에 휴학해 졸업을 연기하는 사람. 또는 그런 무리. 부정의 의미를 지니는 'no'와 '졸업'을 뜻하는 'graduation'을 합쳐 만든 말.
대5생[명사]   大学5年级学生 / 취업이 될 때까지 졸업을 늦추는 대학교 5학년생을 말함.
인터뷰(interview)[명사]   采访,访谈 / 기자가 취재를 위하여 특정한 사람과 가지는 회견.

1. 김우직 씨가 졸업하지 않고 대학교 5학년을 다니는 원인이 아닌 것은 무엇입니까?
   1) 취업 준비를 위해 준비해야 한다.
   2) 전공을 더 많이 배우려고 한다.
   3) 토익 공부와 면접 공부를 해야 한다.
   4) '백수' 신세를 면하고 싶다.

2. 들은 내용과 같으면 ○표, 다르면 ×표 하십시오.
   1) 김우직 씨는 명문대 출신이다. (   )
   2) 기업들은 졸업예정자나 갓 졸업하는 사람을 선호한다. (   )
   3) 김우직 씨는 내년에 꼭 취직하겠다고 한다. (   )
   4) 김우직 씨는 하반기에 계속 대기업에 도전할 생각이다. (   )

3. 김우직 씨는 지원 거절을 당한 후에 어떻게 결정했습니까? 왜요?

4. 대5생과 NG 족은 각각 무슨 뜻입니까?

5. 취직을 못 하는 김우직 씨의 심정은 어떻습니까?

마당 4

새 단어:

이태백[명사]　二十几岁的无业游民(韩语中谐音"李太白") / '이태백' 은 20대의 태반이 백수 신세라는 것을 뜻하는 단어로서, 경기침체로 인한 취업란이 20대에서부터 50대, 60대까지 영향을 미치고 있는 것을 반영한 말이다.

꼽히다[동사]　被选作 / '꼽다' 의 피동사.
　　*김 박사는 심장 수술의 일인자로 꼽히는 실력자이다.

포털 (portal)[명사]　门户,入门 / 포털 사이트. '현관,' '관문' 의 뜻을 가진 말이다.

구직자[명사]　求职者 / 일자리를 구하는 사람.

유행어[명사]　流行语言 / 비교적 짧은 시기에 걸쳐 여러 사람의 입에 오르내리는 단어나 구절. 신어의 일종으로 해학성, 풍자성을 띠며 신기한 느낌이나 경박한 느낌을 주기도 한다.

태반[명사]　大半 / 반수 이상.

사오정[명사]　四五停(45岁"正常"退休)(韩语中谐音"沙悟净") / 45세가 정년(停年)이라는 말로, 정년이 아닌 데도 직장에서 내몰리는 40대 직장인의 처지를 비유적으로 이르는 말.

장미족[명사]　玫瑰族 / 겉으로는 화려한 취업 스펙을 지녔지만 오랜 기간 동안 취업을 하지 못하고 있는 구직자를 뜻한다.

오륙도[명사]　五六盗(56岁退休便是盗贼) / 원래는 섬 이름이지만 요즘에는 56세까지 직장에 남아있으면 도둑놈이라는 말의 줄임말로도 쓰인다.

공시족[명사]　公务员入职考试族 / 공무원시험을 준비하는 사람들을 일컫는 말.

취집[명사]　出嫁代替就业 / 취직을 하지 못한 대학 졸업 여성들이 시집을 가는 것을 말한다. 시집가는 것을 취업으로 대신하는 것이다.

토폐인[명사]　托业废人 / 영어 게임 대회인 토익 리그에 아주 중독돼 일상생활에 심각한 지장을 받는 사람을 비유적으로 이르는 말.

삼팔선[명사]　三八线(38岁下岗) / 서른여덟 살 이상을 넘기기 힘들다는 뜻으로, 30대에 직장에서 내몰리는 30대 직장인의 처지를 비유적으로 이르는 말.

1. 그림을 보면서 가장 많이 쓰는 유행어를 순서대로 쓰십시오.

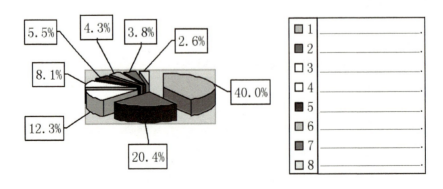

2. 각 유행어의 뜻을 쓰십시오.

유행어	뜻
① 이태백	
② 사오정	
③ 88만원세대	
④ 삼팔선	
⑤ 장미족	
⑥ 오륙도	
⑦ 공시족	
⑧ 토페인	
⑨ NG족	
⑩ 취집	

마당 5

새 단어:

천신만고[명사] 千辛万苦 / 천 가지 매운 것과 만 가지 쓴 것이라는 뜻으로, 온갖 어려운 고비를 다 겪으며 심하게 고생함을 이르는 말.

녹록하다[형용사] 碌碌无为 / 만만하고 호락호락하다.

소모적[관형사][명사] 消耗的 / 소모되는 성질이 많은. 또는 그런 것.

윤택[명사] 润泽 / 윤기 있는 광택.

무미건조하다[형용사] 枯燥无味, 干巴巴 / 재미나 멋이 없이 메마르다.

도전[명사] 挑战 / 어려운 사업이나 기록 경신 따위에 맞섬을 비유적으로 이르는 말.

부서[명사] 部门 / 기관, 기업, 조직 따위에서 일이나 사업의 체계에 따라 나뉘어 있는, 사무의 각 부문.

직종[명사] 职业类别 / 직업이나 직무의 종류.

일취월장하다[동사] 日新月异 / 나날이 다달이 자라거나 발전한다.

묻히다 被埋没 / '묻다'의 피동형. 묻다: 물건을 흙이나 다른 물건 속에 넣어 보이지 않게 쌓아 덮는다.
  *오랫동안 땅속에 묻혀 있었던 유물이 발견되었다.

되풀이되다[동사] 反复 / 같은 말이나 일을 자꾸 반복함. 또는 같은 사태가 자꾸 일어나다.
  *다시는 이러한 비극이 되풀이되어서는 안 될 것이다.

불사르다[동사] 丢掉, 销毁 / 어떤 것을 남김없이 없애 버리다.
  *시시한 얘기야, 내겐 애초부터 불살라 버릴 청춘도 없었으니까.

밑바닥[명사] 底层 / 어떤 것의 바닥 또는 아래가 되는 부분.

스카우트(scout)[명사] 猎头 / 우수한 운동선수 또는 연예인, 특수 기술자와 같

> 은 인재를 물색하고 발탁하는 일.
> 악수[명사]　握手 / 인사, 감사, 친애, 화해 따위의 뜻을 나타내기 위하여 두 사람이 각자 한 손을 마주 내어 잡는 일. 보통 오른손을 내밀어 잡는다.
> 꼴불견[명사]　不像样, 不像话 / 하는 짓이나 겉모습이 차마 볼 수 없을 정도로 우습고 거슬림.
> 학벌[명사]　学历背景 / 출신 학교나 학파에 따라 이루어지는 파벌.
> 모욕적[관형사][명사]　侮辱的 / 깔보고 욕되게 하는. 또는 그런 것.
> 언사[명사]　言辞 / 말이나 말씨.
> 짓밟다[동사]　践踏 / 남의 인격이나 권리 따위를 침해하다.
> 　*그는 잔인한 말로 내 자존심을 짓밟고 떠나 버렸다.

1. 설문조사에서 나온 이직의 원인은 무엇입니까? 순서대로 쓰십시오.

2. 하 씨에 대한 다른 것은 무엇입니까?
   1) 대학을 졸업한 후 교육업종의 마케팅 부서에만 일을 했다.
   2) 하 씨는 4년내내 우울하게 일했다.
   3) 하 씨는 일을 되풀이하다가 로봇 같다는 느낌마저 들었습니다.
   4) 남들이 다니는 회사는 자아 발전 기회를 제공해 주는 것을 보니 하 씨는 부러웠했다.

3. 이 씨에 대한 다른 것은 무엇입니까?
   1) 이 씨는 공대를 졸업한 뒤 6년 동안 한 자동차부품공장에서 일을 했다.
   2) 이 씨는 일도 적성에 맞고 승진도 남보다 빨리 한 편이다.
   3) 이 씨는 동료사원의 스카우트 제의를 받고 직장을 옮겼다.
   4) 옆자리에 있었던 동료가 지금 이 씨보다 연봉이 더 많다.

4. 박 대리에 관한 것은 다른 것을 고르십시오.
   1) 자신보다 학벌이나 능력이 좋은 후배에게 나쁘게 평가한다.
   2) 박 대리는 상사의 비위를 맞추며 가려운 데를 잘 긁어준다.
   3) 일은 못 하지만 매년 업무 평가에서 최상위 점수를 받는다.
   4) "그럼 그렇지, 네가 얼마나 하겠어. 대학에서 뭘 배웠니?"라는 등 모욕적인 언사로 홍 씨를 짓밟는다.

제8과   바른 말, 고운 말 (1)

학습 내용: 일상생활에서 많이 사용하면서 자주 틀리는 말을 익힌다.
질문: 알고 있는 헷갈리기 쉬운 한국어 표현들을 이야기해 보세요.

바른 표기	틀린 표기
덥석	덥썩
집안	집안
큰소리	큰 소리

마당 1

새 단어:
작업량[명사] 产量 / 일을 한 분량.
구름양[명사] 云量 / <지리> 구름이 하늘을 덮고 있는 정도. 구름이 온 하늘을 덮었을 때를 10, 구름이 전혀 없을 때를 0으로 하여 정수로 표시하며 그 정도는 눈대중으로 정한다. ≒운량(雲量).
벡터양 (vector)[명사] 矢量(物理、数学中使用) / <물리> 힘이나 속도 따위와 같이 벡터로 표시되는 물리량.
밀리다[동사] 堆积 / 처리하지 못한 일이나 물건이 쌓이다.
  * 일이 산더미같이 밀렸는데 어디 여행을 가겠다고?
취업난[명사] 就业难 / 취업하기 어렵다는 것.

알림난[명사] 布告栏 / 신문이나 잡지에서 여러 사람에게 알리는 내용을 싣는 지면.
레저난[명사] 休闲难,休假难 / 휴가를 보내기 어렵다는 것.
투고란[명사] 投稿栏 / 신문이나 잡지 따위에서 독자가 투고한 글을 싣기 위하여 할애하는 지면.
부고란[명사] 卜告栏 / 사망 소식을 싣는 지면.
결합하다[동사] 结合 / 둘 이상의 사물이나 사람이 서로 관계를 맺어 하나가 되다.
  * 한글에서 자음은 모음과 결합하여 글자를 만들어 낸다.
문패[명사] 门牌 / 주소, 이름 따위를 적어서 대문 위나 옆에 붙이는 작은 패.
중절[명사] 中断 / 중도에서 끊어 버리거나 그만둠.
출산율[명사] 出生率 / 아기를 낳는 비율. 일정 기간에 태어난 아이가 전체 인구에 차지하는 비율을 이른다. '출생률'로 순화.
주범[명사] 主犯,罪魁祸首 / 어떤 일에 대하여 좋지 아니한 결과를 만드는 주된 원인.
떨어뜨리다[동사] 下滑,跌落 / 위에 있던 것을 아래로 내려가게 한다.
엇갈리다[동사] 混乱 / 생각이나 주장 따위가 일치하지 않다.
  * 사건을 어떻게 처리할 것인가를 두고 그와 의견이 엇갈렸다.
성비[명사] 性别比例 <생물> 같은 종(種) 안에서 암컷과 수컷의 개체 수의 비. 성염색체에 의한 성 결정에 따르면 일대일이 되나, 실제로는 한쪽으로 치우치기도 한다.
확률[명사] 概率 / <수학> 일정한 조건 아래에서 어떤 사건이나 사상(事象)이 일어날 가능성의 정도. 또는 그런 수치. 수학적으로는 1을 넘을 수 없고 음이 될 수도 없다.
생존[명사] 生存 / 살아 있음. 또는 살아남음.
응답[명사] 应答 / <심리>=반응.
연체[명사] 滞纳 / <법률>기한 안에 이행하여야 할 채무나 납세 따위를 지체하는 일.
감세[명사] 减税 / 세금의 액수를 줄이거나 세율을 낮추는 일.
야투[명사] 投篮 / <운동·오락> =필드 스로.
나란히[부사] 并列,并排 / 여럿이 줄지어 늘어선 모양이 가지런하다.
횟수[명사] 回数 / 돌아오는 차례의 수효.

내용 1

1. 내용을 듣고 맞는 것에 ○표, 틀린 것에 ×표 하십시오.
   1) 말의 뒤에 전부 "-양"으로 적는다. (   )
   2) '량'이 홀로 쓰이거나 말의 첫머리에 올 때 '양'으로 쓴다. (   )
   3) 말 뒤에 붙어 한 단어가 됐을 때 앞말이 한자어이면 '-양'이 되고 고유어나 외래어일 때는 '-량'이 된다. (   )

제8과 바른 말, 고운 말 (1)   55

2. 위의 내용과 일치하면 ○표, 다르면 ×표 하십시오.

단어		단어	
가시량( )	가시양( )	구름량( )	구름양( )
거래량( )	거래양( )	감소량( )	감소양( )
작업량( )	작업양( )	벡터량( )	벡터양( )
노동량( )	노동양( )	허파숨량( )	허파숨양( )

내용 2

1. 내용을 듣고 맞는 것에 ○표, 틀린 것에 ×표 하십시오.
   1) 신문이나 잡지에서 글이나 그림 따위를 싣기 위해 마련한 자리를 '란'이라고 한다. (   )
   2) 독자의 욕구에 따르기 위해 신문 지면에도 새로운 난들이 점점 줄고 있다. (   )
   3) 고유어와 결합할 때만 '란'이라 쓰고 나머지 경우엔 '난'을 쓰는 것이다. (   )

2. 위의 내용과 같으면 ○표, 다르면 ×표 하십시오.

단어		단어	
투고란( )	투고난( )	인사란( )	인사난( )
취업란( )	취업난( )	부고란( )	부고난( )
사람란( )	사람난( )	알림란( )	알림난( )

내용 3

1. 내용을 듣고 맞는 것에 ○표, 틀린 것에 ×표 하십시오.
   1) 한국 출산율을 떨어뜨리는 원인에 대해 의학계와 종교계의 의견이 똑같다. (   )
   2) 경제성장률과 출산율은 관계가 있다고 말했다. (   )
   3) '율'과 '률'은 원래 음가가 다르다. (   )

2. 위의 내용과 같으면 ○표, 다르면 ×표 하십시오.

단어		단어	
생존율( )	생존률( )	환율( )	환률( )
출산율( )	출산률( )	생산율( )	생산률( )
지분율( )	지분률( )	교환율( )	교환률( )
수익율( )	수익률( )	성장율( )	성장률( )
손실율( )	손실률( )	부담율( )	부담률( )
응답율( )	응답률( )	연체율( )	연체률( )
이자율( )	이자률( )	연소율( )	연소률( )
감세율( )	감세률( )	야투율( )	야투률( )

3. '율'이나 '률'을 붙이는 원칙을 이야기해 보십시오.

내용 4

1. 내용을 듣고 맞는 것에 ○표, 틀린 것에 ×표 하십시오.
   1) '첫째, 둘째, 셋째'는 사물의 순서를 가리키는 말이다. (　　)
   2) '첫 번째, 두 번째, 셋 번째'는 일의 횟수를 가리키는 말이다. (　　)
   3) '첫째'는 아들이고, '둘째'는 딸이라는 것은 틀린 표현이다. (　　)

2. 위의 내용과 같으면 ○표, 다르면 ×표 하십시오.

문장	문장
다섯째 사람(　　)	다섯 번째 사람(　　)
미국을 네째 다녀오신 아버지(　　)	미국을 네 번째 다녀오신 아버지(　　)
올림픽의 첫째 경기(　　)	올림픽의 첫 번째 경기(　　)
전교에서 첫째(　　)	전교에서 첫 번째(　　)
장한 둘째 아들(　　)	장한 두 번째 아들(　　)

3. 각자 '첫째'와 '첫 번째' 문장을 만들어 보고 두 개의 차이점을 이야기해 보십시오.

마당 2

새 단어:
헬기(helicopter)[명사]　直升机 / 헬리콥터.
분주하다[동사]　奔忙 / 몹시 바쁘게 뛰어다니다.
　　*더 좋은 일자리를 찾으려고 그는 요새 분주하고 있다.
우왕좌왕하다[동사]　走来走去,惊慌失措 / 이리저리 왔다 갔다 하며 일이나 나아가는 방향을 종잡지 못하다.
　　*쥐들이 고양이를 보니 우왕좌왕한다.
대목[명사]　关键 / 일의 어떤 특정한 부분이나 대상.
미묘하다[형용사]　微妙 / 뚜렷하지 않고 야릇하고 묘하다.
감각적[관형사][명사]　感觉的,感官的 / 감각이나 자극에 예민한. 또는 그런 것.
설렘[명사]　心潮澎湃,激动 / 설레다의 명사
이산가족[명사]　离散家属由于各种原因而分处各地互不通音信的家庭。/ 남북 분단 따위의 사정으로 이리저리 흩어져서 서로 소식을 모르는 가족.

제8과 바른 말, 고운 말 (1)

1. 내용을 듣고 빈칸을 채우십시오.
    1) '가을 단풍이 곱다. 산마다 사람들로 가득 차고, 그 모습을 전하느라 _____ 까지 _____.'
    2) 그런가 하면 사회 한쪽에선 좋은 세상을 만든다는 목표를 두고서도 의견이 일치하지 않아 _____ 는 모습도 _____.
    3) 이들은 뜻 차이가 매우 _____ 지만 다음과 같이 생각하면 구별해 쓸 수 있다.
    4) "어떻게 다르지"하는 _____ 면 _____ 답변이 나오지 않는다.

2. 들은 내용이 아닌 것을 고르십시오.
    1) '기쁘다'와 '즐겁다'의 차이에 사람들은 쉽게 대답하지 못한다.
    2) '즐겁다'는 경험적 측면이 강조된다.
    3) 사람들은 단풍을 구경하러 비행기까지 타고 온다.
    4) '기쁘다'는 심정을 나타낸다.

3. '기쁘다'와 '즐겁다'를 골라서 빈칸을 채우십시오.

시간	단어	기쁘다/즐겁다
운동장에서 친구들과 뛰어 노는 가을		
이산가족이 수십 년만에 만났을 때		
단풍과 푸른 하늘이 고운 가을 소풍		
잃어버린 물건을 찾았을 때		
낯선 사람과 만나는 설렘이 가득한 주말여행		
맛있는 음식이 차려진 점심 식사를 할 때		

4. '기쁘다'와 '즐겁다'는 차이가 무엇입니까? 예를 들어서 자기의 말로 이야기해 보십시오.

마당 3

새 단어:
  수도세[명사] 水费 / '수도료'를 일상적으로 이르는 말.
  전기세[명사] 电费 / '전기료'를 일상적으로 이르는 말.
  알뜰[명사] 勤俭 / {주로 일부 명사 앞에 쓰여} 생활비를 아끼며 규모 있는 살림을 함.
  국세청[명사] 国税厅 / <법률> 중앙 행정 기관의 하나.
  ~분의[명사] ……分之……
  수돗물[명사] 自来水 / 상수도에서 나오는 물.

> 과세[명사]　征税 / 세금을 정하여 그것을 내도록 의무를 지움.
> 소독[명사]　消毒 / <의학> 병의 감염이나 전염을 예방하기 위하여 병원균을 죽이는 일. 약품, 일광, 열탕, 증기 따위를 이용한다.
> 강제적[관형사][명사]　强制的 / 권력이나 위력으로 남의 자유의사를 억눌러 원하지 않는 일을 억지로 시키는. 또는 그런 것.
> 부가가치세[명사]　附加稅 / 생산 및 유통과정의 각 단계에서 창출되는 부가가치에 대하여 부과되는 조세.
> 근로소득세[명사]　劳动所得税 / 근로소득에 대하여 부과되는 조세.

1. 내용을 듣고 빈칸을 채우십시오.
    1) 그렇게 아꼈는데도 _____ 는 말할 것도 없고 _____ 까지 합하니 지난 달보다 10만 원이 _____ 넘게 나왔다.
    2) 국세청이 _____ 에 대한 상식을 알아보기 위해 _____ 를 했다.
    3) 따라서 전기나 수돗물을 쓴 만큼 개인이 대가로 내야 하는 전기 요금, 수도 요금에 세금이란 용어는 _____ 지 않다.

2. 들은 내용이 아닌 것을 고르십시오.
    1) 대화에서 나온 주부 두 분은 알뜰하게 살림을 하는 주부이다.
    2) 수도세와 전기세는 잘못된 표현이다.
    3) 세금과 요금은 성질이 비슷한 말이다.
    4) 설문조사 응답자의 4분의 1정도 사람들은 전기요금을 전기세로 인식하고 있다.

3. 들은 내용과 같으면 ○표, 다르면 ×표 하십시오.

단어		단어	
택시세(　)	택시 요금(　)	소비 요금(　)	소비세(　)
목욕세(　)	목욕 요금(　)	관 요금(　)	과세(　)
공항이용세(　)	공항이용 요금(　)	재산 요금(　)	재산세(　)
전화세(　)	전화 요금(　)	기본 요금(　)	기본세(　)
전기세(　)	전기 요금(　)	자동차 요금(　)	자동차세(　)
수도세(　)	수도 요금(　)	수입 요금(　)	수입세(　)
부가가치세(　)	부가가치 요금(　)	토지 요금(　)	토지세(　)
근로소득세(　)	근로소득 요금(　)	담배 요금(　)	담배세(　)

4. '세금'과 '요금'의 차이가 무엇입니까? 예를 들어서 자기의 말로 이야기해 보십시오.

제8과 바른 말, 고운 말 (1)   59

 마당 4

> 새 단어:
> 서방님[명사]   丈夫, 小叔子(称呼成家的小叔子) / '남편'의 높임말. 결혼한 시동생을 이르는 말.
> 형수님[명사]   嫂子 / 같은 부모에게서 태어난 사이거나 일가친척 가운데 항렬이 같은 남자들 사이에서 형의 아내를 이르는 말. 친형수가 아닐 때는 육촌 형수, 사촌 형수, 이종 형수, 고종 형수 등과 같이 촌수를 따져 이른다.
> 시시콜콜하다[형용사]   斤斤计较, 婆婆妈妈 / 자질구레한 것까지 낱낱이 따지거나 다투다.
> 시동생[명사]   小叔子 / 남편의 남동생.
> 시누이[명사]   大姑子或小姑子 / 남편의 누나나 여동생.
> 도련님[명사]   没有结婚的小叔子 / 결혼하지 않은 시동생을 높여 이르는 말.
> 아주버님[명사]   大哥(丈夫的哥哥), 大伯哥 / '아주버니'의 높임말.
> 동서[명사]   妯娌 / 시아주버니나 시동생의 아내.

1. 대화하는 사람은 어떤 사이입니까?
   1) 삼촌과 조카   2) 삼촌과 형수   3) 시동생과 형수   4) 형수와 도련님

2. 내용을 듣고 빈칸을 채우십시오.
   1) _____ 얘기까지 꽤 오랜 시간을 통화했다.
   2) 결혼하지 않은 시동생을 '_____' 이라 호칭하고, 결혼한 후에는 '_____' 이라 호칭한다.
   3) 남편의 형에게는 '_____' 이라 호칭하고, 남편의 누나는 '_____' 이라 부른다.
   4) 시동생의 아내는 '_____' 로 부르는 것이 옳다.

3. 들은 내용과 맞는 표현을 고르십시오.
   1) 남편의 누나를 친근감의 표시로 '언니'로 부른다.
   2) 손아래 동서라도 자신보다 나이가 많을 때는 '동서'라고 부른다.
   3) '남편'은 '서방님'을 높여 이르는 말이다.
   4) 손위 동서에 대해 반말을 해도 괜찮다.

4. 다음을 보고 서로의 호칭을 이야기해 보십시오.
           시동생   나   남편/서방님   형   형의 부인

                        고모부/고모
                        조카

마당 5

새 단어:

침울해지다[동사] 变沉闷,变得忧郁 / 걱정이나 근심에 잠겨서 마음이 우울해지다.
　*그녀는 요새 표정이 침울해진다.
일간지[명사] 日刊,日报 / <언론>=일간 신문.
연재되다[동사] 连载 / 신문이나 잡지 따위에, 긴 글이나 만화 따위를 여러 차례로 나누어서 계속하여 싣다.
　*신문에 연재된 소설이 아주 재미있다.
쇳물[명사] 铁水 / 쇠의 녹이 우러나 검붉은 빛깔을 띤 물.
시련[명사] 考验,煎熬 / 겪기 어려운 단련이나 고비.
띄어쓰다[동사] 隔写 / <언어> 글을 쓸 때, 각 낱말을 띄어 쓰다.
　*조사는 앞말에 붙여 쓰고 의존명사는 띄어쓴다.
관형사[명사] 冠形词 / 체언(體言) 또는 체언형(形)을 수식하는 역할을 하는 품사(品詞).
부사어[명사] 副词 / 용언을 수식하는 기능을 하는 문장성분.
어색하다[형용사] 晦涩,不自然 / 서먹서먹하여 멋쩍고 쑥스럽다.

1. 내용을 듣고 빈칸을 채우십시오.
   1) 나라의 경제 상황이 좋지 않으면 마음까지 _____.
   2) _____ 만 달리 했을 뿐인데도 의미가 _____ 므로 주의해야 한다.
   3) 인심 한번 _____ 구나.
   4) 어떤 _____ 을 갖고 시험 삼아 시도함.

2. 들은 내용과 같으면 ○표, 다르면 ×표 하십시오.
   1) 한번 해 보자. (　　　)
   2) 얼마인지 가격이나 한 번 물어보자. (　　　)
   3) 한번 실패하더라도 두 번, 세 번 다시 도전하자. (　　　)
   4) 제가 한번 해 보겠습니다. (　　　)

제9과   바른 말, 고운 말 (2)

학습 내용: 일상생활에서 많이 사용하면서 자주 틀리는 말을 익힌다.
질문: 헷갈리기 쉬운 한국어 표현들을 이야기해 보세요.

?
바캉스?
피서?
오르골?
건달?

 마당 1

새 단어:
작장면[명사]   炸酱面 / '자장면'의 잘못.
터지다[동사]   破, 爆破 / 둘러싸여 막혔던 것이 갈라져서 무너지다.
 *사건이 터지기 전에 사실대로 말하는 게 좋다.
튀기다[동사]   油炸 / 끓는 기름에 넣어서 부풀어 나게 하다.
 *생선은 기름에 튀기고 바삭바삭 맛있다.
메밀[명사]   荞麦 / <식물>여뀟과의 한해살이식물. 농작물.
셀프(self)[명사]   自助
인건비[명사]   人工费 / <경제> 사람을 부리는 데에 드는 비용.
신토불이[명사]   身土不二 / 몸과 땅은 둘이 아니고 하나라는 뜻으로, 자기가 사

> 는 땅에서 산출한 농산물이라야 체질에 잘 맞음을 이르는 말.
> 불신국토[명사] 佛教国土
> 불이문[명사] 不二法門 /〈불교〉상대적이고 차별적인 것을 모두 초월하여 절대적이고 평등한 진리를 나타내는 가르침.

내용 1

내용을 듣고 질문에 답하십시오.

1. '자장면'은 어디서 유래했습니까?
   1) 짜장면
   2) 작장면
   3) 자짜연
   4) 작짱면

2. 들은 내용과 같으면 ○표, 다르면 ×표 하십시오.
   1) 한국 사람 대부분이 즐겨 먹는 외식 거리 가운데 하나인 자장면이다.(   )
   2) 장은 된장, 간장 등 발효식품을 말한다. (   )
   3) 면은 밀가루만으로 만든 국수를 일컫는다. (   )
   4) '자장'은 고대 중국어 발음이다. (   )

3. '자장면' 세 글자의 뜻을 이야기해 보십시오. 알고 있는 중국 요리 이름의 뜻을 이야기해 보십시오.

내용 2

1. 들은 내용과 같으면 ○표, 다르면 ×표 하십시오.
   1) '셀프'라는 글자는 식당에서만 흔히 볼 수 있다. (   )
   2) '셀프제도'를 실행한 결과는 비용을 절약할 수 있다. (   )
   3) '셀프'의 뜻은 종업원의 접대를 받지 않고 본인이 손수 기름을 넣거나 물을 가져오는 일을 말한다. (   )
   4) '셀프'의 뜻은 '셀프-서비스'라는 뜻이다. (   )

2. '한 푼이라도 아끼자'는 어디서 쓰는 말입니까?
   1) 식당   2) 간이음식점   3) 주유소   4) 레스트랑

3. '물은 셀프입니다'는 어디서 쓰는 말입니까?
   1) 학교   2) 주유소   3) 음식점   4) 화장실

제9과 바른 말, 고운 말 (2) 63

내용 3, 내용 4

1. 내용을 듣고 빈칸을 채우십시오.
   1) ('   ')라고 큼직하게 쓰인 (   )를 쉽게 볼 수 있다.
   2) 우리 것이 우수하다는 점을 (   ) 것 같은데 정확한 뜻과 (   ) 이 궁금하다.
   3) 뜻을 (   ) 어려운 불교식 조어를 우리 농산물을 판매하는 곳에서 자랑스레 사용할 필요가 있을까.
   4) '신토불이'는 '신체와 환경은 (   )' 이라는 뜻이다.

2. 들은 내용과 같으면 ○표, 다르면 ×표 하십시오.
   1) 백화점이나 슈퍼에 가면 어디서나 신토불이라는 글자를 볼 수 있다.(   )
   2) '신토불이'는 일본 식생활에서 온 말이다. (   )
   3) '신토'는 불교 용어 중 '불신국토'에서 나온 말이다. (   )
   4) 한국 사람들은 자기 나라에서 나오는 농산품을 많이 선전한다. (   )

3. '불이문'은 무슨 문입니까?

4. '신토불이'를 한자로 쓰십시오.

마당 2

새 단어:
올인(all in)[명사] 全部都押上 / 포커에서, 가지고 있던 돈을 한판에 전부 거는 일.
프로(professional)[명사] 职业选手 / 어떤 일을 전문으로 하거나 그런 지식이나 기술을 가진 사람. 또는 직업 선수. '전문가', '직업'으로 순화.
도박[명사] 赌博 / 노름.
오르골(orgel)[명사] 音乐盒 / <음악> 자동적으로 음악을 연주하는 악기. 조그만 상자 속에서 쇠막대기의 바늘이 회전하며 음계판에 닿아 음악이 연주된다.
깡패[명사] 黑帮 / 폭력을 쓰면서 행패를 부리고 못된 짓을 일삼는 무리를 속되게 이르는 말.
갱 [명사] 犯罪团伙 / 범죄를 목적으로 조직적으로 움직이는 무리.
강도단[명사] 强盗团伙 / 강도떼.
주색잡기[명사] 吃喝嫖赌 / 술과 여자와 노름을 아울러 이르는 말.
범어[명사] 梵语 / <언어> =산스크리트어.
건달바[명사] 乾达婆 / 심향(尋香), 식향 등으로 변역, 술과 고기는 일체 먹지 않고 향기만 먹고 사는 천신의 일종. 제석천(帝釋天)을 섬기고 음악을 담당하는 신으로 언제나 부처님이 설법하는 것에 나타나 찬탄하며 불법을 수호하는 역할을 한다.

건달[명사]　游手好闲的人 / 하는 일 없이 빈둥빈둥 놀거나 게으름을 부리는 짓. 또는 그런 사람.

1. 내용을 듣고 빈칸을 채우십시오.
   1) 실제 ＿＿＿＿＿＿ 이며 ＿＿＿＿＿＿ 를 모델로 한 드라마 <올인>은 ＿＿＿＿＿＿ 화제를 남겼다.
   2) 드라마 속에서 사라의 상징으로 나왔던 ＿＿＿＿＿ 은 연인들 간의 선물로 인기를 끌었고, 촬영지는 ＿＿＿＿＿ 가 됐다.
   3) 국립국어원은 '올인'을 '＿＿＿＿＿'로 순화해 놓았다.
   4) 건달은 하는 일 없이 ＿＿＿＿＿ 거나 ＿＿＿＿＿ 등을 하면서 살아가는 사람을 말한다.

2. 들은 내용이 아닌 것을 고르십시오. (　　)
   1) 올인은 도박에서 자기가 가진 것을 모두 건다는 것만 뜻한다.
   2) 깡패는 완전히 영어에서 나온 말이 아니다.
   3) 건달은 범어에서 나온 말이다.
   4) 건달은 원래 나쁜 뜻이었다.

3. 건달은 원래 무슨 뜻입니까?

4. 깡패는 무엇으로 합친 단어입니까?

 마당 3

새 단어:
바캉스(vacance)[명사]　避暑, 休假 / 주로 피서나 휴양을 위한 휴가.
극성스럽다[형용사]　热衷 / 성질이나 행동이 몹시 드세거나 지나치게 적극적인 데가 있다.
휴가철[명사]　休假季节 / 많은 사람이 휴가를 즐기는 기간.
특선[명사]　特选 / 특별히 골라 뽑음. 또는 그런 것.
대비[명사]　应对, 作准备 / 앞으로 일어날지도 모르는 어떠한 일에 대응하기 위하여 미리 준비함. 또는 그런 준비.
해수욕[명사]　海水浴 / 바닷물에서 헤엄을 치거나 즐기며 놂.

제9과 바른 말, 고운 말 (2)   65

> 몸매[명사]   身材 / 몸의 맵시나 모양새.
> 통틀다[동사] 一共, 通通 / 『…을』 있는 대로 모두 한데 묶다.
>   *있는 돈을 통틀면 천만 원쯤 된다.
> 식이요법[명사] 食疗 / <의학> 음식물의 품질, 분량 따위를 조절하여서 직접 질
>   병을 치료하거나 예방하고 장기(臟器)를 비호하면서 전신의 영양을 완전하게
>   하는 방법. 당뇨병, 위장병, 신장병, 비타민 결핍증, 순환기·호흡기 질환 따위
>   에 쓴다.

1. 바캉스란 단어는 어느 나라말에서 나온 말입니까?
   1) 영어   2) 불어 3) 일본어   4) 중국

2. 들은 내용과 같으면 ○표, 다르면 ×표 하십시오.
   1) 한국 사람들은 휴가를 즐기는 프랑스인의 영향을 받아서 바캉스란 말을 쓰게 됐
      다. (   )
   2) 바캉스란 말은 딱 여름에만 쓸 수 있는 말이다. (   )
   3) 여름 휴가철이 되면 '바캉스'란 기사들이 다른 계절보다 훨씬 많다.(   )
   4) 바캉스 대비 다이어트는 해수욕장이나 수영장에서 아름다운 몸매를 뽐내고 싶은
      여성에겐 관심 거리가 된다. (   )

3. 내용을 듣고 다음 표를 완성하십시오.

불어	한국어
바캉스	
바캉스 여행	
바캉스 다이어트	

4. 다이어트에 관한 맞는 설명을 고르십시오. (   )
   1) 미용용품으로 체중을 조절하는 것도 다이어트 중의 하나이다.
   2) 다이어트는 식이요법에 따른 체중 조절과 건강 증진을 의미한다.
   3) 운동기구를 이용해서 체중을 줄이는 것을 다이어트라고 할 수 있다.
   4) 다이어트는 단순히 체중 조절을 의미하는 것이다.

 마당 4

> 새 단어:
> 보급률[명사]   普及率

효자[명사]　孝子 / 부모를 잘 섬기는 아들.
선풍적[관형사][명사]　风卷式的, 旋风式的 / 돌발적으로 일어나 사회에 큰 영향을 미치거나 관심의 대상이 될 만한. 또는 그런 것.
떼다[동사]　撕开, 分开 / 붙어 있거나 잇닿은 것을 떨어지게 한다.
*집게손가락을 입술에다 세로로 붙였다 뗐다 하면서 조용하라는 시늉을 해 댔다.
친근하다[형용사]　亲近 / 사귀어 지내는 사이가 아주 가깝다.
셀룰러폰(cellular phone)[명사]　手机
모바일폰(mobile phone)[명사]　手机
셀(cell) [명사]　蜂窝, 基站服务区 / 이동통신 기지국의 서비스 구역.
기지국[명사]　基站
전파[명사]　电波
어설프다[형용사]　散漫, 松散 / 조직이나 지식, 행동 따위가 완전하게 짜여지지 못하고 허술한 데가 있다.
적절하다[형용사]　适宜, 恰当 / 꼭 알맞다.

1. 휴대전화의 정확한 이름이 아닌 것을 고르십시오. (　　)
   1) 핸드폰　　2) 셀룰러폰　　3) 모바일폰　　4) 이동전화

2. 내용을 듣고 빈칸을 채우십시오.
   1) 한국이 휴대전화 _____ 세계1위라고 한다.
   2) 우리 휴대전화는 세계적인 _____ 을 갖추고 수출의 _____ 을 하고 있으며, 특히 중국 등 아시아권에서는 _____ 인기를 끌고 있다.
   3) 가지고 다니는 전화라는 뜻으로 휴대전화라고 부르는 것이 가장 _____.
   4) _____ 은 우리가 아니면 알아듣지 못하는 _____ 영어이므로 사용하지 않는 것이 _____.

3. 들은 내용이 아닌 것을 고르십시오.
   1) 한국에서는 휴대전화가 없는 사람이 거의 없다.
   2) 셀룰러폰은 미국식 표현이고, 모바일폰은 영국식 표현이다.
   3) 휴대전화가 이제는 없으면 안 될 정도로 사람과 친근하다.
   4) 셀룰러폰은 움직이면서 사용할 수 있다는 뜻이다.

4. 셀룰러폰과 모바일폰의 원리는 각자 무엇입니까?

5. 글 쓰는 이가 휴대폰이란 용어도 사용하고 있는 현실에 무슨 심정을 가지고 있습니까?

마당 5

새 단어:

국가보안법[명사] 国家安全保护法

폐지[명사] 废除 / 실시하여 오던 제도나 법규, 일 따위를 그만두거나 없앰.

대립하다[동사] 对立 / 의견이나 처지, 속성 따위가 서로 반대되거나 모순되다.
  *그들은 밤낮없이 모여 조정과 화약을 하느냐 그대로 싸우느냐로 의견이 크게 나눠져서 날카롭게 대립하고 있다.

과거사[명사] 历史事件 / 이미 지나간 때의 일.

규명[명사] 阐明, 纠正 / 어떤 사실을 자세히 따져서 바로 밝힘.

사안[명사] 案件 / 법률적으로 문제가 되어 있는 일의 안건.

일컫다[동사] 称为, 叫做 / 가리켜 말하다.
  *예로부터 우리나라를 동방예의지국이라고 일컬었다.

굳건히[부사] 坚定不移地

1. 밑줄 친 부분 중에 뜻이 다른 것을 고르십시오.
   1) 미국 입장에서 베트남은 먹고는 싶지만 <u>뜨거워 먹지 못하는 감자</u>이다.
   2) 수도 이전이 정치권의 <u>뜨거운 감자</u>다.
   3) <u>뜨거운 감자</u>인 국가보안법 폐지를 놓고 여야가 대립하고 있다.
   4) 과거사 규명 문제가 <u>뜨거운 감자</u>로 떠올랐다.

2. 들은 내용과 같은 것을 고르십시오.
   1) '뜨거운 감자'는 밀월여행과 달리 우리말을 충족하게 하는 것으로 이해할 수 있다.
   2) '밀월여행, 마지막 카드'는 완전히 영어에서 나온 말이다.
   3) 지금은 '뜨거운 감자'는 잘 쓰지 않는다.
   4) '뜨거운 감자'는 원래 이러지도 저러지도 못하는 상황이나 다루기 어려운 문제를 일컫는 말이다.

3. 뜨거운 감자는 지금은 무엇을 가리키는 말입니까?

제10과 아름다운 글

학습 내용: 아름다운 글을 읽는다.
질문: 빌게이츠의 충고를 듣고 느낌을 이야기해 보세요.

에디슨

빌게이츠

 마당 1

새 단어:
에디슨[명사] 爱迪生(人名)
청각장애[명사] 听觉障碍
몰두하다[동사] 埋头,致力于 / 어떤 일에 온 정신을 다 기울여 열중하다.
　　*그는 서가에 쌓인 책에만 몰두했다.
좌우명[명사] 座右铭 / 늘 자리 옆에 갖추어 두고 가르침으로 삼는 말이나 문구.
몰입하다[동사] 进入,投入
　　*그는 하루종일 연구에 몰입하고 있다.
불공평하다[형용사] 不公平 / 한쪽으로 치우쳐 고르지 못하다.
승자[명사] 胜者 / 싸움이나 경기 따위에서 이긴 사람. 또는 그런 단체.
패자[명사] 失败者 / 싸움이나 경기에 진 사람. 또는 그런 단체.
빌게이츠[명사] 比尔·盖茨(人名)
조언[명사] 指点,指教 / 말로 거들거나 깨우쳐 주어서 도움. 또는 그 말.

제10과 아름다운 글   69

> 인간관계[명사]　人际关系 / 인간과 인간, 또는 인간과 집단과의 관계를 통틀어 이르는 말.
> 알래스카[명사]　阿拉斯加(地名)

내용 1

1. 말 한 마디가 주저앉히기도 하고 다시 일으켜 세우기도 한다는 말은 무슨 뜻입니까?

2. 사람이 힘들어 할 때 다른 사람이 어떻게 위로할까요?

아내가 힘들어 할 때	
남편이 사업상의 어려움이 있을 때	
학교 시험에서 떨어지거나 일에 실패해서 괴로워 하는 자녀들이 있으면	

3. 만약 친구가 시험을 망치거나 실연을 당할 때 어떻게 위로할까요? 한번 해 보십시오.

내용 2

1. 시계를 보지 말라는 것은 무슨 뜻입니까?

2. 들은 내용과 다른 것을 고르십시오.
   1) 에디슨은 장애인이었다.
   2) 에디슨은 듣지 못해서 연구에 몰두할 수 있었다.
   3) 에디슨은 세계적인 과학자였다.
   4) 에디슨의 아들이 아빠한테 좌우명이 될 만한 이야기를 해 달라고 했다.

내용 3

빌게이츠의 10가지 인생충고인데 내용을 듣고 아래 칸을 채우십시오.

인생충고	내용
인생충고1	
인생충고2	
인생충고3	
인생충고4	

인생충고5	
인생충고6	
인생충고7	
인생충고8	
인생충고9	
인생충고10	

내용 4

1. 들은 내용과 같은 것을 고르십시오.
   1) 마음의 온도가 체온처럼 높다가 낮아질 수 있다.
   2) 사람이 차갑게 대응하게 되면 마음도 낮아진다.
   3) 마음의 온도는 아무리 멀리 떨어져 있어도 느낄 수 있다.
   4) 체온은 멀리 있어도 느낄 수 있다.

 마당 2

> 새 단어:
> 손쉽다[형용사]　容易 / 어떤 것을 다루거나 어떤 일을 하기가 퍽 쉽다.
> 순수하다[형용사]　纯粹, 纯真 / 전혀 다른 것이 섞이지 아니한다.
> 한문[명사]　汉文 / 한자(漢字)만으로 쓰여진 문장이나 문학.
> 자랑스럽다[형용사]　自豪 / 남에게 드러내어 뽐낼 만한 데가 있다.
> 실망감[명사]　失望感 / 희망이나 명망을 잃은 느낌.
> 잔인하다[형용사]　残忍 / 인정이 없다.

1. 내용과 다른 것을 고르십시오.
   1) 가을에 공부하기가 좋다.
   2) 한국말을 손쉽게 빠르게 배울 수 있다.
   3) 요새 사람들은 순수한 한글만을 쓴다.
   4) 한글을 창제하기 전에 한문을 써 왔다.

2. 글을 쓴 이가 함부로 한글을 쓰는 것에 대해 어떻게 생각하십니까?

마당 3

새 단어:
순진하다[형용사]　纯真 / 마음이 꾸밈이 없고 순박하다.
수학 [명사]　数学 / <수학>수량 및 공간의 성질에 관하여 연구하는 학문. 대수학, 기하학, 해석학 및 이를 응용하는 학문을 통틀어 이르는 말이다.
덧셈[명사]　加法
뺄셈[명사]　减法
곱셈[명사]　乘法
터득하다[동사]　体会, 领悟 / 깊이 생각하여 이치를 깨달아 알아내다.
　*요령을 타득한 다음에 일을 하는 게 좋다.
고모[명사]　姑妈 / 아버지의 누이.
스케치북(sketchbook)[명사]　写生本
삐뚤삐뚤하다[형용사]　歪歪扭扭, 歪歪斜斜 / 물체가 곧지 못하고 이리저리 구부러져 있다. '비뚤비뚤하다'보다 센 느낌을 준다.

1. 동생이 못하는 것은 무엇입니까?
　1) 덧셈
　2) 뺄셈
　3) 곱셈
　4) 한글

2. 내가 어렸을 때 한글을 배우는 법과 동생은 무슨 차이가 있습니까?

3. 내용을 듣고 알 수 있는 것을 고르십시오.
　1) 동생은 글씨를 삐뚤삐뚤하지 않고 예쁘게 쓴다.
　2) 동생은 아주 정성스레 글씨를 쓴다.
　3) 고모는 동생의 글에 아주 만족하시지 않다.
　4) 동생은 왼손으로 글씨를 쓴다.

 마당 4

새 단어:
훈민정음[명사]　训民正音 / <언어>백성을 가르치는 바른 소리라는 뜻으로, 1443년에 세종이 창제한 글자를 이르는 말.

조선글[명사]　朝鲜文字 / [북한어]'한글'의 북한어.
한글날[명사]　韩字节 /〈고유명사〉세종 대왕이 창제한 훈민정음의 반포를 기념하고, 한글을 보급·연구하는 일을 장려하기 위하여 정한 날. 10월 9일이다.
환산하다[동사]　换散 / 어떤 단위나 척도로 된 것을 다른 단위나 척도로 고쳐서 헤아리다.
　*파운드를 킬로그램으로 환산하면 몇 킬로그램이 될까?
반포[명사]　颁布 / 세상에 널리 퍼뜨려 모두 알게 함.
창제[명사]　创制 / 전에 없던 것을 처음으로 만들거나 제정함.
성대하다[형용사]　盛大 / 행사의 규모 따위가 풍성하고 크다.
치르다[동사]　经历 / 무슨 일을 겪어 내다.
　* 그렇게 큰일을 치렀으니 몸살이 날 만도 하지.
국경일[명사]　国庆日 / 나라의 경사를 기념하기 위하여, 국가에서 법률로 정한 경축일. 우리나라에는 삼일절, 제헌절, 광복절, 개천절, 한글날이 있다.
격상시키다[동사]　使……升格 / 자격이나 등급, 지위 따위의 격을 높이시키다.

1. 조선에서 한글이란 말을 쓰지 않은 원인은 무엇입니까?

2. 조선은 훈민정음 창제 기념일에 무슨 행사를 치릅니까?

3. 한국은 어느 날을 한글날로 정했습니까?

 마당 5

새 단어:
야간[명사]　晚间 / 해가 진 뒤부터 먼동이 트기 전까지의 동안.
자율학습[명사]　自习
시골길[명사]　乡间小路
남루하다[형용사]　褴褛 / 옷 따위가 낡아 해지고 차림새가 너저분하다.
못나다[형용사]　没出息 / 능력이 모자라거나 어리석다.
창피하다[형용사]　丢脸, 害羞 / 체면이 깎이는 일이나 아니꼬운 일을 당한다. 또는 그에 대한 부끄럽다.
철없이[부사]　不懂事 / 사리를 분별하지 못하고 함부로.
당뇨합병증[명사]　糖尿病综合症
되돌리다[동사]　回转, 倒流 / 움직이던 쪽과 반대되게 방향을 바꾸어 가게 하거나 돌아가게 하다.

*이미 엎질러진 물, 이젠 되돌릴 수도 없게 되었다.
저리다[형용사] 麻醉,麻木 / 뼈마디나 몸의 일부가 오래 눌려서 피가 잘 통하지 못하여 감각이 둔하고 아리다.

1. 들은 내용과 다른 것을 고르십시오.
   1) 아버지와 나는 같은 버스를 탔다.
   2) 우리 집은 학교에서 30분 정도 걸어야 하고 1시간 정도 버스를 타야 된다.
   3) 아버지와 나는 같은 정류장에서 내렸다.
   4) 아버지는 이제 당뇨합병증에 뇌경색으로 장애인이 되었다.

2. 나는 왜 아버지를 부르지 않았습니까?

3. 그 날 일을 생각하면 이 사람의 심정은 어떻게 됩니까?

제11과 연애와 결혼 이야기

학습 내용: 연애와 결혼에 관한 화제를 익힌다.
질문: 1. 여러분은 연애를 해 봤습니까?
     2. 결혼해야 하는 이유는 무엇이라고 생각합니까?

함
예단
폐백음식
이바지음식

 마당 1

새 단어:
소문[명사] 传闻 / 사람들 입에 오르내려 전하여 들리는 말.
쫙[부사] 一下子, 紧紧地 / 넓은 범위나 여러 갈래로 흩어져 퍼지는 모양.
아니 땐 굴뚝에 연기 날까[속담] 无风不起浪(俗语) / 원인이 없으면 결과가 있을 수 없음을 비유적으로 이르는 말.
까딱[부사] 一动不动 / 고개 따위를 아래위로 가볍게 한 번 움직이는 모양.
해가 서쪽에서 뜨겠다[속담] 太阳从西边儿出来(俗语) / 전혀 예상 밖의 일이나 절대로 있을 수 없는 희한한 일을 하려고 하거나 하였을 경우를 비유적으로 이르는 말.

제11과 연애와 결혼 이야기

전자레인지[명사]　微波炉
데우다[동사]　热, 加热 / 『……을』 식었거나 찬 것을 덥게 하다.
　*아내는 밤늦게 들어온 남편을 위해 찌개를 데우고 밥상을 차렸다.
인스턴트(instant)[명사]　即食 / 즉석에서 이루어짐을 이르는 말.
선을 보다　相亲 / 결혼할 대상자를 정하기 위하여 만나 보다.
연애[명사]　恋爱 / 남녀가 서로 애틋하게 그리워하고 사랑함.
입이 가볍다　嘴不严 / 말이 많거나 아는 일을 함부로 옮기다.
인품[명사]　人品 / 사람이 사람으로서 가지는 품격이나 됨됨이.
첫인상[명사]　第一印象 / 첫눈에 느껴지는 인상.
인간성[명사]　人性 / 인간의 본성.
비행기 태우다　戴高帽, 捧人 / 남을 지나치게 칭찬하거나 높이 추어올려 주다.
중매[명사]　中介 / 생산자와 판매상, 또는 도매상과 소매상의 중간에서 물건이나 권리의 매매를 중개하고 이익을 얻는 일.
학벌[명사]　学历
이상형[명사]　理想型 / <철학> 베버(Weber, M.)의 사회 과학적 연구 방법론의 개념 가운데 본질적 가치와 보편적 기준에 근거하여 설정되는 한 표준 개념.
S라인　S型, 女性身材曲线 / 에이스라인 일반적으로 여성의 체형에 빗대어 쓰인다. 말 그대로 여성들의 체형을 알파벳 S자로 나타낸 것이다.
이효리　李孝利(人名)

대화 1

1. 내용을 듣고 알 수 있는 것을 고르십시오.
　1) 남자가 여자 후배를 좋아한다.
　2) 여자가 남자의 말에 의심스러워하지 않는다.
　3) 후배가 한국 사람이다.
　4) 남자가 여자 후배와 같이 영화를 봤다.

2. '아니 땐 굴뚝에 연기 날까?' 라는 말은 무슨 뜻입니까?

대화 2

1. 내용을 듣고 알 수 있는 것을 고르십시오.
　1) 남자가 집에서 밥을 한다.
　2) 남자가 혼자 살다가 할 수 없이 밥을 하게 됩니다.
　3) 남자가 반찬을 만들어 놓았다.
　4) 남자가 별로 결혼하고 싶지 않다.

2. 인터넷으로 주문할 수 없는 인스턴트 음식은 무엇입니까?
   1) 반찬
   2) 쌀밥
   3) 죽
   4) 국

대화 3

1. 하나 씨가 선을 보기 전에 소개 받은 남자는 어떤 사람입니까?

2. 하나 씨가 실제 그 남자를 만났을 때 느낌은 어땠습니까?

3. 대화에서 나온 관용표현인데 무슨 뜻인지 써 보십시오.
   1) 입이 가볍다
   2) 비행기 태우다
   3) 그림의 떡
   4) 바가지를 긁다
   5) 눈 빠지게 기다리다

4. 대화 내용과 같으면 ○표, 다르면 ×표 하십시오.
   1) 지연 씨가 하도 하나 씨한테 오빠 이야기를 해서 하나 씨는 할 수 없이 선을 봤다. (   )
   2) 지연 씨가 말 실수로 비밀을 말했다. (   )
   3) 남자는 조건보다는 인간성이 더 중요하다고 생각한다. (   )
   4) 하나는 적은 돈으로 생활하다 보면 사랑이 식는다고 생각한다. (   )

대화 4

1. 이모가 소개해 줄 남자에 관한 것 가운데 맞지 않은 것을 고르십시오.
   1) 학벌 좋다
   2) 잘 생겼다
   3) 집안 좋다
   4) 공무원이다

2. 들은 내용과 같은 것을 고르십시오.
   1) 딸이 선을 볼 것이다.
   2) 이모가 이번에만 조건이 좋은 남자를 소개해 준다.
   3) 아버지는 딸이 준하와 연애하는 것을 나중에 동의할 것이다.
   4) 딸이 마음에 둔 남자가 따로 있다.

제11과 연애와 결혼 이야기   77

대화 5

1. 남자의 이상형은 어떤 스타일이에요?

2. 여자의 이상형은 어떤 스타일이에요?

3. 내용을 듣고 같으면 ○표, 다르면 ×표 하십시오.
   1) 남자와 여자는 다투고 있다. (   )
   2) 여자의 외모나 몸매는 다 괜찮다. (   )
   3) 여자는 남자를 약 올리기 위해 다른 남자를 좋아한다고 말했다. (   )
   4) 남자가 자존심이 강하다. (   )

 마당 2

> 새 단어:
> 미혼[명사]   未婚 / 아직 결혼하지 않음. 또는 그런 사람.
> 막내[명사]   老小 / 여러 형제, 자매 중에서 맨 나중에 난 사람.
> 이혼하다 [동사]   离婚 / <법률> 부부가 합의 또는 재판에 의하여 혼인 관계를 인위적으로 소멸시키다.
>   * 그들은 성격 차이 때문에 이혼하기로 합의했다.
> 활동적[관형사][명사]   有活动能力的, 活跃的 / 몸을 움직여 행동하는. 또는 그런 것.
> 장남[명사]   长男, 长子 / 맏아들.
> 외아들[명사]   独生子 / 다른 자식이 없이 단 하나뿐인 아들.
> 시부모님[명사]   公婆 / '시부모'의 높임말.

1. 내용을 듣고 표를 완성하십시오.

이름	김범수	권명호	이영택
나이			
직업			
가족			
성격			
기타			

2. 여러분은 이수연 씨가 누구와 결혼하면 좋겠다고 생각합니까? 이유를 설명하십시오.

 마당 3

새 단어:
독립[명사] 独立 / 다른 것에 예속하거나 의존하지 아니하는 상태로 됨.
독신[명사] 独身 / 배우자가 없는 사람.
공간[명사] 空间 / 물리적으로나 심리적으로 널리 퍼져 있는 범위.
간섭[명사] 干涉 / 직접 관계가 없는 남의 일에 부당하게 참견함.
갖추어지다[동사] 具备 / 갖추다의 피동
  *조건이 아직 갖추어지지 않는다.
원룸(one-room)[명사] 单身公寓 / <건설>=원룸 아파트.
커피메이커(caffemaker) 咖啡机 / 커피를 끓이는 것.
토스터기(toaster)[명사] 烤面包机 / 전기를 이용하여 식빵을 굽는 기구.
전기밥솥[명사] 电饭锅 / 전기 저항에 의하여 발생하는 열을 이용하여 밥을 짓도록 만든 솥.
세탁물[명사] 要洗的衣物;洗好的衣服 / 빨랫감.
느긋하다[형용사] 轻松,不慌不忙 / 마음에 흡족하여 여유가 있고 넉넉하다.
쇼핑몰(shopping mall) [명사] 购物中心 / 상가

1. 민정이가 독신생활을 하겠다는 결정을 한 이유는 무엇입니까?

2. 민정이의 독신생활에 도움이 되는 것들은 무엇입니까?

3. 원룸 안에 없는 것이 무엇입니까?
   1) 커피메이커   2) 전기 청소기   3) 전자레인지   4) 토스터기

4. 여러분이 독신생활이 필요하다고 생각하는 이유를 말해 보십시오.

 마당 4

새 단어:
동반자[명사] 伙伴,伴侣 / 어떤 행동을 할 때 짝이 되어 함께하는 사람.
과거[명사] 过去 / 지나간 일이나 생활.

제11과 연애와 결혼 이야기

결합[명사]   结合 / 둘 이상의 사물이나 사람이 서로 관계를 맺어 하나가 됨.
배우자[명사]   配偶 / 부부의 한쪽에서 본 다른 쪽. 남편 쪽에서는 아내를, 아내 쪽에서는 남편을 이르는 말이다.
당사자[명사]   当事者 / 어떤 일이나 사건에 직접 관계가 있거나 관계한 사람.
등장하다[동사]   登场 / 어떤 사건이나 분야에서 새로운 제품이나 현상, 인물 등이 세상에 처음으로 나오다.
  * 새로운 상품이 백화점에 등장하였다.
연결시키다[동사]   使……连接 / 사물과 사물 또는 현상과 현상이 서로 이어지거나 관계를 맺는다.
  * 이짓을 나와 연결시키지 말라.
결혼정보회사[명사]   婚介公司

1. 과거에는 결혼이란 것을 왜 두 집안의 결합으로 생각했습니까?

2. 들은 내용과 다른 것을 고르십시오.
  1) 배우자를 선택할 때 서로가 사랑하는 마음이 가장 중요한 요소가 된 것이다.
  2) 과거에는 배우자를 선택할 때 서로의 집안을 많이 따졌지만 지금에는 당사자의 선택이 더 중요하다.
  3) 결혼정보회사는 조건이 맞는 두 사람을 연결시켜 주는 회사이다.
  4) 요즘 조건 중심으로 배우자를 선택하는 경향이 적다.

마당 5

새 단어:
함[명사]   木箱子 / 혼인 때 신랑 쪽에서 채단(采緞)과 혼서지(婚書紙)를 넣어서 신부 쪽에 보내는 나무 상자.
이바지[명사]   送食礼,食物 / 힘들여 음식 같은 것을 보내 줌. 또는 그 음식.
예단[명사]   礼单 / 예물을 적은 단자(單子).
폐백음식[명사]   聘礼食物 / 신부가 처음으로 시부모를 뵐 때 큰절을 하고 올리는 물건. 주로 대추나 포 따위를 이른다.
신부댁[명사]   娘家
백설기[명사]   发糕 / 시루떡의 하나. 멥쌀가루를 켜를 얇게 잡아 켜마다 고물 대신 흰 종이를 깔고, 물 또는 설탕물을 내려서 시루에 안쳐 깨끗하게 쪄 낸다.
인절미[명사]   糯米糕 / 원래 임 서방이 만든 떡이란 뜻에서 온말로 '절미란 떡을 자른다'라는 뜻이다. 다시 말해서 '임 서방이 만든 자른 떡이다' 라는 뜻이고 처음엔 임절미라고 했던 것이 차차 변하여 인절미가 된 것이다.
절편[명사]   切糕 / 떡살로 눌러 모나거나 둥글게 만든 흰떡.
조과[명사]   干果 / 유밀과나 과자 따위를 이르는 말.
정과[명사]   韩式糖果 / 온갖 과실, 생강, 연근, 인삼 따위를 꿀이나 설탕물에 졸여 만든 음식.
편육[명사]   肉干 / 얇게 저민 수육.
모피[명사]   毛皮 / 털가죽.
보석[명사]   宝石 / <광업> 아주 단단하고 빛깔과 광택이 아름다우며 희귀한 광물.
부상하다[동사]   负伤 / 몸에 상처를 입다.
  *교통사고로 한 명이 죽고 여러 명이 부상하였다.
책정하다[동사]   择定 / 계획이나 방책을 세워 결정하다.
  * 정부는 매상 가격을 생산비 이하로 책정하였다.
직계[명사]   直系, 嫡系 / 혈연이 친자 관계에 의하여 직접적으로 이어져 있는 계통.
납폐[명사]   纳聘 / <민속> 혼인할 때에, 사주단자의 교환이 끝난 후 정혼이 이루어진 증거로 신랑 집에서 신부 집으로 예물을 보냄. 또는 그 예물.
나전[명사]   香火钱 / <민속> 신이나 부처에게 복을 빌 때에, 그 사람 나이만큼의 수효대로 놓는 돈.
칠기[명사]   漆器 / 옻칠과 같이 검은 잿물을 입혀 만든 도자기.
혼서[명사]   婚书 / 혼인할 때에 신랑 집에서 예단과 함께 신부 집에 보내는 편지. 두꺼운 종이를 말아 간지(簡紙) 모양으로 접어서 쓴다.
사돈댁[명사]   亲家 / '사돈집'의 높임말
상수[명사]   上策 / 가장 좋은 꾀.
친정어머니[명사]   娘家妈

1. 이런 것들은 무엇이라고 합니까?

1)

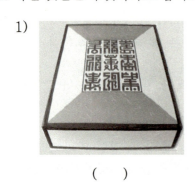

(   )

2)

(   )

제11과 연애와 결혼 이야기 81

3) 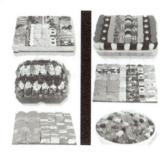 4)

( )   ( )

2. 최근에 예단으로 많이 하는 것은 무엇입니까?
   1) 모피   2) 보석   3) 금은수저   4) 현금

3. 예단에 관하여 다른 것을 고르십시오.
   1) 예단은 신부가 시댁에 들어오면서 시댁 친척들에게 드리는 선물이다.
   2) 지금은 현금으로 많이 한다.
   3) 예단은 신혼부부 집안이 같이 상의하는 것이 좋다.
   4) 예단의 범위는 예비신랑의 삼촌도 포함된다.

4. 들은 내용과 맞는 것을 고르십시오.
   1) 함 보내는 시기는 현대식으로는 일주일 전쯤에 보낸다.
   2) 함은 오동 나무 함이 가장 좋지만 지금 신혼 여행 가방을 사용하기도 한다.
   3) 함에는 혼서와 청홍 비단의 혼수, 예단이 들어간다.
   4) 옛날에 상수라는 풍습이 있었는데 너무 번거로워서 줄이고 지금 이바지 음식만 주고 받는다.

5. 이바지 음식은 어떻게 유래되었습니까?

6. 지방마다 이바지 음식은 다릅니까? 표를 완성하십시오.

지역 \ 종류	쓰는 시기	이바지 음식
제주도		
경상도		

7. 폐백이란 어떤 것입니까?

제12과 한국의 드라마 (1)

학습 내용: 드라마나 기타 프로그램과 관련된 단어를 익힌다.
질문: 배우, 탤런트, 출연자, 연기자, 다큐멘터리, 스페셜, 퀴즈, 뉴스타임, 대하드라마, 헤드라인, 줄거리, 특집 드라마, 토론회, 아침마당

 마당 1

새 단어:
뒷꼭지[명사] 后脑勺 / 뒤통수의 방언(전남)
호루라기[명사] 哨子 / 살구 씨의 양쪽에 구멍을 뚫고 속을 파내어 만든 호각 모양의 부는 물건.
말대꾸[명사] 顶嘴 / 남의 말을 듣고 그대로 받아들이지 아니하고 그 자리에서 제 의사를 나타냄. 또는 그 말.

여편[명사] 女方 / 여자의 옛말.
노릇노릇[부사] 嫩嫩的 / 군데군데 노르스름한 모양.
치질[명사] 痔疮 / <의학> 항문 안팎에 생기는 외과적 질병을 통틀어 이르는 말.
기척[명사] 动静 / 누가 있는 줄을 짐작하여 알 만한 소리나 기색.
요란하다[형용사] 喧闹, 嘈杂 / 시끄럽고 떠들썩하다.
변소[명사] 卫生间 / 화장실.
휴지[명사] 卫生纸 / 닦는 종이.
혈액[명사] 血液 / <의학> =피.
인내심[명사] 忍耐心 / 괴로움이나 어려움을 참고 견디는 마음.
내성적[관형사][명사] 内向的 / 겉으로 드러내지 아니하고 마음속으로만 생각하는. 또는 그런 것.
합리적[관형사][명사] 合理的 / 이론이나 이치에 합당한. 또는 그런 것.
타입(type)[명사] 型号 / 어떤 부류의 형식이나 형태.
노하우(know how)[명사] 方法, 办法 / 기술이나 방법.
당근[명사][부사](당연의 잘못) 当然 / "당연하다"의 구두말.
바퀴[명사] 轮胎, 车轮 / [명사]돌리거나 굴리려고 테 모양으로 둥글게 만든 물건.

명장면 1

1. 기준의 엄마가 넘어진 것이 누구의 책임이라고 생각합니까?

2. 인영이 넘어진 것은 누구의 책임이라고 생각합니까?

3. 인영과 기준의 엄마가 서로 걱정하고 있는 것은 무엇입니까?

명장면 2

1. 휴지가 떨어질 때 혈액형별로 생각하는 방법은 무엇입니까? 다음 빈칸을 완성하십시오.

	특징	방법
A		
B		
AB		
O		

2. 삼순의 노하우는 어떻게 하는 것입니까?

3. 사장님의 혈액형은 무엇입니까?

 마당 2

새 단어:
그깟[관형사]　连那个 / '그까짓'의 준말.
깔보다[동사]　轻视,看不起 /『……을』얕잡아 보다.
　　＊어리다고 그 아이를 무시하고 깔보다가는 큰코다친다.
청소기[명사]　吸尘器 / [북한어]〈교통〉철길에 깔려 있는 자갈을 청소하는 기계.
밥통[명사]　电饭锅 / 밥을 담는 통.
오바(over)[명사]　超过 / "오버"의 잘못
착각하다[동사]　错觉 / 어떤 사물이나 사실을 실제와 다르게 지각하거나 생각하다.
저질[명사]　质量低 / 낮은 품질.
악질[명사]　坏质量,不好的质量 / 나쁜 바탕이나 품질.
곰팡이[명사]　霉 /〈식물〉몸의 구조가 간단한 하등 균류를 통틀어 이르는 말.
똥[명사]　大便 / 사람이나 동물이 먹은 음식물을 소화하여 항문으로 내보내는 찌꺼기.
조류[명사]　鸟类 / 조강의 척추동물을 일상적으로 통틀어 이르는 말.
시나리오(scenario)[명사]　剧本 / 영화를 만들기 위하여 쓴 각본.
클래식(classic)[명사]　古典 / 고전 음악.
폭발하다[동사]　爆发 / 속에 쌓여 있던 감정 따위가 일시에 세찬 기세로 나온다.
바닷물[명사]　海水 / 바다에 괴어 있는 짠물. 늑해수(海水).
흩어지다[동사]　散开,分散 / 한데 모였던 것이 따로따로 떨어지거나 사방으로 퍼지다.
　　＊그들은 사방으로 흩어져 도망쳤다.

명장면1

1. 지은은 영재 손에 반지가 없어진 것을 보고 왜 화를 냈습니까?

제12과 한국의 드라마 (1)   85

2. 영재와 한지은은 무슨 약속을 했습니까?

3. 영재에게 있어서 한지은은 어떤 존재입니까?

명장면 2

1. 영재는 왜 지은한테 미안하다고 사과했습니까?

2. 지은이가 좋아하는 것은 무엇입니까?

3. 영재는 마지막에 어떤 말로 지은이에게 사랑을 고백했습니까?

 마당 3

새 단어:
따위[명사]   之类 / 앞에 나온 것과 같은 종류의 것들이 나열되었음을 나타내는 말.
최소하다[형용사]   最小 / 수나 정도 따위가 가장 작다.
의지하다[동사]   依靠 / 다른 것에 마음을 기대어 도움을 받다.
　*나는 온갖 어려움 속에서도 그가 마음의 의지가 되어 든든했다.
못되다[형용사]   不像话,不成器 / 성질이나 품행 따위가 좋지 않거나 고약하다.
굴다[동사]   反复地进行某一行为 / 그러하게 행동하거나 대하다.
　*그 아이는 남을 못 살게 군다.
벼룩[명사]   跳蚤 / <동물> 벼룩목에 속하는 곤충을 통틀어 이르는 말.
무생물[명사]   无生物 / <생물> 생활 기능이나 생명이 없는 물건. 세포로 이루어지지 않은 돌, 물, 흙 따위를 이른다.
불쑥[부사]   一下子,突然 / 갑자기 쑥 나타나거나 생기거나 하는 모양.
직성[명사]   秉性,脾气 / 타고난 성질이나 성미.

명장면 1

1. 채경과 신은 왜 말다툼을 했습니까?

2. 신은 처음에는 채경을 어떻게 대했습니까?

3. 신은 몇 살입니까?

명장면 2

1. 채경이 신한테 무엇을 기대했습니까?

2. 채경이 신과 헤어지려고 하는 이유는 무엇입니까?

마당 4

새 단어:
사이드미러(side mirror) [명사] 汽车后视镜 / 자동차 따위에서 차체의 앞쪽 옆면에 다는 거울.
보상하다 [동사] 补偿 / 남에게 진 빚 또는 받은 물건을 갚다.
　*빌린 돈의 보상이 어렵게 되었다.
흠집 [명사] 缺点 / 흠이 생긴 자리나 흔적.
무책임하다 [형용사] 不负责任的 / 책임이 없다.
건들리다 [동사] 惹 / '건들다'의 피동사.
　*그 일에 그의 자존심이 건들리지 않도록 조심해라.
싸가지없다 [형용사] 没礼貌, 没教养 / 버릇없다는 뜻의 전라도 사투리
근데 [부사] 可是 / '그런데'의 준말

명장면 1

1. 사이드미러가 왜 떨어졌습니까?

2. 백호가 어디를 찾어요?

3. 이 일을 어떻게 해결했습니까?

제12과 한국의 드라마 (1)

4. 단풍이 왜 백호의 사진을 찍었습니까?

명장면 2

1. 수아 씨는 왜 선재를 찾아왔습니까?

2. 수아 씨가 가장 후회하는 것은 무엇입니까?

3. 선재 씨가 수아 씨가 지금 신고 있는 신발을 못 사 준다고 하니까 수아는 어떻게 했습니까?

 마당 5

새 단어:
사연[명사]   事情原由;听众来信 / 일의 앞뒤 사정과 까닭.
코너(corner)[명사]   角落 / 일정한 공간의 구석이나 길의 모퉁이.
펑크(puncture)[명사]   出孔;缺席 / 고무 튜브 따위에 구멍이 나서 터지는 일. 또는 그 구멍.
청취자[명사]   听众 / 라디오 방송을 듣는 사람.
폭죽[명사]   烟花爆竹 / 가는 대통이나 종이로 만든 통에 불을 지르거나 화약을 재어 터뜨려서 소리가 나게 하는 물건.
이벤트(event)   活动,庆典 / 행사.
각막[명사]   角膜 /〈의학〉 눈알의 앞쪽에 약간 볼록하게 나와 있는 투명한 막. 몇 층의 막으로 되어 있는 것으로, 이 기관을 통하여 빛이 눈으로 들어간다.
쭈물딱[부사/방언]   磨磨蹭蹭 / '우물쭈물'의 방언(전남).
시시비비[명사]   是是非非 / 옳고 그름을 따지며 다툼.
가리다[동사]   区分 / 여럿 가운데서 하나를 구별하여 고르다.
   * 그는 돈을 버는 일이라면 수단과 방법을 가리지 않았다.
진위[명사]   真伪 / 참과 거짓 또는 진짜와 가짜를 통틀어 이르는 말.

명장면 1

1. 새벽이 어떻게 노래를 하게 되었습니까?

2. 무슨 일로 새벽의 눈은 멀게 되고 어떻게 다시 보게 되었습니까?

3. 새벽이 왜 급히 도망갔습니까?

명장면 2

1. 할머니는 어디에 부딪쳐 어떻게 넘어졌습니까?

2. 경찰을 불렀습니까?

제13과 한국의 드라마 (2)

학습 내용: 드라마와 관련된 화제를 익힌다.
질문: 1. 한국의 드라마가 가장 인상적인 것은 무엇이라고 생각합니까? 이유를 이야기해 보세요.
2. 한국 드라마의 발전 방향에 대해 이야기해 보세요.

 마당 1

새 단어:

통통[부사] 形容肿的样子 / 신체나 물체의 한 부분이 붓거나 부풀어서 도드라져 있는 모양.
펑펑[부사] 哗哗地(形容雪或水之类倾盆而下的样子) / 눈이나 물 따위가 세차게 많이 쏟아져 내리거나 솟는 모양.
주제[명사] 主题 / 대화나 연구 따위에서 중심이 되는 문제.
공통되다[명사] 共同 / 둘 또는 그 이상의 여럿 사이에 두루 통하고 관계되다.

* 그들에게 공통된 것은 성실성이다.
갈등[명사]   矛盾 / 칡과 등나무가 서로 얽히는 것과 같이, 개인이나 집단 사이에 목표나 이해관계가 달라 서로 적대시하거나 불화를 일으키는 상태.
결말[명사]   结局 / 어떤 일이 마무리되는 끝.
야하다[형용사]   低级,不大方 / 천박하고 요염하다.
야단[명사]   喧嚣;责骂 / 매우 떠들썩하게 일을 벌이거나 부산하게 법석거림. 또는 그런 짓.
찬성하다[동사]   赞成 / 어떤 행동이나 견해, 제안 따위가 옳거나 좋다고 판단하여 수긍하다.
일리[명사]   道理 / 어떤 면에서 그런대로 타당하다고 생각되는 이치.
만들어지다[동사]   被制作 / '만들다'의 피동사
   * 이것이 만들어지기 전까지 가만히 있어.
금지하다[동사]   禁止 / 하지 못하도록 하다.
   * 예전에는 동성동본 간에 결혼하는 것을 법으로 금지한 적도 있었다.
코뼈[명사]   鼻梁 / <의학> 코를 이루고 있는 뼈. 좌우 한 쌍의 물렁뼈이다.

대화 1

1. 제인 씨는 왜 눈이 통통 부었습니까?

2. 제인 씨는 처음부터 한국 드라마를 좋아했습니까?

대화 2

1. 한국 드라마의 주제는 무엇입니까?

2. 한국 드라마는 다른 나라 드라마와 어떤 차이가 있습니까?

3. 특집 드라마는 어떤 이야기입니까?

대화 3

1. 인터넷에서 사람들이 왜 야단들입니까?

2. 정현 씨는 이 드라마 방송에 대해 어떤 입장입니까?

3. 대화 중의 드라마의 관건은 무엇입니까?

대화 4

1. 나영과 태풍, 호세는 어떤 관계입니까?

2. 호세와 태풍은 예전에 싸운 적이 있습니까? 결과는 어떻게 되었습니까?

마당 2

새 단어:

시청률[명사] 收視率 / 텔레비전에서, 특정한 프로그램이 시청되고 있는 정도. 상업 방송국에서는 광고 요금의 결정이나 광고 효과 측정에 중요한 요소가 된다.
편성[명사] 编辑 / 엮어 모아서 책·신문·영화 따위를 만듦.
아침드라마[명사] 早间电视剧 / 아침에 방송된 드라마.
남주인공[명사] 男主人公 / 남자 주인공.
맛깔스럽다[형용사] 美味,有滋味 / 입에 당길 만큼 음식의 맛이 있다.
마포구[명사] 麻浦区 / 지명.
운영하다[동사] 运营,经营 / 조직이나 기구, 사업체 따위를 운용하고 경영하다.
주문량[명사] 订货量 / 주문할 량.
역사극[명사] 历史剧 / 〈연영〉 역사에 있었던 사실을 바탕으로 하여 만든 연극이나 희곡. 늑사극(史劇).
극적[관형사][명사] 极端的 / 극의 특성을 띤. 또는 그런 것.
현실감[명사] 现实感 / 현재 실제로 존재하는 사실이나 상태에 대한 느낌.
선풍적[관형사][명사] 旋风式的 / 돌발적으로 일어나 사회에 큰 영향을 미치거나 관심의 대상이 될 만한. 또는 그런 것.
주춤하다[부사] 踌躇 / 망설이거나 가볍게 놀라서 갑자기 멈칫하거나 몸을 움츠리는 모양.
시트콤(sitcom)[명사] 情景喜剧 / 〈연영〉 시추에이션 코미디.
지적하다[동사] 指出 / 꼭 집어서 가리키다.
　* 교수님은 내 논문에 창의성이 없다고 지적하셨다.

내용 1

1. 들은 내용의 제목으로 적당한 것을 찾으십시오.
   1) 드라마와 시청률
   2) 일일 드라마
   3) 시청률 상위 50개 프로그램
   4) 드라마 편성시간

2. 들은 내용과 다른 것을 고르십시오.
   1) 드라마의 시청률이 다른 프로그램보다 가장 높은 것이다.
   2) 월요일부터 토요일까지 드라마를 볼 수 있다.
   3) MBC방송은 5 개의 드라마를 방송하고 있다.
   4) 언제나 드라마를 볼 수 있다.

내용 2

1. 들은 내용의 제목으로 적당한 것을 찾으십시오.
   1) 남자 주인공의 뛰어난 연기
   2) 시청률을 높이는 방법
   3) 드라마의 광고 효과
   4) 자장면 먹는 장면

2. 자장면의 수요가 늘어나는 이유는 무엇입니까?

내용 3

1. 들은 내용의 제목으로 적당한 것을 찾으십시오.
   1) 드라마의 내용
   2) 드라마의 종류
   3) 드라마의 변화
   4) 드라마들의 차이점

2. 이 변화의 원인은 무엇입니까?

 마당 3

새 단어:

찢다[동사]　撕开, 撕裂 / 물체를 잡아당기어 가르다.
　　* 나는 예전에 그에게 받았던 편지를 모두 찢어 버렸다.

제13과 한국의 드라마 (2) 93

원망하다[동사] 抱怨 / 못마땅하게 여기어 탓하거나 불평을 품고 미워하다.
  * 가난한 집안에 태어났음을 원망해서는 안 된다.
콩죽[명사] 红豆粥 / 불린 콩을 갈아서 쌀과 함께 끓인 죽.
시리즈(series)[명사] 系列 / 같은 종류의 연속 기획물. 연속 출판물이나 방송
  프로의 연속극 따위가 있다.
웰빙(wellbeing)[명사] 康乐 / 심신의 안녕과 행복을 추구함.
인지도[명사] 认知度 / 어떤 사람이나 물건을 알아보는 정도.
산부인과[명사] 妇产科 / <의학> 임신, 해산, 신생아, 부인병 따위를 다루는 의
  술의 한 분과. 또는 그런 병원 부서.
장하다[형용사] 了不起 / 기상이나 인품이 훌륭하다.
대견하다[형용사] 满足, 知足 / 흐뭇하고 자랑스럽다.
새애기[명사] 儿媳妇 / 시부모님은 갓 결혼한 며느리를 부르는 말.

명장면 1

1. 최 여사는 동지에게 뭘 하라고 그랬습니까?

2. 동지의 그 동안의 심정은 어땠습니까?

3. 두 사람은 마지막에 어떻게 되었습니까?

명장면 2

1. 단풍이 백호한테 전화해서 뭐라고 했습니까?

2. 백호는 왜 자기의 어머니가 부끄러워 하실 거라고 했습니까?

3. 백호의 아버지의 표정은 어땠습니까?

마당 4

새 단어:
한류[명사] "韩流" / 한국 대중문화의 열풍.
대본[명사] 剧本 / 연극의 상연이나 영화 제작에 있어서 기본이 되는 글.
소품[명사] 小艺术品 / 규모가 작은 예술 작품.
왈츠 (waltz) [명사] 华尔兹 / 3박자의 경쾌한 춤곡.
전시품[명사] 展品 / 전시할 수 있도록 벌여 놓은 물품.
영상[명사] 视频 / 영사막이나 브라운관, 모니터
개조하다[동사] 改造 / 조직, 구조 따위를 목적에 맞도록 고쳐 다시 만들다.
   * 그는 부엌을 거실로 개조했다.
체험관[명사] 体验馆 / 체험하는 장소.
포시즌 (four seasons) [명사] 四季 / 사계절
방영되다[동사] 放映 / 텔레비전으로 방송이 되다.
   * 텔레비전 방송에 선정적인 내용이 방영되어 문제가 되고 있다.
내외[명사] 内外 / 안과 밖을 아울러 이르는 말.
비결[명사] 秘诀 / 세상에 알려져 있지 않은 자기만의 뛰어난 방법.

내용을 듣고 질문에 답하십시오.
1. 일본 사람들이 한국 드라마를 좋아하는 이유는 무엇입니까?

2. 서울 시가 이 체험관을 통해 이루고자 하는 것은 무엇입니까?

3. 일본 관광객들에게 가장 인기가 높은 사람은 누구입니까?

 마당 5

새 단어:
사활[명사] 死活 / 죽기와 살기라는 뜻으로, 어떤 중대한 문제를 비유적으로 이르는 말.
대전[명사] 大战 / 여러 나라가 참가하여 넓은 지역에 걸쳐 큰 전쟁을 벌임. 또는 그런 전쟁.
엄청나다[형용사] 非常 / 짐작이나 생각보다 정도가 아주 심하다.
물량공세[명사] 物质攻势 / '물량공세'는 의도하는 바를 이루기 위하여 막대

한 인력을 동원하거나 막대한 돈과 물품을 쓰는 일을 말합니다
캐스팅(casting)[명사]　定角色/<연영> 연극이나 영화에서 배역을 정하는 일.
잡기[명사]　杂记/잡록
치열하다[형용사]　激烈,炽烈/기세나 세력 따위가 불길같이 맹렬하다.
담보하다[동사]　担保/<법률>담보로 제공하다.
　＊그 일의 성사를 제가 담보하겠으니 믿어 주십시오.
폭발[명사]　爆发/<화학>물질이 급격한 화학 변화나 물리 변화를 일으켜 부피가 몹시 커져 폭발음이나 파괴 작용이 따름. 또는 그런 현상.
돋보이다[동사]　放大/[동사] '도두보이다'의 준말.
　＊평범한 사람들 속에서 그는 단연 돋보였다.
완성도[명사]　完成度/어떤 일이나 예술 작품 따위가 질적으로 완성된 정도.
연기력[명사]　演技/<연영> 배우의 연기 기술과 연기에 대한 역량.
에덴의 동쪽　《伊甸之东》(电视剧名)
베토벤 바이러스　《贝多芬病毒》(电视剧名)
바람의 화원　《风之画院》(电视剧名)
상투적[명사][관형사]　老一套的,陈词滥调的/늘 써서 버릇이 되다시피 한. 또는 그런 것.
캐릭터(character) [명사]　角色,性格/소설이나 연극 따위에 등장하는 인물. 또는 인물의 개성.
사극[명사]　历史剧/<연영> =역사극.
선보이다[동사]　公开/'선보다'의 사동사.
　＊이번 박람회는 전 세계에 우리 회사의 제품을 선보일 수 있는 좋은 기회이다.

1. 월화 드라마 전쟁에서 가장 돋보이는 스타는 누구일까요? 선으로 연결하십시오.
　　MBC　　에덴의 동쪽　　　이미숙
　　MBC　　베토벤 바이러스　김명민
　　SBS　　바람의 화원　　　문근영

2. 방송3사의 월화 드라마와 수목 미니시리즈 전쟁이 벌어지는 이유는 무엇입니까?

3. 드라마에 대한 종합적인 평가를 하는 기준은 무엇입니까?

4. 이미숙의 연기가 왜 최고라고 합니까?

제14과 한자성어

학습 내용: 한자성어와 관련된 것을 익힌다.
질문: 1. 일편단심, 막상막하, 진수성찬, 부전자전, 팔방미인, 등 한자성어를 잘 아세요?
2. 친구들 중에는 팔방미인인 친구가 있습니까?

일편단심-민들레

막상막하

진수성찬

애지중지

마당 1

새 단어:

일편단심[명사] 一片丹心 / 한 조각의 붉은 마음이라는 뜻으로, 진심에서 우러나오는 변치 아니하는 마음을 이르는 말.

민들레[명사] 蒲公英 /〈식물〉 국화과의 여러해살이풀. 원줄기는 없고 이른 봄에 뿌리에서 깃 모양으로 깊이 갈라진 잎이 배게 난다.

작심삼일[명사] / 三分钟热情 / 단단히 먹은 마음이 사흘을 가지 못한다는 뜻으로, 결심이 굳지 못함을 이르는 말.

제14과 한자성어

새옹지마[명사] 塞翁失馬, 焉知非福 / 인생의 길흉화복은 변화가 많아서 예측하기가 어렵다는 말.
인간사[명사] 人間世事 / 인간 생활에서 일어나는 이러저러한 일.
길흉화복[명사] 吉凶禍福 / 길흉과 화복을 아울러 이르는 말.
초래하다[동사] 帶來, 招致 / 어떤 결과를 가져오게 하다.
진수성찬[명사] 珍饈盛宴, 山珍海味 / 푸짐하게 잘 차린 맛있는 음식.
초밥[명사] 寿司 / 일본 음식의 하나. 초와 소금을 친 흰밥을 갸름하게 뭉친 뒤에 겨자와 생선 쪽 따위를 얹어 만든다.
탕수육[명사] 糖醋里脊 / 중화요리의 하나. 쇠고기나 돼지고기에 녹말가루를 묻혀 튀긴 것에 초, 간장, 설탕, 야채 따위를 넣고 끓인 녹말 물을 부어 만든다.

내용 1

1. 들은 내용의 순서를 쓰십시오.
   1) 민들레는 슬퍼하다가 결국 죽었다. (   )
   2) 민들레는 남자를 기다렸지만 돌아오고 말았다. (   )
   3) 민들레는 남자의 죽음을 알게 되었다. (   )
   4) 민들레가 죽은 자리에 핀 꽃을 '민들레'라고 불렀다. (   )
   5) 민들레가 사랑한 남자는 군대에 갔다. (   )

내용 2

1. 들은 내용의 순서를 쓰십시오.
   1) 화가 나서 담배를 피웠다. (   )
   2) 세 가지 새해 계획을 세웠다. (   )
   3) 밤늦게까지 놀았다. (   )
   4) 도서관은 정기 휴일이었다. (   )

2. 들은 내용과 같은 것을 고르십시오.
   1) 새해 첫날은 계획대로 했다.
   2) 둘째 날 놀고 싶어서 친구들에게 전화했다.
   3) 셋째 날 도서관에서 열심히 공부했다.
   4) 새해 계획이 작심삼일로 끝나서 화가 났다.

3. '나'의 새해 계획은 무엇입니까?

4. '나'의 새해 계획은 왜 작심삼일로 끝나 버렸습니까?

5. 계획을 잘 지킬 수 있는 좋은 방법이 또 있습니까?

내용 3

1. '새옹지마'란 무슨 뜻입니까?

2. 다음 중 '새옹지마'를 사용할 수 없는 경우를 고르십시오.
   1) 시험에서 떨어진 사람을 위로할 때
   2) 음식이 맵다고 화를 내는 사람을 위로할 때
   3) 다쳐서 경기에 나가지 못하는 선수를 위로할 때
   4) 직장을 잃고 돈도 없어 생활이 어려운 사람을 위로할 때

내용 4

1. 글의 내용과 같은 것을 고르십시오.
   1) 한국에서 집을 살 때만 집들이를 한다.
   2) 파티와 동수는 집들이 선물로 휴지를 샀다.
   3) 나는 한국에 와서 진수성찬을 자주 먹었다.
   4) 우리는 민지가 준비한 진수성찬을 맛있게 먹었다.

2. 오늘 민지가 한 일이 아닌 것을 고르십시오.
   1) 많은 음식을 만들었다.
   2) 방을 깨끗이 청소했다.
   3) 기숙사로 이사를 했다.
   4) 친구들을 초대해 집들이를 했다.

3. 민지는 우리를 왜 초대했습니까?

4. '나'는 민지가 만든 음식을 왜 진수성찬이라고 생각했습니까?

 마당 2

새 단어:
막상막하[명사]　不分上下,实力相当 / 더 낫고 더 못함의 차이가 거의 없음.
제기차기[명사]　踢毽子 / 제기를 차면서 노는 놀이.
동점[명사]　平局 / 점수가 같음. 또는 같은 점수.

제14과 한자성어 99

비기다[동사] 平局, 不分胜负 / 서로 비금비금하여 승부를 가리지 못하다.
  * 이번 축구 경기에서 한국은 일본과 1대1로 비겼다.
체육대회[명사] 运动会 / 대규모의 운동회.

1. 들은 내용과 다른 것을 고르십시오.
   1) 달리기는 청팀이 이겼다.
   2) 청팀과 백팀은 동점이었다.
   3) 나는 제기차기를 해 본 적이 있다.
   4) 축구 경기에서 첫번째 골은 백팀이 넣었다.

2. 들은 글의 순서를 쓰십시오.
   1) 나는 달리기에서 일등을 했다. (   )
   2) 학교 식당에서 점심을 먹었다. (   )
   3) 동수가 제기차기를 30 개를 했다. (   )
   4) 축구 경기는 우리 팀이 이겼다. (   )

3. 오전에 무슨 경기를 했습니까?

 마당 3

새 단어:
부전자전[명사] 代代相传, 薪水相传 / 아버지가 아들에게 대대로 전함.
로봇(robot)[명사] 机器人 / <기계>인간과 비슷한 형태를 가지고 걷기도 하고 말도 하는 기계 장치.

1. 내가 있는 곳은 어디입니까?

2. 들은 내용과 같은 것을 고르십시오.
   1) 나는 아들을 알아보지 못했다.
   2) 나는 오늘 아들을 처음 만났다.
   3) 아내는 가끔 나한테 아들의 사진을 보내 줬다.
   4) 아들은 자기의 얼굴을 봐서 아버지의 얼굴을 알고 있었다.

3. 나는 왜 아들이 나를 기억하지 못할 거라고 생각합니까?
   1) 내 얼굴이 변했다.
   2) 다른 나라에서 살았기 때문에
   3) 헤어질 때 아들이 너무 어려서
   4) 내가 사진을 한 장도 보내 주지 않아서

4. 아들은 아버지가 보고 싶을 때 왜 거울을 봤습니까?

 마당 4

새 단어:
팔방미인[명사]　八面玲珑, 八面光 / 여러 방면에 능통한 사람을 비유적으로 이르는 말.
물놀이[명사]　打水仗 / 물가에서 하는 놀이.

1. 유키코가 팔방미인 된 이유에 속하지 않은 것은 무엇입니까?
   1) 성격이 좋다.
   2) 노래를 잘한다.
   3) 수영을 잘한다.
   4) 한국말을 잘한다.

2. 들은 내용과 다른 것을 고르십시오.
   1) 나는 팔방미인이 되고 싶지 않다.
   2) 유키코는 친절하고 얼굴도 예쁘다.
   3) 팔방미인이 되려면 무엇이든지 잘해야 한다.
   4) 한 가지만 잘 하는 사람은 팔방미인이 아니다.

3. 팔방미인의 뜻을 글에서 찾아 쓰십시오.

4. 다음 중에서 팔방미인의 예를 고르십시오.
   1) 내 동생은 일찍 자고 일찍 일어난다.
   2) 언니는 요리도 잘하고 피아노도 잘 친다.
   3) 오빠는 술도 잘 마시고 담배도 많이 피운다.
   4) 나는 일요일에 텔레비전도 보고 책도 읽는다.

마당 5

새 단어:

애지중지[동사]　疼爱 / 매우 사랑하고 소중히 여기는 모양.
　＊꽃을 애지중지 정성을 다하여 가꾸었다.
증조할아버지[명사]　曾祖父 / 아버지의 할아버지. 또는 할아버지의 아버지.
물려받다[동사]　传承 / 재물이나 지위 또는 기예나 학술 따위를 전하여 받다.
　＊부모님한테서 많은 유산을 물려받았다.
귀염둥이[명사]　宝贝,小乖乖 / 아주 사랑스러운 아이. 또는 매우 사랑을 받는 아이.
진돗개[명사]　珍岛狗,珍岛犬 / 전남 진도에서 한국의 특산 갯과의 종류이다.
조립하다[동사]　组合,组装 / 여러 부품을 하나의 구조물로 짜 맞추다.
　＊아이가 선물로 받은 장난감 로봇을 조립하고 있다.

1. 들은 내용과 같은 것을 고르십시오.
　1) 아버지는 나보다 박사를 더 사랑한다.
　2) 어머니가 애지중지하는 것은 내 동생밖에 없다.
　3) 할아버지는 도자기가 비싸기 때문에 애지중지한다.
　4) 나는 자동차를 조립하는 데 시간이 걸려서 행복하다.

2. 나는 왜 어머니한테 화를 냈습니까?

3. 다음 중 애지중지의 예가 아닌 것은 무엇입니까?
　1) 동생은 내가 치던 피아노로 매일 연습을 한다.
　2) 어머니는 할머니가 주신 반지를 매일 보고 또 본다.
　3) 오빠는 지난 여름에 산 MP3를 아무에게도 빌려 주지 않는다.
　4) 아버지는 내가 초등학교 때 그린 그림을 아직도 가지고 있다.

제15과 속담

학습 내용: 한국어의 속담에 관한 대화, 중국어속담과 한국어 속담의 종류를 익힌다.
질문: 알고 있는 한국 속담을 이야기해 보세요.

하늘의 별따기

이심전심

설상가상

여우비

 마당 1

새 단어:

진학하다[동사] 升学 / 상급 학교에 가다.
   * 요즈음에는 여러 가지 형편으로 상급 학교로 진학하지 못한 사람들의 재교육 기회가 늘고 있다.
하늘의 별 따기 难过摘星星 / 무엇을 얻거나 성취하기가 매우 어려운 경우를 비유적으로 이르는 말.
   * 최근 여성 취업은 말 그대로 하늘의 별따기.
일자리[명사] 工作,职位 / 생계를 꾸려 나갈 수 있는 수단으로서의 직업.
유럽(Europe)[명사] 欧洲 / 지명.

유적[명사] 遺迹 / 남아 있는 자취.
접촉하다[동사] 接触 / 서로 맞닿다.
 * 자동차가 급정거하는 바람에 앞에 서 있던 아가씨와 불가피하게 접촉하게 된 적이 있었다.
우물 안 개구리 井底之蛙 / 넓은 세상의 형편을 알지 못하는 사람을 비유적으로 이르는 말.
 * 우물 안 개구리처럼 너무 좁을 생각을 하지 마.
시야[명사] 視野 / 사물에 대한 식견이나 사려가 미치는 범위.
문화권[명사] 文化圈 / <지리>공통된 특징을 보이는 어떤 문화가 지리적으로 분포하는 범위.
여당[명사] 执政党 / 정당 정치에서, 현재 정권을 잡고 있는 정당.
묘안[명사] 妙计 / 뛰어나게 좋은 생각.
실효성[명사] 实效 / 실제로 효과를 나타내는 성질.
감초[명사] 甘草 / <식물> 콩과의 여러해살이풀. 높이는 1~1.5미터이며, 모가 나 있다. 잎은 겹잎으로 어긋나며, 여름에 나비 모양의 쪽빛을 띤 보라색 꽃이 핀다.

1. 분문을 듣고 알 수 있는 것을 고르십시오.

대화 1
1) 음식이 너무 맛있다.
2) 음식이 너무 맛없다.
3) 음식은 독이 들어 있다.
4) 음식은 별로다.

대화 2
1) 왕동은 한국에 가서 유학하려고 한다.
2) 한국에서 취직하기가 쉽다.
3) 한국에서 취직하기가 아주 어렵다.
4) 하나는 중국에 가서 취직한다고 한다.

대화 3
1) 준하에게 가장 인상적인 것은 유적이다.
2) 하나 씨는 유럽 여행을 다녀왔다.
3) 준하의 시야가 우물 안 개구리처럼 작았다.
4) 하나 씨도 아르바이트를 해서 여행 경비를 벌었다.

대화 4

1) 간섭하는 사람이 없다.
2) 간섭하는 사람이 많지 않다.
3) 지시하거나 간섭하는 사람이 너무 많다.
4) 사공이 많아서 배가 방향을 잡지 못한다.

2. 윗2, 3, 4번 대화에서 나온 속담이나 한자성어를 쓰십시오.

    1) _____
    2) _____
    3) _____

 마당 2

새 단어:

기역자 韩文的辅音字母 "ㄱ"

낫[명사] 镰刀 / 곡식, 나무, 풀 따위를 베는 데 쓰는 농기구. 시우쇠로 'ㄱ'자 모양으로 만들어 안쪽으로 날을 내고, 뒤 끝 슴베에 나무 자루를 박아 만든다.

이심전심[명사] 心照不宣, 心心相印 / 마음과 마음으로 서로 뜻이 통함.

횡설수설[명사] 胡说八道 / 조리가 없이 말을 이러쿵저러쿵 지껄임.

설상가상[명사] 雪上加霜 / 눈 위에 서리가 덮인다는 뜻으로, 난처한 일이나 불행한 일이 잇따라 일어남을 이르는 말.

상부상조[명사] 相辅相成, 互相帮助 / 서로서로 도움.

추적[명사] 追踪 / 사물의 자취를 더듬어 감.

몰아치다[동사] 交加 / 한꺼번에 몰려 닥치다.
  * 한파가 몰아치면 농작물의 값이 오를 것이다.

비바람[명사] 风雨 / 비가 내리면서 부는 바람.

햇볕[명사] 阳光 / 해가 내리쬐는 뜨거운 기운.

쨍쨍[부사] 火辣辣, 毒辣 / 햇볕 따위가 몹시 내리쬐는 모양.

내리쬐다[동사] 直射 / 볕 따위가 세차게 아래로 비치다.
  * 햇볕이 쨍쨍 내리쬐고 있다.

학용품[명사] 学习用品 / 학습에 필요한 물품(物品). 필기도구, 공책 따위를 통틀어 이른다.

욕망[명사] 欲望 / 부족을 느껴 무엇을 가지거나 누리고자 탐함. 또는 그런 마음.

날벼락[명사] 晴天霹雳 / 아무런 잘못 없이 뜻밖에 당하는 불행이나 재앙을 비유적으로 이르는 말. ≒생벼락.

제15과 속담 105

내용 1

1. 윗 내용을 듣고 무슨 속담인지 맞춰 보십시오.

> ① 가는 말이 고와야 오는 말이 곱다
> ② 갈수록 태산이다
> ③ 낫 놓고 기역자도 모른다
> ④ 가는 날이 장날이다
> ⑤ 떡 줄 사람은 생각도 않는데 김칫국부터 마신다

1) (   )
2) (   )
3) (   )
4) (   )
5) (   )

내용 2

1. 윗 내용을 듣고 무슨 한자성어인지 맞춰 보십시오.

> ① 횡설수설   ② 작심삼일   ③ 설상가상
> ④ 상부상조   ⑤ 이심전심

1) (   )
2) (   )
3) (   )
4) (   )
5) (   )

 마당 3

새 단어:

꾀[명사]   心术, 把戏 / 일을 잘 꾸며 내거나 해결해 내거나 하는, 묘한 생각이나 수단.
마주치다[동사]   碰撞, 相撞 / 우연히 서로 만나다.
  * 모퉁이를 돌다가 낯선 사람과 마주쳤다.
헷갈리다[동사]   混淆 / 여러 가지가 뒤섞여 갈피를 잡지 못하다.
  * 그 집으로 가려면 어느 길로 가야 하는지가 헷갈려 자주 길을 잃는다.
한술 더 뜨다[속담]   更胜一筹 / 남이 생각하고 있는 것을 미리 헤아려 거기에 대처할 계획을 세운다.
짝사랑하다[동사]   单相思 / 남녀 사이에서 한쪽만 상대편을 사랑하다.
  * 그녀를 남몰래 짝사랑한 지도 벌써 일 년이 넘었다.

발치[명사]　发痴
환하다[형용사]　明亮 / 빛이 비치어 맑고 밝다.
여우비[명사]　晴天下的雨 / 볕이 나 있는 날 잠깐 오다가 그치는 비.
잔꾀[명사]　小把戏 / 약고도 얕은 꾀.
교활하다[형용사]　狡猾 / 간사하고 꾀가 많다.
깜찍하다[형용사]　娇小玲珑 / 몸집이나 생김새가 작고 귀엽다.
영악하다[형용사]　精明,乖巧 / 매우 모질고 사납다.
계집아이[명사]　丫头片子 / 시집가지 않은 어린 여자 아이를 낮잡아 이르는 말.
불여우[명사]　狐狸精,火狐狸 / <동물>갯과의 포유동물. 털빛은 붉거나 누런데, 한국 북부와 만주 동부 지방에 분포한다.

1. 짐승이 여우를 보고 왜 도망쳤습니까?

2. 여우와 호랑이가 결혼하던 날에 구름이 왜 울었습니까?

3. 다시 듣고 이야기의 주제를 쓰십시오.

4. 여우에 관해 아닌 것을 고르십시오.
   1) 여우비는 볕이 나 있는 날 잠깐 오다 그치는 비를 말한다.
   2) 여우는 잔꾀가 많아 매우 교활한 짐승이다.
   3) 여우비가 내리는 날을 '여우 시집가는 날'이라고 한다.
   4) 짝사랑하는 사람을 여우비라고 한다.

 마당 4

새 단어:

금강산도 식후경[속담]　金刚山也是食后景;人是铁,饭是钢 / 아무리 재미있는 일이라도 배가 불러야 흥이 나지 배가 고파서는 아무 일도 할 수 없음을 비유적으로 이르는 말.
상징하다[동사]　象征 / 추상적인 개념이나 사물을 구체적인 사물로 나타내다.
　＊태극기는 우리나라를 상징하는 국기이다.
굿[명사]　巫术 / <민속> 무속의 종교 제의.
개입하다[동사]　介入 / 자신과 직접적인 관계가 없는 일에 끼어들다.
　＊그는 자기가 그 사건에 깊이 개입해 있음을 부인하려 하지 않았다.
제삼자[명사]　第三者 / 일정한 일에 직접 관계가 없는 사람.

제15과 속담 **107**

1. 들은 내용에서 나오는 속담을 써 보세요.
    1) (   )
    2) (   )
    3) (   )
    4) (   )
    5) (   )
    6) (   )
    7) (   )

2. 들은 내용과 다른 것을 고르십시오.
    1) 한국인에게는 물론 밥이 제일 가는 음식이지만 그에 못지 않게 중요한 음식이 바로 떡이다.
    2) 떡은 매일 먹는 밥과는 달리 특별한 날을 기념하기 위해 먹는다.
    3) 아직 좋은 일이 생기지 않았는데 지나치게 큰 기대를 갖는 사람에게 쓰는 말로 '떡을 줄 사람은 생각도 않는데 김칫국부터 마신다.'가 있다.
    4) 겉으로만 좋아하는 척한다는 의미의 '떡 본 김에 제사 지낸다'라는 말도 있다.

3. 내용을 듣고 물음에 답하십시오.
    1) '떡 본 김에 제사 지낸다.'는 속담은 무슨 뜻입니까?

    2) '금강산도 식후경'이라는 말은 무슨 뜻입니까?

 마당 5

새 단어:
견마지로[명사]   犬马之劳 / 개나 말 정도의 하찮은 힘이라는 뜻으로, 윗사람에게 충성을 다하는 자신의 노력을 낮추어 이르는 말.
맞닥뜨리다[동사]   相撞,相碰 / 서로 부딪칠 정도로 마주 대하여 닥치다.
  * 골목에서 옆집 아주머니와 맞닥뜨렸다.
살리다[동사]   救,挽救 / '살다'의 사동사.
  * 경제를 살려야 금융위기를 극복할 수 있다.
망아지[명사]   小马驹 / 말의 새끼.

---

1. 빈칸을 채우십시오.
    1) 그러던 어느 날 그 사람의 집에 도둑이 들고 도둑이 모든 _____ 을 훔쳐 도망가려는 순간 그 개와 _____ 개는 사투를 벌여 도둑을 쫓고 재산을 지켰답니다.

2) 개야 내가 네 덕분에 모든 _____ 것을 지킬 수 있었구나!
3) "제가 _____ 공을 세운 것은 상을 받아야 할 일이 아니라 제가 주인님을 위해 당연히 해야 할 일이었을 뿐입니다"라고 대답했지요.
4) _____ 다시 말해 개와 말의 수고라는 뜻은 큰 공을 새운 사람이나 수고를 한 사람이 자신의 공이나 수고를 겸손히 낮추어 얘기할 때 쓰는 말입니다.

2. 이야기 내용과 일치하면 ○ 표, 다르면 ×표 하십시오.
   1) 그 사람은 강아지가 불쌍해서 집으로 데려와 키웠다. (   )
   2) 개는 주인한테 돈을 달라고 했다. (   )
   3) 견마지로는 수고라는 뜻이다. (   )
   4) 개주인은 개에게 맛있는 것을 먹였다. (   )

3. 그 사람하고 강아지가 어떻게 만났습니까?

4. 그 사람의 재산을 어떻게 보전할 수 있었습니까?

제16과   뉴스 (1)

학습 내용: 정치, 경제, 사회, 국제에 관한 뉴스를 듣고 주용 내용을 파악한다.
질문: 1. 매일 뉴스를 들으세요?
2. 어제 들은 뉴스에 대해 이야기해 보세요.

 마당 1

새 단어:
6자회담[명사]   六方会谈
핵[명사]   核 / <군사>=핵무기.
에너지(energy) [명사]   能源 / 인간이 활동하는 근원이 되는 힘.
유가[명사]   石油价格 / 석유의 판매 가격.
가계 [명사]   家计,家庭支出 / 한 집안 살림의 수입과 지출의 상태.
과잉[명사]   过剩,多余 / 예정하거나 필요한 수량보다 많아 남음.
적발되다[동사]   揭发 / 숨겨져 있는 일이나 드러나지 아니한 것을 들추어 내다.
　＊그 학생은 시험 시간에 부정행위를 하다가 적발되었다.
가로수[명사]   路边的树 / 거리의 미관(美觀)과 국민 보건 따위를 위하여 길을 따라 줄지어 심은 나무.
무심코[부사]   无心地 / 아무런 뜻이나 생각이 없이.

약초[명사] 草药 / 약으로 쓰는 풀.
채취하다[동사] 抽取 / 연구나 조사에 필요한 것을 찾거나 받아서 얻다.
　　*3개월 이상 머무는 사람의 지문을 채취해야 한다.
공원법[명사] 《公园法》
럭비(rugby) [명사] 橄榄球
널찍하다[형용사] 宽松, 宽敞 / {실제적인 공간을 나타내는 명사와 함께 쓰여} 꽤 너르다.
중고물품[명사] 二手货 / 좀 오래되거나 낡은 물건.
버전(vision) [명사] 版本 / 어떤 소프트웨어가 몇 번 개정되었는지를 나타내는 번호.

내용 1

1. 조선이 핵에 대해 무슨 조치를 내렸습나까?

2. 조선이 조치를 바꿨다는 이유는 무엇입니까?

내용 2

1. 이 뉴스는 무엇을 알리는 뉴스입니까?
    1) 소비지출 줄임
    2) 유가 급등
    3) 소비지출 상승
    4) 경제가 어렵다

2. 소비 지출을 줄인 주요 원인은 무엇입니까?

3. 다음을 완성하십시오.
   국내 가구의 3분의 2 정도가 ＿＿＿＿＿＿＿＿＿＿ 조사됐습니다.
   삼성경제연구소는 '유가 급등에 대한 가계의식 조사'를 실시한 결과＿＿＿＿＿＿
   나타났다고 밝혔다.

4. 소비 지출을 가장 많이 줄인 항목은 순서대로 골라 주십시오.
   ① 의류비와→외식비와 교통비→교양오락비→통신비
   ② 교양오락비→외식비와 교통비→의류비와 식료품비→통신비
   ③ 통신비→외식비와 교통비→의류비와 식료품비→교양오락비
   ④ 외식비와 교통비→의류비와 식료품비→교양오락비→통신비

제16과 뉴스 (1) 111

내용 3

1. 처벌을 받게 되지 않는 행위는 무슨 행위입니까?
   1) 가로수 은행 열매를 따는 것
   2) 가로수에 돌을 던지는 것
   3) 가로수에서 떨어진 은행을 줍는 것
   4) 국립공원 등산로 주변에서 무심코 약초와 열매를 채취하는 것

2. 시민들은 은행 열매를 따는 이유 중에 아닌 것은 무엇입니까?
   1) 맛있기 때문에
   2) 몸에 좋다
   3) 술을 빚다
   4) 영양돌솥밥을 만들기

3. 내용을 듣고 내용과 같으면 ○표, 다르면 ×표 하십시오.
   1) 산림에 있는 밤이나 감 등 유실수는 따는 것은 절도죄에 해당되지 않는다. (   )
   2) 은행 열매를 줍거나 따는 사람이 아주 많다. (   )
   3) 김모 씨가 절도행위로 처벌 받게 된다. (   )
   4) 처벌은 5년 이하 징역이나 천5백만 원 이하의 벌금을 물게 된다. (   )

내용 4

1. 다음 맞는 것을 연결하십시오.
   1) 한국   럭비
   2) 영국   부트
   3) 미국   야드세일/개라지 세일
   4) 영국 로열 레밍턴 스파   벼룩시장

2. 들을 내용과 같으면 ○표, 다르면 ×표 하십시오.
   1) 로열 레밍턴 스파에 새벽 6시가 지나면서 날마다 럭비 구장이 있다. (   )
   2) 부트는 자동차 트렁크를 일컫는 영국식 표현이다. (   )
   3) 미국에서는 집집마다 미니중고품 시장이 열린다. (   )
   4) 영국의 중고품 시장은 미국보다 크다. (   )

 마당 2

새 단어:
정상[명사] 首脑 / 한 나라의 최고 수뇌.
영빈관[명사] 迎宾楼 / 귀한 손님을 맞이하기 위하여 따로 잘 지은 큰 집.

현관[명사]　玄关 / 건물의 출입문이나 건물에 붙이어 따로 달아낸 문간.
악수[명사]　握手 / 인사, 감사, 친애, 화해 따위의 뜻을 나타내기 위하여 두 사람이 각자 한 손을 마주 내어 잡는 일. 보통 오른손을 내밀어 잡는다.
장생도[명사]　长生图 /〈미술〉행복하게 오래 살기를 바라는 마음을 자연과 동식물에 비유하여 상징적으로 그린 그림.
다기[명사]　茶具 / 차제구(茶諸具).
8도 명품차[명사]　朝鲜8道明品茶
다큐멘터리(documentary)[명사]　纪录片 /〈연영〉실제로 있었던 어떤 사건을 극적인 허구성이 없이 그 전개에 따라 사실적으로 그린 것. 영화, 라디오, 텔레비전의 드라마나 소설, 기록 따위가 있다.
담다[동사]　盛;包含;反映 / 어떤 내용이나 사상을 그림, 글, 말, 표정 따위 속에 포함하거나 반영하다.
　＊그는 눈앞의 경치를 화폭에 담고 있었다.
협력[명사]　协力 / 힘을 합하여 서로 도움.

1. 남측의 선물이 아닌 것은 무엇입니까?
   1) DVD세트
   2) 12장생도
   3) 무궁화 다기와 접시
   4) 가수 앨범

2. 들은 내용과 같은 것을 고르십시오.
   1) 남측에 비 피해를 많이 입었다.
   2) 노대통령은 주소에 아주 만족하고 있다.
   3) 두 사람은 같이 자기도 했다.
   4) 북측이 남측에 선물을 주지 않았다.

3. 남북 정상은 주로 어떤 분야의 의견을 나눴습니까?

 마당 3

새 단어:
동동[부사]　跺脚状 / 매우 안타깝거나 추워서 발을 가볍게 자꾸 구르는 모양.
구르다[동사]　跺脚 / 바퀴처럼 돌면서 옮겨 가다.
　＊동전이 떨어져 하수구로 굴러 버렸다.
원자재[명사]　原材料 / 공업 생산의 원료가 되는 자재.

제16과 뉴스 (1) 113

내수[명사]   内需 / 국내에서의 수요(需要).
송금하다[동사]   汇款 / 돈을 부쳐 보내다.
  * 고향에 계신 부모님께 생활비를 송금했다.
심적[관형사/명사]   心性的 / 마음과 관련된. 또는 그런 것.
비상이 걸리다   到了关键时刻 / 뜻밖의 긴급한 사태가 벌어지다.
  * 그는 군대에 비상이 걸렸다는 소식을 받았다.
물가[명사]   物价 / 물건의 값. 여러 가지 상품이나 서비스의 가치를 종합적이고 평균적으로 본 개념이다.
포인트(point)[명사]   点 / 중요한 사항이나 핵심.
원유[명사]   原油 / 땅속에서 뽑아낸, 정제하지 아니한 그대로의 기름.
소비자[명사]   消费者 / <경제>재화를 소비하는 사람.
화학업계[명사]   化工企业界 / 화학 공업 따위를 이르는 말.
철강[명사]   钢铁 / <공업>=강철(鋼鐵).
타격[명사]   打击 / 어떤 일에서 크게 기가 꺾이거나 손해·손실을 봄.
엇갈리다[동사]   分叉, 分歧 / 마주 오는 사람이나 차량 따위가 어떤 한 곳에서 순간적으로 만나 서로 지나치다.
  * 내가 그와 엇갈린 곳이 바로 이곳이었다.

1. 환율이 오르면서 타격을 받지 않는 대상은 무엇입니까?
   1) 유학생의 학부모
   2) 내수기업
   3) 전자업체
   4) 정유업체

2. 내용을 듣고 빈칸을 채우십시오.
   1) 환율이 _____ 유학생 자녀를 둔 부모들이 발을 _____ 구르고 있습니다.
   2) 환율이 오르면서 물가에도 _____.
   3) 환율이 1달러에 10원 오를 경우 정유업체는 평균 _____ 항공업체는 평균 _____ 의 _____ 보게 됩니다.
   4) 이에 비해 자동차 전자 등 _____ 환율 상승으로 이익이 늘어날 것으로 보여 _____ 에 따라 회비가 _____ 고 있습니다.

3. 항공업체는 어떤 영향을 받습니까?

마당 4

새 단어:

음주운전 [명사]   酒后驾车 / 술을 마셔 술에 취한 상태에서 하는 운전.
단속[명사]   管制, 拘留 / 규칙이나 법령, 명령 따위를 지키도록 통제함.
유기징역[명사]   有期徒刑 / <법률> 기간이 정해져 있는 징역. 보통 1개월 이상 15년 이하이다.
처벌[명사]   处罚 / 형벌에 처함. 또는 그 벌.
강화되다 [동사]   强化 / 세력이나 힘을 더 강하고 튼튼하게 하다.
  * 이전 프로그램보다 신출시 제품의 기능이 많이 강화되었다.
보험[명사]   保险 / <경제>재해나 각종 사고 따위가 일어날 경우의 경제적 손해에 대비하여, 공통된 사고의 위험을 피하고자 하는 사람들이 미리 일정한 돈을 함께 적립하여 두었다가 사고를 당한 사람에게 일정 금액을 주어 손해를 보상하는 제도.
열린우리당[명사]   开放国民党(韩国的一个政党名)
입법[명사]   立法 / 법률을 제정함.
사망 [명사]   死亡 / 사람이 죽음.
과실치사상죄[명사]   过失杀人罪
경각심[명사]   警觉心 / 정신을 차리고 주의 깊게 살피어 경계하는 마음.
벌금을 물리다[관용어]   罚款 / 범죄의 처벌로서 돈을 부과하다.
  * 한 달에 한 번씩 또는 두세 번씩 당하는 경우에 500만 원 이상 벌금을 물리도록 한다.

1. 무엇을 알리는 뉴스입니까?
   1) 음주 처벌
   2) 음주운전 처벌
   3) 소주 운전 단속
   4) 소주 한 잔이라도 처벌을 받게 된다.

2. 알맞는 헤드라인을 고르십시오.
   1) 소주 한 잔 마셔도 처벌을 받게 된다.
   2) 음주운전 처벌이 입법화된다.
   3) 음주운전 사고가 늘어난다.
   4) 음주 운전하다가 사고를 내면 처벌 기준이 강화된다.

3. 음주운전 사고 건수에 대해 설명이 맞는 것을 고르십시오.

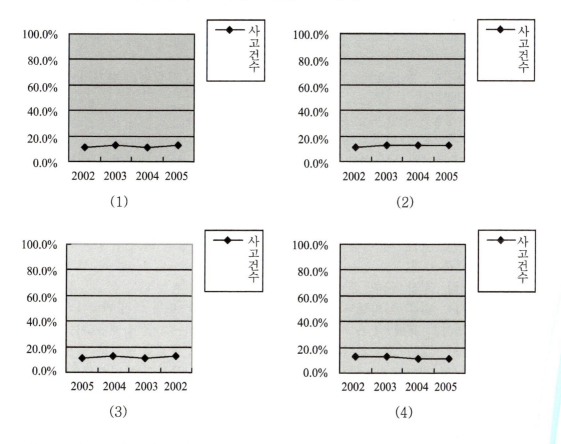

4. 내용을 듣고 빈칸을 완성하십시오.

음주운전의 상황	현재	새법령
소주 한 잔		
음주운전 적발 기준인 혈중 알콜농도		
음주운전으로 적발될 경우(징역)		
음주운전으로 적발될 경우(벌금)		
음주운전으로 인한 사망이나 상해의 경우		

마당 5

새 단어:
회담을 가지다 举行会谈 / 어떤 문제를 가지고 관련된 사람들이 한자리에 모여서 토의하다.
  * 한미 정상은 주한 미군 문제에 대해 회담을 가졌다.
순방[명사] 巡访 / 나라나 도시 따위를 차례로 돌아가며 방문함.
상징적[명사/관형사] 象征的 / 추상적인 개념이나 사물을 구체적인 사물로 나타내는. 또는 그런 것.
채택하다[동사] 采用 / 작품, 의견, 제도 따위를 골라서 다루거나 뽑아 쓰다.
  * 우리나라는 내각 책임제를 채택했다.
공동[명사] 共同 / 둘 이상의 사람이나 단체가 함께 일을 하거나, 같은 자격으로 관계를 가짐.
군사[명사] 军事 / 군대, 군비, 전쟁 따위와 같은 군에 관한 일.
통상[명사] 通商 / 나라들 사이에 서로 물품을 사고팖. 또는 그런 관계.
고위급[명사] 高级 / 높은 지위에 해당하는 급(級). 또는 그 급에 해당하는 사람.
국방[명사] 国防 / 외국의 침략에 대비 태세를 갖추고 국토를 방위하는 일.
직통전화[명사] 直拨电话 / <통신> 교환이나 중계를 통하지 아니하고 바로 연결되는 전화.
개통[명사] 开通 / 길, 다리, 철로, 전화, 전신 따위가 완성되거나 이어져 통하기 시작함.

1. 들은 내용과 같으면 ○표, 다르면 ×표 하십시오.
   1) 경제적으로는 한중 자유무역 협정을 맺었다. (   )
   2) 후진타오 주석은 올림픽 폐막식이 끝나자마자 한국에 방문했다. (   )
   3) 이 대통령과 후진타오의 만남은 양국 정상의 첫 만남이다. (   )
   4) 후진타오 주석은 이 대통령 취임 후 한국을 방문한 첫째 외국 정상이다. (   )

2. 중한 양국의 협력에 대해서 이야기해 보십시오.

제17과 뉴스 (2)

학습 내용: 건강 과학, 연예, 스포스 등 다양한 뉴스를 듣고 주요 내용을 파악한다.
질문: 자기가 관심하는 분야의 뉴스를 이야기해 보세요.

마당 1

새 단어:

누리꾼 [명사] 网民 / 네티즌(netizen)을 순화하여 이르는 말.
원활하다[형용사] 圆滑 / 모난 데가 없고 원만하다.
점검[명사] 检查 / 낱낱이 검사함. 또는 그런 검사.
작업[명사] 作业, 生产 / 일정한 목적과 계획 아래 하는 일.
파운드(pound) [명사] 英镑 / 영국의 화폐 단위.
뒷받침되다[동사] 后台, 撑腰 / 뒤에서 지지하고 도와주다.
　* 그의 비리 사실은 많은 주변 사람들의 증언과 자료로 뒷받침되었기에 결코
　　법망을 빠져나갈 수 없을 것이다.
잠재[명사] 潜在 / 겉으로 드러나지 않고 속에 잠겨 있거나 숨어 있음.
캘리포니아[명사] 加利福尼亚 / 미국의 지명.
증후[명사] 症状 / 증세 (症势).

혈압[명사] 血压 / <의학> 심장에서 혈액을 밀어낼 때, 혈관 내에 생기는 압력. 일반적으로는 동맥 혈압을 가리킨다.
흡연[명사] 吸烟 / 담배를 피움.
양치질[명사] 漱口 / 이를 닦고 물로 입 안을 가시는 일.
메롱[명사] 小孩戏弄同伴时发出的声音 / [감탄사]어린아이의 말로, 상대편을 놀릴 때 내는 소리.
내장기관[명사] 内脏器官 / 척추동물의 흉강이나 복강 속에 있는 여러 가지 기관을 통틀어 이르는 말.
선홍색[명사] 鲜红 / 밝고 산뜻한 붉은색.
과다[명사] 过多 / 너무 많음.
발그레하다[형용사] 微红, 红扑扑 / 발그스름하다.
설태[명사] 舌苔 / <의학> 혓바닥에 끼는 흰색이나 회색, 황갈색의 이끼 모양 물질.
구강[명사] 口腔 / <의학> 입에서 목구멍에 이르는 입 안의 빈 곳. 음식물을 섭취·소화하며, 발음 기관의 일부분이 된다.
이물질[명사] 异物 / 이물.

내용 1

1. 이 뉴스는 무엇을 알리는 것입니까?
   1) 뉴스 서비스 시간 안내
   2) 스포츠 서비스 시간 안내
   3) 서비스 점검 작업 안내
   4) 동영상 서비스 시간 안내

2. 들은 내용과 일치하는 것을 고르십시오.
   1) 지금의 서비스가 좋지 않다.
   2) 점검 작업 시간 동안 서비스가 제공된다.
   3) 작업 시간은 화요일에 예정된다.
   4) 점검 서비스는 빠른 시간 안에 마친다.

내용 2

1. 들은 내용과 같으면 ○표, 다르면 ×표 하십시오.
   1) 연구 결과에 따르면 비싼 운동화나 싼 운동화나 품질은 같다. (   )
   2) 연구 결과는 월간지 신문에 실렸다. (   )
   3) 라비 아부드 박사는 모든 운동화를 대상으로 조사했다. (   )
   4) 라비 아부드 박사는 가격표를 따지지 말고 자신에게 맞는 운동화를 사라는 충고했다. (   )

제17과 뉴스 (2) 119

2. 라비 아부드 박사는 운동화의 가격에 영향을 미치지 않은 것은 무엇이라고 지적했습니까?
   1) 패션 디자인
   2) 브랜드의 값
   3) 광고 및 선전비
   4) 첨단 기술

내용 3

1. 들은 내용과 같으면 ○표, 다르면 ×표 하십시오.
   1) 커피의 어떤 성분이 당뇨병 예방 효과를 내는 것은 확실하다. (   )
   2) 커피를 마시는 사람은 커피를 끊은 사람보다 당뇨에 걸릴 잠재 위험이 높다. (   )
   3) 스미스 박사는 당뇨병에 걸린 사람을 연구대상으로 했다. (   )
   4) 당뇨 예방 효과를 위해 가능하면 하루에 커피를 많이 마시는 것이 좋다. (   )

2. 스미스 박사의 연구에 대해 맞는 것을 고르십시오.
   1) 50세 이상 910명 당뇨를 앓은 남녀를 대상으로 연구했다.
   2) 커피를 끊은 사람은 커피를 즐겨 마시는 사람보다 당뇨 발병의 위험이 약 60% 감소된 것으로 나타났다.
   3) 조사 결과는 커피 중독처럼 과한 커피를 마실 필요는 없다.
   4) 이 조사는 한국 학교에서 한 것이다.

내용 4

1. 그림을 보고 빈칸을 채우십시오.

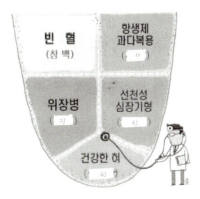

2. 다시 듣고 내용과 다른 것을 고르십시오.
   1) 사람들이 날마다 양치질을 하면서도 혀에 관심을 하지 않는다.
   2) 혀에 하얀 설태가 있으면 건강이 안 좋은 상징이다.
   3) 혀의 윗면에 회백색의 이끼와 이물질이 생기는 것은 설태라고 한다.
   4) 항생제를 지속적으로 복용하면 흑태가 생길 수 있다.

마당 2

새 단어:

개운하다[형용사]　爽快 / 기분이나 몸이 상쾌하고 가뜬하다.
여드름[명사]　青春痘 / 주로 사춘기에, 얼굴에 도톨도톨하게 나는 검붉고 작은 종기. 털구멍이나 피지선(皮脂線)이 막혀서 생기며 등이나 팔에 나기도 한다.
질환[명사]　病患 / 질병.
관절염[명사]　关节炎 / <의학> 관절에 생기는 염증.
사우나(sauna)[명사]　桑拿浴
배출되다[동사]　排出 / 안에서 밖으로 밀어 내보내다.
　　＊오염 물질을 대기 중으로 배출하는 업체는 의무적으로 공해 방지 시설을 갖춰야 한다.
심박출량[명사]　心博出量 / <의학> '심장 박출량'의 전 용어.
심혈[명사]　心血 / 심장의 피.
호르몬(hormone)[명사]　荷尔蒙
아토피(atopy)[명사]　皮炎 / 아토피성 피부염.
저혈압[명사]　低血压 / <의학> 정상 상태보다 혈압이 낮은 증상.
관상동맥질환[명사]　冠状动脉硬化
합병증[명사]　合并症, 综合症 / <의학> 어떤 질병에 곁들여 일어나는 다른 질병.
임산부　孕妇和产妇
산소[명사]　氧气 / <화학> 공기의 주성분이면서 맛과 빛깔과 냄새가 없는 원소.
노폐물[명사]　废物 / <생물> 생체 내에서 생성된 대사산물로 생체에서 필요 없는 것.

1. 사우나에 많이 찾아가는 시기가 아닌 때는 언제입니까?
　1) 몸이 피곤할 때
　2) 컨디션이 좋을 때
　3) 스트레스가 쌓일 때
　4) 날씨가 쌀쌀해 질 때

2. 저온 사우나는 어떤 병의 치료에 효과가 없습니까?
　1) 습진
　2) 여드름
　3) 관절염
　4) 심장병

3. 어떤 환자가 사우나를 하면 좋습니까?
   1) 아토피 환자
   2) 코린성 두드러기 환자
   3) 건선 사람
   4) 음주자

 마당 3

새 단어:

달구다[동사] 烧热 / 분위기, 사상, 감정 따위를 고조시키다.
  * 경제 문제로 회의장을 뜨겁게 달구고 있다.
막을 내리다 落幕 / 무대의 공연이나 어떤 행사를 마치다.
  * 연극이 끝나서 막을 내렸으나 관객들은 계속 자리에 남아 박수를 쳤다.
전진[명사] 前进 / 앞으로 나아감.
씨앗[명사] 种子 / 곡식이나 채소 따위의 씨.
떨치다[동사] 抖, 扬名 / 불길한 생각이나 명예, 욕심 따위를 완강하게 버리다.
  * 그는 임진왜란이 일어나자 분연히 궐기해 그 이름을 전국에 널리 떨쳤다.
헤라클레스(hercules) [명사] 赫拉克勒斯, 大力士
등극하다[동사] 登基, 登位 / 임금의 자리에 오르다.
  * 어린 세자가 임금의 자리에 등극하다.
전승[명사] 战胜 / 전쟁이나 경기 따위에서 한 번도 지지 아니하고 모두 이김.
자유형[명사] 自由泳 / 수영에서, 헤엄치는 방법에 제한이 없는 경기 종목.
배드민턴(badminton)[명사] 羽毛球 / 네트를 사이에 두고 라켓으로 셔틀콕을 서로 치고 받는 구기 경기.
영웅[명사] 英雄 / 지혜와 재능이 뛰어나고 용맹하여 보통 사람이 하기 어려운 일을 해내는 사람.
투혼[명사] 斗志 / 끝까지 투쟁하려는 기백.
태극전사[명사] 太极战士 / 한국 선수.
IOC(International Olympic Committee) [명사] 国际奥委会 / 국제 올림픽 위원회.
활력소[명사] 活力素 / 활동하는 힘이 되는 본바탕.
8관왕[명사] 包揽8块金牌的八冠王
마이클 펠프스 麦克·菲尔普斯
제치다[동사] 超过, 排挤 / 경쟁 상대보다 우위에 서다.
  * 마라톤에서 우리 선수가 선두를 제치고 맨 앞으로 나섰다.
도약하다[동사] 飞跃 / 더 높은 것을 발전하다.
  * 높이뛰기 선수는 높이 도약하여 장대를 뛰어넘었다.

1. 금메달을 딴 선수들이 누구입니까?

선수 이름이나 운동항목	운동 항목이나 선수이름
수영 자유형	
여자 헤라클래스	
유도	
우사인 볼트	
이신바예바	
마이클 펠프	
배드민턴	

2. 이번 베이징 올림픽의 신기록이 아닌 것은 무엇입니까?
   1) 마이클 펠프스는 사상 최초로 8관왕에 올랐다.
   2) 우사인 볼트가 육상 100미터에서 9초 70의 벽을 깨트렸다.
   3) 이신바예바 선수가 장대높이뛰기에서 24번째 세계 신기록을 이어갔다.
   4) 유도 최민호가 첫 금메달을 땄다.

3. IOC선수 위원으로 선출된 한국 선수는 누구입니까? 어느 종목의 운동선수입니까?

4. 런던 올림픽을 앞두고 우리는 어떻게 해야 합니까?

마당 4

새 단어:

학위[명사]　学位 / <교육> 어떤 부문의 학문을 전문적으로 익히고 공부하여 일정한 수준에 오른 사람에게 대학에서 주는 자격. 학사, 석사, 박사 따위가 있다.

의대[명사]　医科大学 / <교육> '의과 대학'을 줄여 이르는 말.

퇴치[명사]　扫除, 消除 / 물리쳐서 아주 없애 버림.

백신프로그램(vaccine program)[명사]　防病毒软件 / 컴퓨터 바이러스 프로그램을 찾아내고 손상된 파일을 치료하는 소프트웨어.

벤처기업(venture 기업)[명사]　风险企业 / 고동의 전문 지식과 새로운 기술을 가지고 창조적·모험적 경영을 전개하는 중소기업.

펜실베이니아대학[명사]　宾夕法尼亚大学

안철수[명사]　安哲洙(人名)

투자[명사]　投资 / <경제>이익을 얻기 위하여 주권, 채권 따위를 구입하는 데 자금을 돌리는 일.

덩달다[동사]　追随, 跟着 / {주로 '덩달아', '덩달아서' 꼴로 쓰여} 실속도 모르고 남이 하는 대로 좇아서 하다.
공모[명사]   公開招募,征求 / 일반에게 널리 공개하여 모집함.
체제[명사]   体制 / 사회를 하나의 유기체로 볼 때에, 그 조직이나 양식, 또는 그 상태를 이르는 말.
눈길[명사]   视线 / 주의나 관심을 비유적으로 이르는 말.
핵심[명사]   核心 / 사물의 가장 중심이 되는 부분. '알맹이'로 순화.
이윤[명사]   利润 / <경제>기업의 총수입에서 임대, 지대, 이자, 감가상각비 따위를 빼고 남는 순이익.
추구[명사]   追求 / 목적을 이룰 때까지 뒤쫓아 구함.
병행하다[동사]   并行 / 둘 이상의 일을 한꺼번에 행하다.
   * 탈춤은 민중 예술의 전반적인 추세와 병행하여 발전해 왔다.

1. 안철수는 무슨 전공을 했습니까?
   1) 컴퓨터 전공
   2) 정보통신 전공
   3) 의학 전공
   4) 컴퓨터보안 전공

2. 안철수에 대한 맞지 않은 것을 고르십시오.
   1) 의대출신이다
   2) 박사까지 땄다
   3) 교수로 가르친 경험도 있다
   4) 미국 의대에서 공부했다

3. 내용을 듣고 빈칸을 채우십시오.
   1) 1990년대 후반 _____ 한창일 때 안철수란 이름은 투자를 받는 보증수표였다.
   2) 그는 밤에 컴퓨터 _____ 퇴치에 필요한 _____ 을 개발했다.
   3) 투자하겠다는 사람들이 줄을 이었고 _____ 가 몇 배씩 뛰었다.
   4) 하지만 그는 아픈 사람을 고쳐 주는 게 아니라 바이러스에 감염돼 _____ 컴퓨터를 고쳐 주는 의사의 길을 걸어왔다.

4. 안철수의 경영이념은 무엇입니까? 그리고 무슨 뜻입니까?

마당 5

새 단어:
실적[명사] 实绩 / 실제로 이룬 업적이나 공적.
이루다[동사] 形成 / 어떤 대상이 일정한 상태나 결과를 생기게 하거나 일으키거나 만들다.
  * 어젯밤에 집을 나간 동생이 걱정돼서 잠을 못 이루었다.
속다[동사] 骗 / 『…에/에게』 남의 거짓이나 꾀에 넘어가다.
  * 그는 사기꾼에게 속아 전 재산을 날렸다.
매출[명사] 销售 / 물건을 내다 파는 일.
지배구조[명사] 管理机制
주력하다[동사] 致力 / 어떤 일에 온 힘을 기울이다.
  * 새 정부는 경제 활성화에 주력하겠다고 천명했다.
의장[명사] 议长 / 회의를 주재하고 그 회의의 집행부를 대표하는 사람.
작동되다[동사] 运转, 发动 / 기계 따위가 작용을 받아 움직임. 또는 기계 따위를 움직이게 하다.
  * 이 방은 사람이 들어오면 자동으로 감시 카메라가 작동된다.
견제하다[동사] 牵制 / 일정한 작용을 가함으로써 상대편이 지나치게 세력을 펴거나 자유롭게 행동하지 못하게 억누르다.
  * 그는 마라톤 경기 내내 다른 선수들을 견제하여 달렸다.
소프트웨어(software)[명사] 软件 / 컴퓨터 프로그램 및 그와 관련된 문서를 통틀어 이르는 말.

1. 오늘 인터뷰 대상은 누구입니까?
   1) 연구원   2) 경영자   3) 대학교수   4) 기자

2. 들은 내용과 다른 것을 고르십시오.
   1) 안철수는 15년 동안 회사를 경영해 왔다.
   2) 안철수는 늘 행복한 표정을 짓는다.
   3) 안철수는 회사 시스템이 세워지기 때문에 물러났다.
   4) 안철수는 개인적으로 안철수연구소 정도소 바꾸는 것도 괜찮을 듯 싶지만 회사 이름에서 안철수를 빼야 한다는 지적에는 동의하지 않습니다.

3. 안철수는 회사의 이사회 의장에 대해서 어떤 생각을 가지고 있습니까?

4. 안철수 연구소를 설립하면서 세 가지가 이루어진 것은 무엇입니까?

제18과   뉴스 (3)

학습 내용: 기상 뉴스, 화재의 뉴스, 뉴스 해석, VJ리포트 등 다양한 뉴스를 듣고 주용 내용을 파악한다.
질문: 기상 뉴스를 들으십니까? 오늘의 기상 지수를 이야기해 보세요.

마당 1

새 단어:

프로[명사]   职业选手, 专家 / 어떤 일을 전문으로 하거나 그런 지식이나 기술을 가진 사람. 또는 직업 선수.
출전[명사]   出战 / 시합이나 경기 따위에 나감.
겨냥하다[동사]   瞄准 / 목표물을 겨누다.
  * 그 이야기는 우리를 겨냥해 하는 말임이 분명하다.
오르락내리락하다[동사]   上上下下 / 값이나 수치, 온도, 성적 따위가 오르고 내리기를 되풀이하다.
  * 사람들은 3층을 오르락내리락하며 이삿짐을 날랐다.
산발적[관형사/명사]   零星的, 片断的 / 때때로 여기저기 흩어져 발생하는. 또는 그런 것.
장마전선[명사]   梅雨锋线 / <지리> 여름철에 한반도의 남쪽 지방에 머물면서 장마를 가져오는 전선.
모독[명사]　诬蔑 / 말이나 행동으로 더럽혀 욕되게 함.
절기[명사]　节气 / 한 해를 스물넷으로 나눈, 계절의 표준이 되는 것.
이슬[명사]　露水 / 공기 중의 수증기가 기온이 내려가거나 찬 물체에 부딪힐 때 엉겨서 생기는 물방울.
맺히다[동사]　结,凝结 / '맺다'의 피동사.
　＊ 주전자 뚜껑에는 수증기가 맺혀 맑은 증류수가 한 줌 정도 고여 있었다.
한로[명사]　寒露 / 이십사절기의 하나. 추분과 상강 사이에 들며, 태양의 황경(黃經)이 195도인 때이다. 10월 8일경이다.
일교차[명사]　日溫差 / <지리> 기온, 습도, 기압 따위가 하루 동안에 변화하는 차이. 맑게 갠 날이 비오는 날이나 흐린 날보다 크고, 또 내륙일수록 크다.
당부하다[동사]　嘱托,叮嘱 / 말로 단단히 부탁하다.
　＊ 어머니는 집을 떠나는 아들에게 몸조심할 것을 당부했다.
환절기[명사]　换季 / 철이 바뀌는 시기.
온라인(on line)[명사]　在线
사이트(site)[명사]　网址

대화 1

1. 뉴스의 헤드라인은 무엇입니까?
　1) 한국 여자프로골프선수를 막는다.
　2) 한국 선수들 부담이 커진다.
　3) LPGA "영어 못하면 퇴출"… '시험' 논란
　4) 내년부터 영어 능력이 필요하다

2. 들은 내용이 아닌 것을 고르십시오.
　1) 한국 여자프로골프선수는 미국 외국 선수 중의 3분의 1 이상을 차지한다.
　2) 이 제도는 내년부터 실시한다.
　3) 이 제도는 한구 선수를 겨냥한 조치로 보인다.
　4) 한국 선수들은 골프를 잘하는 데다가 영어도 잘한다.

내용 2

1. 장마전선에 관해 맞는 내용을 고르십시오.
　1) 이번 주 동안에 장마전선은 오르락 내리락한다.
　2) 장마전선이 빠르게 북쪽으로 올라간다.
　3) 내일 오후 장마전선은 다시 남해상으로 내려갔다가 수요일쯤 다시 북상할 것이다.
　4) 장마가 끝나는 다음달 하순까지 비가 계속 내릴 것이다.

2. 그림을 보고 그 날에 날씨 상황을 골라서 써 놓으십시오.

| 24일 월요일 | 25일 화요일 | 26일 수요일 | 27일 목요일 |

내용 3

1. 다음 빈칸을 채우십시오.
   1) 온라인 취업사이트_____대상으로_____에 대해 설문한 결과 "_____"고 12일에 밝혔다.
   2) 우유증의 종류는 _____, _____, _____, _____등이 있다.
   3) 후유증이 지속한 기간이_____것으로 집계됐다.

2. 들은 내용과 같은 것을 고르십시오.
   1) 설문조사는 일반시민을 다상으로 했다.
   2) 후유증의 종류 중에 '누적된 피로'가 61.2%를 차지했다.
   3) 긴 연휴로 인해 후유증이 지속한 시간이 더 길다는 조사가 나왔다..
   4) 긴 연휴로 인해 후유증이 더 심했는지를 조사를 했지만 결과는 그렇지 않았다.

내용 4

1. 오늘은 무슨 절기입니까?
   1) 동지
   2) 하지
   3) 한로
   4) 삼복

2. 최저기온이 가장 낮은 지역은 어느 지역입니까?
   1) 대관령
   2) 서울
   3) 철원
   4) 대전

3. 들은 내용과 같으면 ○표, 다르면 ×표 하십시오.
   1) 서울을 비롯한 중부지방의 최저기온이 10도가량 떨어진다. (   )
   2) 남부지방의 최저기온이 5도가량 떨어진다. (   )
   3) 지금은 가을 날씨다. (   )
   4) 지금은 환절기라 건강관리에 조심해야 한다. (   )

마당 2

새 단어:
꽃샘추위[명사] 倒春寒 / 이른 봄, 꽃이 필 무렵의 추위.
황갈색[명사] 黄褐色 / 누런빛을 띤 갈색.
고온다습하다[형용사] 高温多湿 / 날씨가 덥고 습기가 많다.
집중호우[명사] 大雨 / <지리> 어느 한 지역에 집중적으로 내리는 비.
오곡백과[명사] 五谷百果 / 온갖 곡식과 과실.
김장[명사] 腌制过冬泡菜 / 겨우내 먹기 위하여 김치를 한꺼번에 많이 담그는 일. 또는 그렇게 담근 김치.
한파[명사] 寒流 / <지리> 겨울철에 기온이 갑자기 내려가는 현상. 한랭 기단이 위도가 낮은 지방으로 이동하면서 생긴다.
삼한사온[명사] 三寒四暖 / <지리> 한국을 비롯하여 아시아의 동부, 북부에서 나타나는 겨울 기온의 변화 현상. 7일을 주기로 사흘 동안 춥고 나흘 동안 따뜻하다.

1. 한국 사계절의 특성에 맞는 것을 연결하십시오.
   봄   천고마비
   여름   한파와 삼한사온
   가을   장마와 삼복더위
   겨울   꽃샘추위와 황사현상

2. 한국 사계절에 가장 맞는 활동을 연결하십시오.
   봄   김장
   여름   피서
   가을   독서
   겨울   심목

3. 사람들이 활동하기에 가장 좋은 계절은 어느 계절입니까?
   1) 봄   2) 여름   3) 가을   4) 겨울

4. 가을에 사람들이 할 수 없는 것은 무엇입니까?
   1) 나무 심기 2) 수확   3) 독서   4) 단풍 구경

5. 한파란 무슨 뜻입니까?

6. 삼한사온이란 말은 무슨 뜻입니까?

마당 3

새 단어:
천둥번개[명사]　打雷闪电 / 천둥과 번개를 아울러 이르는 말.
전국적[관형사/명사]　全國的 / 온 나라에 관계되는. 또는 그런 것.
썩[부사]　一下子 / 지체 없이 빨리.
밀리미터(millimeter)[명사]　毫米 / 미터법에 의한 길이의 단위.
시설물[명사]　设施 / 베풀어 차려 놓은 구조물.
농작물[명사]　农作物 / 논밭에 심어 가꾸는 곡식이나 채소.
입동[명사]　立冬 / 이십사절기의 하나. 상강(霜降)과 소설(小雪) 사이에 들며, 이 때부터 겨울이 시작된다고 한다. 11월 8일경이다.
한차례[명사]　一次 / 어떤 일이 한바탕 일어남을 나타내는 말.
기압골[명사]　气压槽 / <지리> 일기도에서, 여러 개의 등압선이 모여 골짜기를 이룬, 기압이 낮은 부분. 이 부분의 동쪽은 일반적으로 날씨가 좋지 않다.
통과하다[동사]　通过 / 어떤 곳이나 때를 거쳐서 지나가다.
　＊ 이번 정거장에 내리는 사람이 없어 버스는 정거장을 통과했다.

1. 내용을 듣고 완성하십시오.
　1) 이번 주말에는 전국적으로 ＿＿＿＿＿＿ 과 ＿＿＿＿＿＿ 를 동반한 비가 내릴 것으로 보입니다.
　2) 특히 이번 비가 그치면 기온이 ＿＿＿＿＿＿ 면서 ＿＿＿＿＿＿ 가 찾아온다고 합니다.
　3) 취재 기자 ＿＿＿＿＿＿

2. 들은 내용과 같으면 ○표, 다르면 ×표 하십시오.
　1) 중부지방은 내일 오전부터 남부지방은 오후부터 비가 내릴 것으로 보인다.
　　 (　　　)
　2) 내일까지 예상되는 강우량은 10밀리미터 안팎이 될 것이다. (　　　)
　3) 일기예보에 의하면 일부지역에는 비가 오면서 천둥번개가 치겠다고 한다.
　　 (　　　)
　4) 이번 비는 농작물에 큰 피해를 미쳤다. (　　　)

3. 이 뉴스에 의하면 지금은 어느 절기입니까?
　1) 입춘
　2) 입하

3) 입추
4) 입동

4. 비가 언제어디부터 시작됩니까?

5. 이번 비가 그치면서 날씨는 어떻게 변합니까?

6. 다음 주에 날씨가 어떻게 될 것입니까?

 마당 4

새 단어:
새해가 밝다[관용어] 迎接新年
쏟아지다[동사] 倾注 / 액체나 물질이 그것이 들어 있는 용기에서 한꺼번에 바깥으로 나오다.
　＊휴게실에서 커피가 옆자리의 아가씨에게 쏟아지는 바람에 낭패를 본 일이 있다.
갈취하다[동사] 敲诈 / 남의 것을 강제로 빼앗다.
　＊불량배들이 학생들에게서 금품을 갈취한다.
폭력[명사] 暴力 / 남을 거칠고 사납게 제압할 때에 쓰는, 주먹이나 발 또는 몽둥이 따위의 수단이나 힘. 넓은 뜻으로는 무기로 억누르는 힘을 이르기도 한다.
행사하다[동사] 行使 / 부려서 쓰다.
　＊그는 대통령의 권한을 행사했다.
집 한 채 一栋房子
이끌어 가다[동사] 牵引 / 목적하는 곳으로 바로 가도록 같이 가면서 따라오게 하다.
　＊그는 모임을 주도적으로 이끌어 간다.
대책을 세우다[관용어] 制定策略 / 어떤 일에 대처할 계획이나 수단을 서게 하다.
불황[명사] 不景气 / <경제> =불경기.
고용[명사] 雇用 / 삯을 주고 사람을 부림.
이북사람[명사] 朝鲜人 / 조선 사람.
폐지되다[동사] 被废止 / 실시되어 오던 제도나 법규, 일 따위가 그만두어지거나 없어지다.
　＊지금 쓰고 있는 화폐가 다음달까지 폐지될 것이다.

제18과 뉴스 (3) 131

> 뽑히다[동사] 被选为 / 뽑다의 피동사
> * 그는 국회의장으로 뽑혔다.

1. 내용을 듣고 말하는 사람의 직업을 맞춰 보십시오.
   1) (   )   2) (   )   3) (   )   4) (   )

2. 대화하는 장소는 어디인 것 같습니까?
   1) 방송국   2) 길가   3) 학교   4) 개인 집

3. 금년에 있었던 일을 고르십시오.
   1) 집값이 올랐다.
   2) 대통령선거가 있었다.
   3) 경제가 회복되었다.
   4) 정부에서 부동산 정책을 세웠다.

4. 다음 내용을 완성하십시오.

직업	내년의 희망
초등학생	
고등학생	
대학생	
주부	
이산가족	
택시운전사	
관광통역안내사	

 마당 5

> 새 단어:
> 어김없이[부사] 一定, 保准 / 어김없다의 부사형
> 또랑또랑하다[형용사] 清楚 / 또랑또랑.
> 앞두다[동사] 前夕 / 목적까지 일정한 시간이나 거리를 남겨 놓다.
>   * 졸업 한 달 앞두고 그는 미국으로 가기로 결심했다.
> 스튜디오(studio) [명사] 录音室 / 방송국에서 방송 설비를 갖추고 방송을 하는 방. 녹음실.
> 바닥이 드러나다[관용어] 用光 / 돈이나 물건을 다 써서 없어지다.
>   * 빌린 돈마저 바닥 드러났다.

앵커[명사]　主持人 / 앵거맨.
발탁되다[동사]　应选 / 여러 사람 가운데서 쓸 사람이 뽑히다.
　* 그는 고등학교때 국가선수로 발탁되었다.
순회[명사]　巡回 / 여러 곳을 돌아다님.
전투기[명사]　战斗机 / <군사> 공중전을 주 임무로 하는 작고 민첩한 군용기.
방파제[명사]　海堤 / <건설> 파도를 막기 위하여 항만에 쌓은 둑. 바다의 센 물결을 막아서 항구를 보호한다.
아찔하다[형용사]　眩晕, 头晕 /『……이』 갑자기 정신이 아득하고 조금 어지럽다.
두리번거리다[동사]　东张西望 /『……을』 눈을 크게 뜨고 여기저기를 자꾸 휘둘러 살펴보다.
　* 이곳저곳을 두리번거려도 아버지는 쉬 눈에 띄지 않았다.

1. 내용을 듣고 빈칸을 채우십시오.
   1) 매일 저녁 9시면 _____ 찾아와 하루를 _____ 하던 _____ 목소리의 주인공, 박진수 아나운서가 떠난다.
   2) 평일 메인 앵커로 _____ 지금까지 입사 후 10년의 세월을 9시 뉴스와 함께 했던 그가 이제 잠시 _____ 더 나은 모습으로 돌아올 _____ 를 시작한다.
   3) 지역 _____ 방송도 많았고 _____ 도 탔고……행복했던 순간이 너무 많았다.
   4) 새만금 방조제 물막이 공사가 마무리된 지난 4월 지역 순회 방송 도중에 갑작스러운 _____ 으로 방파제 옆에 마련한 임시 스튜디오 뒤로 파도가 _____ _____ 경험도 했습니다.

2. 정세진 아나운서가 일자리를 그만둔 이유는 무엇입니까?
   1) 바닥이 드러나다
   2) 승진 못하다
   3) 일이 많아서 힘들다
   4) 자신이 성장하지 못한다

3. 정세진 아나운서가 잊을 수 없는 기억은 무엇입니까?
   1) 독도로 들어가 생방송 때
   2) 2002년 월드컵 당시
   3) 새만금 공사가 마무리 때
   4) 생방송 중 뉴스 원고를 찾지 못할 때

4. 들은 내용과 같으면 ○표, 다르면 ×표 하십시오.
   1) 정세진 아나운서는 내년 초에 결혼할 예정이다. (   )
   2) 정세진 아나운서는 시마네현의 '독도의 날' 프로그램에서 생방송을 했다.
      (   )
   3) 새만금 공사를 방송할 때 물이 스튜디오에 들어간 적이 있었다. (   )
   4) 정세진 아나운서는 미국에 가서 복지에 관한 공부를 할 것이고 미국 현지의 방송 활동도 참여할 것이다. (   )

제19과   연예 소식

학습 내용: 오락프로그램을 익힌다.
질문: 연예 소식을 자구 봅니까? 알고 있는 한국 연예소식을 이야기해 보세요.

 마당 1

새 단어:

복귀하다[동사]   回归, 归来 / 본디의 자리나 상태로 되돌아가다.
  * 그는 이번 타이틀전에서 다시 정상에 복귀하였다.
소재[명사]   素材 / <문학>문학 작품의 바탕이 되는 재료. 환경, 사람들의 생활, 행동, 감정 따위가 모두 소재가 될 수 있다.
역할[명사]   作用 / 자기가 마땅히 하여야 할 맡은 바 직책이나 임무.
차별화되다[동사]   差別化 / 둘 이상의 대상을 각각 등급이나 수준 따위의 차이를 두어 구별된 상태가 되게 하다.
  * 차별화된 신제품들이 다음달에 출시할 것이다.
임하다[동사]   面临 / 어떤 사태나 일에 직면하다.

제19과 연예 소식

* 나라의 관직을 임하면서부터는 특히 공사를 분명히 하는 일이 중요하다.

소감 [명사]   感想 / 마음에 느낀 바.
시스템(system) [명사]   系统
부담감 [명사]   负担感 / 어떠한 의무나 책임을 져야 한다는 느낌.
모던보이 [명사]   摩登男孩
흡수하다 [동사]   吸收 / 빨아서 거두어들이다.
* 이 동네에서는 가장 견문이 넓고 새로운 지식을 흡수한 인텔리요, 유일한 지도자였다.
신비스럽다 [형용사]   神秘 / 보기에 신기하고 묘한 데가 있다.
운명적 [관형사][명사]   命运的 / 운명과 관련되어 있는. 또는 그런 것.
미스터(myster) [명사]   神秘 / 신비한 것.
밝혀지다 [동사]   被阐明 / '밝히다'의 피동.
* 문제가 밝혀지지기 전에 사실대로 말해.
예비 [명사]   预备 / 필요할 때 쓰기 위하여 미리 마련하거나 갖추어 놓음.
캠프(camp) [명사]   露营
무단 [명사]   无端 / 사전에 허락이 없음. 또는 사유를 말함이 없음.
연예 [명사]   演艺 / 대중 앞에서 음악, 무용, 만담, 마술, 쇼 따위를 공연함. 또는 그런 재주.
중계 [명사]   中介 / <언론>=중계방송.
제작진 [명사]   制作人员 / 연극, 영화, 방송 프로그램을 만드는 일에 관여하는 모든 사람.
파경 [명사]   破镜, 离婚 / 사이가 나빠서 부부가 헤어지는 것을 비유적으로 이르는 말.
웨딩치마 [명사]   婚纱
절차 [명사]   顺序 / 일을 치르는 데 거쳐야 하는 순서나 방법.
데뷔하다 [동사]   出道 / 일정한 활동 분야에 처음으로 등장함.
* 그 사람이 문단에 언제 데뷔했는지 확실하지 않다.
여의도 [명사]   汝矣岛 / <지명> 서울특별시 영등포구에 속한, 한강 가운데 있는 섬. 마포와 영등포를 잇는 교통 요충지로 국회 의사당, 한국 방송 공사, 63빌딩 따위를 비롯하여 많은 아파트 단지와 높은 건물이 있다. 면적은 8.48㎢.
홀(holl) [명사]   大厅 / 건물 안에 집회장, 오락장 따위로 쓰는 넓은 공간.

대화 1

1. 듣고 빈칸을 채우십시오.
   1) 3년 만에 국내 드라마로 _____ 는데 이 드라마를 선택한 이유는 무엇인가요?

2) 무엇보다 _____ 가 신선했고 그 동안 맡았던 역할들과 차별화된 모습에 _____ 느꼈고.

3) 하지만 익숙치 않은 _____ 이라 현장에서도 많은 고민하고 배우는 입장에서 촬영에 임하고 싶습니다.

4) 일본에서의 드라마 현장 느낌과 국내 _____ 에 이야기해 보세요.

2. 이 텔런트가 한국 드라마를 선택한 중요한 이유는 무엇입니까?

3. 한국과 일본에서 일하는 차이가 무엇입니까?

대화 2

1. 대화를 듣고 무엇을 하는 대화인 것 같습니까?
   1) 영화 개봉식   2) 영화제
   3) 영화 촬영 오픈식   4) 영화 촬영 완료식

2. 대화에서 모두 몇 사람이 나왔습니까?
   1) 2 명   2) 3 명   3) 4 명   4) 5 명

3. 영화 속에서 이해명이란 청년은 그 시대에 어떤 사람이었습니까?

4. 영화 속에서 조남수는 그 시대에 어떤 사람이었습니까?

내용 3

1. MBC한국 방송은 누구를 대상으로 무슨 캠프를 실시합니까?

2. 캠프 비용은 과정별로 얼마입니까?

3. 신청은 언제까지 어떻게 해야 합니까?

내용 4

1. MBC 2TV '연예가 중계'는 왜 시청자들에게 사과했습니까?

2. 두 사람의 결별 사유는 무엇입니까?

3. 두 사람은 언제 결혼했습니까?

4. 채모 씨는 가수였지만 무슨 드라마를 촬영했습니까?

마당 2

새 단어:

풍속[명사]　风俗 / 옛날부터 그 사회에 전해 오는 생활 전반에 걸친 습관 따위를 이르는 말.
화가[명사]　画家 / 그림 그리는 것을 직업으로 하는 사람.
신윤복[인명]　申润福 / 조선 후기의 풍속화가, 자는 입부, 호는 혜원,화원으로서 기녀, 무속, 술집을 소재로 한 풍속도를 많이 그렸다. 작품에 <미인도> 따위가 있다.
김홍도[인명]　金弘道 / 조선 영조 때의 화가. 자는 사능, 호는 원원, 단구서호, 고면거사. 강렬한 개성으로 산수화와 풍속화의 새로운 경지를 개척하였다. 특히 풍속화에는 해학과 풍자를 섞어 서민 사회의 생활 정서를 묘사하였다. 작품에 <선동취적도> 따위가 있다.
생동감[명사]　生动感 / 생기 있게 살아 움직이는 듯한 느낌.
의궤[명사]　样本 / 예전에, 나라에서 큰일을 치를 때 후세에 참고를 위하여 그 일의 처음부터 끝까지의 경과를 자세하게 적은 책.
수묵화[명사]　水墨画 / <미술> =먹그림.
노년[명사]　老年 / 나이가 들어 늙은 때. 또는 늙은 나이.
자화상[명사]　自画像 / <미술> 스스로 그린 자기의 초상화.
인쇄되다[동사]　印刷 / <출판> 잉크를 사용하여 판면(版面)에 그려져 있는 글이나 그림 따위를 종이, 천 따위에 박아 내다.
　* 상표가 상자 안쪽에 인쇄되어 있다.
화원[명사]　画院
천재[명사]　天才 / 선천적으로 타고난, 남보다 훨씬 뛰어난 재주. 또는 그런 재능을 가진 사람.
영조[명사]　英祖 / <인명> 조선 제21대 왕(1694~1776). 이름은 금(昑). 자는 광숙(光叔). 호는 양성헌(養性軒). 탕평책을 써서 당쟁 제거에 힘썼고, 균역법의 시행, 신문고의 부활,《동국문헌비고》따위의 편찬 등 많은 업적을 남겼다. 재위 기간은 1724~1776년이다.
정조[명사]　正祖 / <인명> 조선 제22대 왕(1752~1800). 이름은 산(祘). 자는 형운(亨運). 호는 홍재(弘齋). 시호는 문성무열성인장효왕(文成武烈聖仁莊孝王). 탕평책을 써서 인재를 고루 등용하고, 실학을 크게 발전시켜 조선 후기 문화의 황금시대를 이룩하였다. 재위 기간은 1776~1800년이다.
순조[명사] 纯祖 / <인명> 조선의 제23대 왕(1790~1834). 이름은 공(玜). 자는 공보(公寶). 호는 순재(純齋). 가톨릭교를 탄압하였다. 재위 기간은 1800~1834년이다.
임금[명사] 皇上 / 군주 국가에서 나라를 다스리는 우두머리.
총애[명사] 宠爱 / 남달리 귀여워하고 사랑함.
권세[명사] 权势 / 권력과 세력을 아울러 이르는 말.
누리다[동사] 享受 / 생활 속에서 마음껏 즐기거나 맛보다.
 * 그는 지금 행복을 누리고 있다.
풍문[명사] 门风
모조리[명사] 全部,完全 / [부사]하나도 빠짐없이 모두.
 * 집 안에 있는 시계가 모조리 고장 났다.

1. <바람의 화원>의 인물은 누구입니까? 어떤 사람입니까?

2. 김홍도가 잘하는 것이 아닌 것은 무엇입니까?
  1) 서당   2) 씨름   3) 수묵화   4) 서양화

3. 이 두 사람의 몇 가지 알려지지 않은 사실이 무엇입니까?

4. 두 사람의 인생은 어떻게 다릅니까?

 마당 3

새 단어:
욕구[명사] 欲望,欲求 / 무엇을 얻거나 무슨 일을 하고자 바라는 일.
충족시키다[동사] 满足,使充足
작용하다[동사] 作用 / 어떠한 현상을 일으키거나 영향을 미치다.
 * 내신 성적이 합격 여부에 큰 변수로 작용할 것이다.
하여금[동사] 让,使 / 누구를 시키다.
 * 과도한 후회와 심통은 그로 하여금 눈물조차 못 흘리게 하였다.
해소시키다[동사] 解除,消除
고전[명사] 古典 / 옛날의 의식(儀式)이나 법식(法式).

재현[명사] 再现 / 다시 나타남. 또는 다시 나타냄.
밀접하다[형용사] 密切 / 아주 가깝게 맞닿아 있음. 또는 그런 관계에 있다.
공감[명사] 同感 / 남의 감정, 의견, 주장 따위에 대하여 자기도 그렇다고 느낌. 또는 그렇게 느끼는 기분.
보급되다[동사] 普及 / 널리 펴서 많은 사람들에게 골고루 미치게 하여 누리게 하다.
　　*지금 인터넷이 시골까지 보급되고 있다.
추악하다[형용사] 丑恶, 肮脏 / 더럽고 흉악하다.
문민정부[명사] 文人政府 / 직업 군인이 아닌 일반 국민이 수립한 정부.

1. 한국 드라마가 프로그램 편성의 양을 많이 차지하는 이유는 무엇입니까?

2. 한국 드라마에 관해 다른 것은 무엇입니까?
　1) 드라마는 한국에서 시작된 예술 장르다.
　2) 한국 드라마는 한국 현대 사회를 반영하고 사람들의 삶의 고통을 해소시킬 수 있는 것이다.
　3) 경제 성장 때문에 텔레비전이 보급되면서 드라마가 한국 사람들의 생활을 차지 하게 되었다.
　4) '질투'라는 드라마가 90년대의 대표적인 드라마다.

3. 20세기 80년대 중반에서 90년대 초반까지의 한국 드라마의 특징은 무엇이었습니까?

4. 20세기 80년대와 90년대의 드라마가 아닌 것은 무엇입니까?
　1) 여명의 눈동자　　2) 모래시계　　3) 겨울 연가　　4) 질투

마당 4

새 단어:
남희석 南熙硕(人名)
진행[명사] 进行 / 앞으로 향하여 나아감.
다운되다[동사] 电脑死机 / 컴퓨터 시스템에 문제가 생겨서 작동이 일시적으로 중단된 상태.
민망해지다[동사] 过意不去
패널(panel)[명사] 板
발언[명사] 发言 / 말을 꺼내어 의견을 나타냄. 또는 그 말.

> 취지[명사]   意旨 / 어떤 일의 근본이 되는 목적이나 긴요한 뜻.
> MC(master of ceremonies)[명사]   主持人 / 연예 공연이나 퀴즈, 쇼, 인터뷰 따위의 방송 프로그램을 진행하는 사회자.
> 몸짱[명사]   身材好的人 / 몸매가 좋다는 뜻.
> 불화[명사]   不和 / 서로 화합하지 못함. 또는 서로 사이좋게 지내지 못함.
> 바람[명사]   希望 / '바라다' 의 명사형.

1. 이 메일은 누가 누구한테 보내는 것입니까?

2. 메일에서 말하는 프로그램의 문제점은 무엇입니까?

3. 오늘 프로그램 중에 무슨 문제가 있습니까?

4. 당신이 남의석 씨라면 어떻게 답장을 보내 드릴 것입니까? 한번 써 보세요.

마당 5

> 새 단어:
> 홈피(homepage)[명사]   主页 / 홈페이지의 구두말.
> 빠짐없이[부사]   一个不漏地 / 하나도 빠뜨리지 아니하고 모두 다 있다.
> 반성[명사]   反省 / 자신의 언행에 대하여 잘못이나 부족함이 없는지 돌이켜 봄.
> 질책[명사]   自责 / 꾸짖어 나무람.
> 압축[명사]   压缩 / 물질 따위에 압력을 가하여 그 부피를 줄임.
> 출연자[명사]   演出人员 / 연기, 공연, 연설 따위를 하기 위하여 무대나 연단에 나가는 사람.
> 막대기[명사]   棒子,杆子 / 가늘고 기다란 나무나 대나무의 토막.
> 오디오(audio)[명사]   音响 / 음악 따위를 효과적인 소리로 듣기 위한 장치를 통틀어 이르는 말.
> 녹화[명사]   录像 / 사물의 모습이나 움직임 따위를 나중에 다시 볼 수 있도록 텔레비전 카메라나 비디오카메라 또는 비디오 기기를 통하여 필름, 테이프 따위에 자기적(磁氣的), 광학적(光學的)으로 담아 둠.
> 엉키다[동사]   缠绕,环 / '엉클어지다' 의 준말.
>   * 갑작스러운 일이 생기는 바람에 주말 계획은 완전히 엉켜 버리고 말았다.

진행자[명사]　主持人 / 행사나 오락 프로그램 따위의 진행 과정을 주도하는 사람.
콜(call)[명사]　呼叫,麦克 / 마이크.
멘트(ment)[명사]　宣布 / 방송에서의 진행자 또는 예식에서의 사회자의 말. "announcement"에서 유래함.
리액션(reaction)[명사]　再来一遍 / 촬영을 다시 시작한다는 뜻으로 감독이 외치는 말.
암튼[부사]　反正,无论如何 / 아무튼의 구두말.

1. 윗글은 누가 누구에게 쓴 글인 것 같습니까?

2. 홈피에 시청자들이 남긴 글에 대해 프로그램의 진행자는 어떻게 생각하고 있습니까?

3. 시청자들이 지적한 문제점은 무엇입니까? MC는 어떻게 답변을 해 드렸습니까?

문제 \ 답변	시청자들이 지적한 문제점	MC의 답변
1		
2		
3		
4		

제20과 선거 이야기

학습 내용: 선거에 관한 화제를 익힌다.
질문: 깨끗한 선거를 위해서는 어떻게 해야 한다고 생각합니까?

12월 19일날은 대통령 선거 날입니다.

선거 투표소

 마당 1

새 단어:
부정부패[명사]   貪汚 / 생활이 깨끗하지 못하고 썩을 대로 썩음.
근원지[명사]   根源 / 사물의 근원이 되는 곳.
지탄[명사]   指責,責罵 / 잘못을 지적하여 비난함.
시도[명사]   試圖 / 어떤 것을 이루어 보려고 계획하거나 행동함.
손대다[동사]   觸碰,沽染 / 어떤 일에 관계하다.
   *위험한 물건에 함부로 손대지 마시오.
과대표[명사]   系代表,系主任

제20과 선거 이야기   143

구성원[명사]   成员 / 어떤 조직이나 단체를 이루고 있는 사람들.
국회의원[명사]   国会议员 /〈법률〉 국민의 대표로서 국회를 이루는 구성원. 국민의 선거에 의하여 선출된다.
선거철[명사]   选举季节 / 선거일을 전후한 얼마 동안의 시기.
후보[명사]   候选人 / 선거에서, 어떤 직위나 신분을 얻으려고 일정한 자격을 갖추어 나섬. 또는 그런 사람.
선출하다[동사]   选出 / 여럿 가운데서 골라내다.
  *대의원들은 부통령을 차기 대통령 후보로 선출하였다.
공약[명사]   诺言 / 정부, 정당, 입후보자 등이 어떤 일에 대하여 국민에게 실행할 것을 약속함. 또는 그런 약속.
정파[명사]   政治派别 /정치에서의 이해관계에 따라 따로따로 모인 무리.
바위[명사]   岩石 / 부피가 매우 큰 돌.

대화 1

1. 정치인들이 욕을 먹는 이유가 아닌 것은 무엇입니까?
   1) 제도를 바꾼다.
   2) 부정부패의 근원
   3) 국민의 기대에 어긋났다.
   4) 정치인들이 개혁을 하는 척한다.

2. 젬스는 한국 정치에 어떻게 생각하십니까?

대화 2

1. 들은 내용과 같은 것을 고르십시오.
   1) 여자는 과대표를 뽑는 데에 관심이 많다.
   2) 여자는 과대표를 뽑는 데에 관심이 없다.
   3) 남자는 다른 학과 과대표를 뽑는 데에 불만이 많다.
   4) 남자는 다른 학과 과대표를 뽑는 데에 불만이 있다.

2. '남의 잔치에 감 놔라 배 놔라 한다'는 말은 무슨 뜻입니까?

대화 3

1. 국회의원을 어떻게 뽑아야 한다고 생각하십니까?

2. 일반 시민들은 정치인들의 의식을 개혁을 하는 일에 대해 어떻게 생각하십니까?

마당 2

새 단어:
사공[명사] 船工 / 뱃사공.
청와대[명사] 青瓦台 / 서울 경복궁 뒤 북악산 기슭에 있는 한국 대통령 관저.
뒤집다[동사] 翻过来 / 그는 주머니를 뒤집어 먼지를 털었다.
맞받아치다[동사] 正面对应
　*그녀는 발끈 화를 내며 그의 말을 맞받아쳤다.
갈피[명사] 思路, 头绪 / 일이나 사물의 갈래가 구별되는 어름.

1. 사공이 많으면 배가 산으로 올라간다는 속담은 무슨 뜻입니까?

2. 요즘의 정부의 경제정책은 어떻게 되었습니까?

 마당 3

새 단어:
훑다[동사] 舐 / 붙어 있는 것을 떼기 위하여 다른 물건의 틈에 끼워 죽 잡아당기다.
　*구석구석 먼지를 훑어 낸다.
한탄[명사] 饮恨 / 원통하거나 뉘우치는 일이 있을 때 한숨을 쉬며 탄식함. 또는 그 한숨.
부정적[명사][관형사] 否定的 / 그렇지 아니하다고 단정하거나 옳지 아니하다고 반대하는. 또는 그런 것.
긍정적[명사][관형사] 肯定的 / 그러하거나 옳다고 인정하는. 또는 그런 것.

1. 이 책은 무엇을 설명해 주는 책입니까?

2. 여러 사람들에게 이 책을 추천하는 이유는 무엇입니까?

마당 4

새 단어:
　고장[명사]　故乡
　차기[명사]　下一任 / 다음 시기
　단체장[명사]　地方自治团体的团长 / 지방 자치 단체의 장.
　지방의회[명사]　地方议会 /〈법률〉지방 자치 단체의 의결 기관. 시, 군, 구에 설치하는 기초 의회와 특별시, 광역시, 도에 설치하는 광역 의회가 있다.
　의원[명사]　议员 / 국회나 지방 의회와 같은 합의체(合議體)의 구성원으로 의결권을 가진 사람.
　당일날[명사]　当天
　지방선거[명사]　地方选举
　녹지[명사]　绿地
　조성하다[동사]　组成 / 무엇을 만들어 어루다.
　　＊한강 변에 시민 공원을 조성했다.
　보존하다[동사]　保存 / 잘 보호하고 간수하여 남기다.
　　＊그는 전통문화를 잘 보존했다.
　접목시키다[동사]　使……结合,嫁接 / 둘 이상의 다른 현상 따위를 알맞게 조화시키다.
　　＊우리는 전통 문화를 현대적 감각과 접목시켰다.
　낙후되다[동사]　落后 / 기술이나 문화, 생활 따위의 수준이 일정한 기준에 미치지 못하고 뒤떨어지다.
　　＊물자가 부족하고 생산 기술이 낙후됐던 시절에 전기도 부족했다.
　내걸다[동사]　豁出去 / 목표, 주제, 조건 따위를 앞세우거나 내세우다.
　　＊백화점은 자동차를 경품으로 내걸고 판촉 활동을 벌였다.

1. 들은 내용과 다른 것을 고르십시오.
   1) 이번 선거는 지방 단체장과 지방의원을 뽑는 선거다.
   2) 요즘 젊은 사람들은 정치에 관심이 없고 후일에만 관심이 간다.
   3) 지방선거는 풀뿌리처럼 중요하다.
   4) 우리 고장에는 후보자는 2명밖에 없다.

2. 기호 1번과 2번 후보자의 각자 주장은 무엇입니까? 빈칸을 채우십시오.

후보자	주장	공약
기호 1번 후보자		
기호 2번 후보자		

3. 환경을 보존하는 중요성을 이야기해 보십시오.

마당 5

새 단어:

국회의사당[명사] 国会议会堂 / <정치> 국회가 열리는 건물.
취임식[명사] 就职仪式 / 취임할 때 관계자를 모아 놓고 행하는 의식.
거행되다[동사] 举行 / 의식이나 행사 따위를 치르다.
　　*결혼식이 거행되는 동안 신랑과 신부는 긴장된 표정이 역력했다.
귀빈[명사] 贵宾 / 귀한 손님
선진화[명사] 先进化 / 문물의 발전 단계나 진보 정도가 다른 것보다 앞서게
　　됨.
선포하다[동사] 宣布 / 세상에 널리 알리다.
　　*세종대왕은 한글을 창제하여 백성들에게 선포하였다.
원년[명사] 元年 / 임금이 즉위한 해.
학업[명사] 学业 / 주로 학교에서 일반 지식과 전문 지식을 배우기 위하여 공부
　　하는 일.
회장[명사] 会长, 董事长 / 회사에서 사장 위의 직책. 흔히 주식회사 따위에서
　　이사회의 우두머리를 이른다.
복원[명사] 复原 / 원래대로 회복함.
청계천[명사] 清溪川
조직[명사] 组织 / 특정한 목적을 달성하기 위하여 여러 개체나 요소를 모아서
　　체계 있는 집단을 이룸. 또는 그 집단.
질서[명사] 秩序 / 혼란 없이 순조롭게 이루어지게 하는 사물의 순서나 차례.
펼치다[동사] 展开 / 펴서 드러낸다.
　　*큰 독수리가 날개를 펼쳤다.
분단되다[동사] 分裂 / 하나의 단체를 몇 개의 작은 단위로 나눔. 또는 그 집단.
　　*6·25전쟁 후 한반도는 남과 북으로 분단되었다.
실용주의[명사] 实用主义 / <철학> 19세기 후반 이후 미국을 중심으로, 실제
　　결과가 진리를 판단하는 기준이라고 주장하는 철학 사상.
비핵[명사] 无核 / 핵무기로 무장을 하지 아니함.
출범[명사] 出台 / 단체가 새로 조직되어 일을 시작함을 비유적으로 이르는 말.

1. 이명박 대통령의 취임식 모습은 어떠했습니까?

2. 이명박 대통령대통령은 대통령이 되기 전에 어떤 사람이었습니까?

3. 이명박 정부의 정책을 요약해서 말해 보십시오.

4. 이명박 정부의 비핵·개방3천이라는 대북정책은 무엇입니까?

5. 대한민국의 발전을 위해 무엇이 가장 필요한 것이라고 생각합니까?

제21과 한복

학습 내용: 한복 및 한복의 역사, 각 부분의 명칭을 익힌다.
질문: 1. 그림을 보면서 한복의 각 부분의 명칭을 이야기해 보세요.
2. 한국 문화의 상징은 무엇일까요? 이야기해 보세요.

마당 1

새 단어:

저고리[명사] 小上衣 / 한복 윗옷의 하나. 길, 소매, 섶, 깃, 동정, 고름, 끝동, 회장 따위가 갖추어져 있다. 겹저고리와 핫저고리가 있다.

풍기다[동사] 散发 / (비유적으로) 어떤 분위기가 나다. 또는 그런 것을 자아내다.

조끼[명사] 背心 / 배자(褙子)와 같이 생긴 것으로, 한복에는 저고리나 적삼 위에, 양복에는 셔츠 위에 덧입는, 소매가 없는 옷.
마고자[명사] 马甲 / 저고리 위에 덧입는 방한복의 하나. 저고리와 비슷하게 생겼으나 깃과 고름이 없고 앞을 여미지 않으며, 단추를 달아 입는다.
예법[명사] 礼节 / 예의로써 지켜야 할 규범.
안타까이[부사] 焦急地 / 뜻대로 되지 아니하거나 보기에 딱하여 가슴 아프고 답답하게.
동치미[명사] 萝卜泡菜 / 무김치의 하나. 흔히 겨울철에 담그는 것으로 소금에 절인 통무에 끓인 소금물을 식혀서 붓고 심심하게 담근다.
오이소박이[명사] 黄瓜泡菜 / 오이의 허리를 서너 갈래로 갈라 속에 파, 마늘, 생강, 고춧가루를 섞은 소를 넣어 담는 김치.
고차원적[관형사][명사] 高层次的 / 생각이나 행동 따위의 수준이 높은. 또는 그런 것.

각각의 내용을 듣고 질문에 답하십시오.
앞에 나온 한국 상징 외에 또 다른 것이 있습니까? 있다면 무엇입니까?
1. (   ) 2. (   ) 3. (   ) 4. (   ) 5. (   )

 마당 2

새 단어:
주되다[동사] 主要, 基本 / (주로 '주된', '주되는' 꼴로 쓰여) 주장이나 중심이 되다.
 * 농악은 꽹과리 리듬이 주가 되는 리듬 음악이다.
만주족[명사] 满族 / 중국 소수민족의 하나로 역사상 여진의 전신이며 청나라를 세웠다.
대원군[명사] 大院君 / 『인명』흥선 대원군.
유거[명사] 隐居 / 속세를 떠나 외딴곳에서 삶.
풀려나다[동사] 放, 解除 / 억압받던 상태에서 벗어나 자유로운 상태가 되다.
 *광복절 특별 사면으로 수백 명의 모범수가 풀려났다.
깃[명사] 衣领 / 옷깃.
섶[명사] 衣襟 / 덩굴지거나 줄기가 가냘픈 식물이 쓰러지지 아니하도록 그 옆에 매거나 꽂아서 세워 두는 막대기.
옷고름[명사] 衣襟 / 저고리나 두루마기의 깃 끝과 그 맞은편에 하나씩 달아 양편 옷깃을 여밀 수 있도록 한 헝겊 끈.

1. 그림을 보고 어느 것이 남성용, 어느 것이 여성용인지 맞춰 보십시오.
   1)

   2)

2. 들은 내용과 같으면 ○표, 다르면 ×표를 하십시오.
   1) 남성용 마고자는 원래 한국 전통 옷이었다. (   )
   2) 남성용 마고자는 대원군이 중국으로 여행갔을 때 가져온 것이다.(   )
   3) 남성용 마고자는 방한복이기도 하고 사치복이기도 하다. (   )
   4) 여성용 마고자는 옛날에 방한복이었지만 지금 나들이복이기도 하다. (   )

 마당 3

> 새 단어:
> 심성[명사]   心性 / 타고난 마음씨.
> 상체[명사]   上身 / 물체나 신체의 윗부분.
> 하체[명사]   下身 / 물체나 신체의 아랫부분.
> 폭[명사]   宽度, 幅宽 / 너비.
> 큼지막하다[형용사] 粗大 / 꽤 큼직하다.
> 율동적[관형사][명사]   有节奏的 / 움직이는 사람이나 물체의 흐름새가 일정한 사이를 두고 조화롭게 규칙적으로 되풀이되는. 또는 그런 것.
> 단위[명사]   单位 / 길이, 무게, 수효, 시간 따위의 수량을 수치로 나타낼 때 기초가 되는 일정한 기준. 근, 되, 자, 그램, 리터, 미터, 초 따위가 있다.
> 부피[명사]   体积 / 넓이와 높이를 가진 물건이 공간에서 차지하는 크기.
> 버선코[명사]   布袜尖儿 / 버선 앞쪽 끝에 뾰족하게 올라온 부분.

1. 폭이 넓은 여자 한복의 장점이 아닌 것은 무엇입니까?
   1) 안정적이다.
   2) 우아한 아름다움이 있다.
   3) 걸어다니기가 불편하다.
   4) 걸을 때 율동적인 아름다움이 나타난다.

2. 한복을 입지 않는 시기는 언제입니까?
   1) 결혼할 때   2) 생일 파티 때
   3) 명절을 지낼 때   4) 놀러 갈 때

3. 한복이 갖는 곡선의 아름다움은 무엇입니까?

4. 들은 내용과 같으면 ○표, 다르면 ×표를 하십시오.
   1) 한국의 산은 높고 봉우리가 뾰족하다. (   )
   2) 한복은 한국인들의 심성을 대표하기도 하고 한국의 아름다움을 대표하기도 한다.
      (   )
   3) 한복 상의는 짧고 하의는 폭이 넓다. (   )
   4) 옛날 사람들은 여유있게 세상을 포용하면서 살았고 지금 사람들은 바쁘게 산다.
      (   )

마당 4

새 단어:
직선[명사]   直线 / 꺾이거나 굽은 데가 없는 곧은 선.
조화[명사]   谐调 / 서로 잘 어울림.
이루다[동사] 形成 / 어떤 대상이 일정한 상태나 결과를 생기게 하거나 일으키거나 만들다.
  *일등을 했다는 소식을 듣고 그녀는 어젯밤에 잠을 이루지 못했다.
평민[명사]   平民, 老百姓 / 특권 계급이 아닌 일반 시민.
흔적[명사]   痕迹 / 어떤 현상이나 실체가 없어졌거나 지나간 뒤에 남은 자국이나 자취.
무덤 [명사] 坟墓 / 송장이나 유골을 땅에 묻어 놓은 곳.
몽골족[명사] 蒙古族 / 중국 소수민족의 하나로, 주로 네이멍구, 지린 등의 지역에 분포함.
얼[명사]   灵魂 / 정신의 줏대.

1. 내용을 듣고 틀리면 ×표, 맞으면 ○표를 하십시오.
   1) 여성 한복은 치마 저고리를 기본으로 하고 남성 한복은 바지 저고리를 기본으로 멋을 냈다. (   )
   2) 한복은 계절에 따라, 신분에 따라 입는 예법이나 소재, 색상이 모두 같다.
      (   )
   3) 최근 들어 사람들은 개량 한복을 많이 입고 있다. (   )

4) 한복의 역사는 고구려시대로부터 시작되었다. (　　　)
5) 한복은 중국의 영향만 받았다. (　　　)
6) 한국 사람들은 명절이나 결혼식 같은 특별한 날에 한복을 자주 입는다. (　　　)

2. 다음 빈칸을 채우십시오.
   1) 여성은 짧은 저고리와 넉넉한 치마로 우아한 멋을 풍겼으며, 남성은 바지 (　　) 를 기본으로 (　　)와 (　　)로 멋을 냈습니다.
   2) (　　)답게 기본색은 (　　)이었으며 계절에 따라, 신분에 따라 입는 (　　)이나 소재, 색상이 모두 달랐습니다.
   3) 최근 국내에는 한복의 장점에 실용성을 가미한 (　　) 한복이 자리 잡아가고 있습니다.
   4) 한국의 역사는 (　　), (　　), (　　)의 삼국시대로부터 시작되었습니다.
   5) 한복은 둥글고, 조용하고, 한국의 얼을 담고 있습니다. (　　)나 (　　), (　　)로 주로 만들어졌으며, 고름의 색상이나 소매통 색상이 여자의 신분을 나타냅니다. 또한 (　　)와 (　　), (　　)에 따라 색상의 변화를 줄 뿐 옷의 모양은 안동의 시골 아낙이나 대통령 부인이나 모두 똑 같습니다.

3. 내용을 듣고 질문에 답하십시오.
   1) 한국의 여성과 남성은 어떻게 각자의 멋을 냅니까?

   2) 한민족은 또 무슨 민족이라고 합니까?

   3) 한복의 역사는 언제부터 시작되었습니까?

   4) 한복의 장점은 무엇입니까?

 마당 5

새 단어:
챙기다[동사]　收拾, 整理 / 필요한 물건을 찾아서 갖추어 놓거나 무엇을 빠뜨리지 않았는지 살피다.
  *그는 무슨 일이 있더라도 하루 밥 세 끼는 꼬박꼬박 챙겨 먹는다.
간소해지다[동사]　变少
추세[명사]　趋势 / 어떤 현상이 일정한 방향으로 나아가는 경향.

자락[명사]　下摆 / 옷이나 이불 따위의 아래로 드리운 넓은 조각.
부풀리다[동사]　夸张 / '부풀다'의 사동사.
숙어지다[동사]　低头 / 고개나 머리 따위가 앞으로 기울어지다.
　*그는 수줍음으로 머리가 저절로 숙어졌다.
맵시[명사]　俏丽 / 아름답고 보기 좋은 모양새.
당혜[명사]　唐鞋, 过去穿的高跟尖头小皮鞋 / 예전에 사용하던 울이 깊고 앞 코가 작은 가죽신. 흔히 앞 코와 뒤꿈치 부분에 꼬부라진 눈을 붙이고 그 위에 덩굴무늬를 새긴 것으로, 남녀가 다 신었다.
목선[명사]　木船 / 사람의 몸이나 옷에서, 귀의 아랫부분에서 양어깨까지 이르는 부분을 이루는 선.

1. 들은 내용과 같은 것을 고르십시오.
　1) 한복은 추석 때만 입는다.
　2) 한복은 간소해지고 있다.
　3) 지금 한복은 치마 자락이 땅에 끌리도록 길다.
　4) 옛 남자와 지금 남자 한복의 색깔은 완전히 다르다.

2. 한복을 입을 때 남자가 삼가해야 할 것은 무엇입니까?
　1) 구두를 신는 것이다.
　2) 속바지를 꼼꼼하게 챙기는 것이다.
　3) 진한 색 양말을 신는 것이다.
　4) 한복을 제대로 갖춰서 입는 것이다.

3. 한복을 입을 때 여자가 삼가해야 할 것은 무엇입니까?
　1) 작은 귀걸이나 반지를 착용하는 것이다.
　2) 평소보다 밝고 화려하게 화장하는 것이다.
　3) 여자의 경우 버선 대신 양말을 신는 것이다.
　4) 여자의 경우 긴 머리를 늘어뜨리는 것이다.

4. 포인트가 되는 장식품이 아닌 것은 무엇입니까?
　1) 머리핀
　2) 댕기
　3) 비녀
　4) 뒤꽂이

5. 여자가 한복을 입을 때 어떻게 화장을 해야 합니까?

제22과 사람을 감동시키는 글 (1)

학습 내용: 아래 이야기를 듣고 자기말로 다시 친구한테 이야기해 보세요.

 마당 1

새 단어:
한아름[명사] 一拢, 一抱 / 두 팔을 벌여 감싸안을 정도의 크기나 둘레.
몫[명사] 份儿 / 여럿으로 나누어 가지는 각 부분. 녹쿼터.
할당[명사] 份额, 配额 / 몫을 갈라 나눔.
지독하다[형용사] 毒辣, 厉害 / 마음이 매우 앙칼지고 모질다.
샤프펜슬(sharp pencil)[명사] 自动铅笔

제22과 사람을 감동시키는 글 (1)

> 딴말[명사]   无关的话 / 주어진 상황과 아무런 관련이 없는 말.
> 물물교환[명사]   物物交换 / <경제> 돈으로 매매하지 않고 직접 물건과 물건을 바꾸는 일. 교환의 가장 원시적 형태이다.
> 깊이깊이[부사]   深深地 / 생각이 아주 듬쑥하고 신중하게.
> 아쉬움[명사]   可惜 / 아쉬워하는 마음. 또는 그런 상태.
> 차곡차곡[부사]   整整齐齐,有头绪 / 물건을 가지런히 겹쳐 쌓거나 포개는 모양.

1. 어렸을 때 나는 아버님께서 출장갔다 오신 후에 사 주신 선물을 어떻게 했습니까?

2. 어렸을 때 동생은 아버님께서 출장갔다 오신 후에 사 주신 선물을 어떻게 했습니까?

3. 생일선물을 받았을 때 무슨 마음을 먹었습니까? 나중에 어떠했습니까?

4. 결혼 전날에 동생은 나한테 무슨 소중한 선물을 줬습니까?

 마당 2

> 새 단어:
> 가시[명사]   刺 / 바늘처럼 뾰족하게 돋친 것.
> 꺼이꺼이[부사]   呜呜地(哭) / 큰 목소리로 목이 메일 만큼 요란하게 우는 모양.
> 덮치다[동사]   盖,覆盖 / 좋지 아니한 여러 가지 일이 한꺼번에 닥쳐오다.
>   *그는 피로에 감기까지 덮치는 바람에 일을 제대로 하지 못했다.
> 위염[명사]   胃炎 / <의학> 위 점막에 생기는 염증성 질환을 통틀어 이르는 말.
> 차도[명사]   起色 / 병이 조금씩 나아가는 정도.
> 통증[명사]   痛感 / 아픈 증세.
> 위암[명사]   胃癌 / <의학> 위에 발생하는 암.
> 청천벽력[명사]   晴天霹雳 / 맑게 갠 하늘에서 치는 날벼락이라는 뜻으로, 뜻밖에 일어난 큰 변고나 사건을 비유적으로 이르는 말.
> 명약[명사]   名药 / 효험이 좋아 이름난 약.
> 세상천지[명사]   人间世上 / {주로 '세상천지에' 꼴로 쓰여} '세상'을 강조하여 이르는 말.
> 아랑곳없이[부사]   不理睬,不搭理 / 아랑곳없다.
> 기력[명사]   气力 / 사람의 몸으로 활동할 수 있는 정신과 육체의 힘.

장기[명사]　内脏器官 / <의학> 내장의 여러 기관.
찡긋하다[동사]　皱眉 / 눈이나 코를 약간 찡그리다.
　*검은 눈썹을 한 번 찡긋하고 다리에 힘을 주며 내려선다.
영정[명사]　灵台,灵堂 / 제사를 지낼 때 위패 대신 쓰는, 사람의 얼굴을 찍은 사진.

1. 처음에는 어머님의 병을 무슨 병으로 여겼습니까? 정밀검사를 한 결과는 어땠습니까?

2. 어머님이 죽기 전에 아들한테 무슨 소원을 말했습니까?

3. 아들은 어머님한테 무슨 거짓말을 했습니까?

4. 아들은 어머님한테 왜 거짓말을 했습니까?

5. 의사 선생님이 아들의 말을 듣고 왜 당황스러웠습니까?

마당 3

새 단어:
콜록[부사]　咳嗽声 / 감기나 천식 따위로 가슴 속에서 울려 나오는 기침 소리.
핑계[명사]　借口 / 잘못한 일에 대하여 이리저리 돌려 말하는 구차한 변명.
뜸하다[형용사]　稀疏 / '뜨음하다'의 준말.
허해지다[동사]　变得虚弱 / 약해지다.
꾸짖다[동사]　责怪,斥责 /『…을』『…에게 -고』주로 아랫사람의 잘못에 대하여 엄격하게 나무라다.
　*그는 아이에게 거짓말을 하지 말라고 꾸짖는다.
짓찧다[동사]　使劲捣,乱捣 / 함부로 몹시 찧다.
　*발로 차고 주먹으로 볼때기를 짓찧어 주었다.
파스(PAS) [명사]　止痛贴 / 타박상, 근육통, 신경통 따위에 쓰이는 소염 진통제.
숭숭[부사]　密密麻麻地,大块大块地 / 연한 물건을 조금 굵직하게 빨리 써는 모양.

명치[명사]　心口,心坎儿 / <의학> 사람의 가슴뼈 아래 한가운데의 오목하게 들어간 곳. 급소의 하나이다.
짓눌리다[동사]　被压抑 / '짓누르다'의 피동사.
　*공포에 짓눌려 말이 제대로 나오지 않는다.

1. 엄마가 왜 딸한테 전화를 하셨습니까?

2. 딸은 무슨 꿈을 꿨습니까?

3. 각자 부모님한테 효도를 어떻게 드려야 할지 이야기하십시오.

마당 4

새 단어:
귀퉁이[명사]　角落 / 사물이나 마음의 한구석이나 부분.
진열대[명사]　陈列台,展台 / 물건이나 상품을 진열해 놓을 수 있도록 만든 대.
비추다[동사]　照 / 빛을 내는 대상이 다른 대상에 빛을 보내어 밝게 하다.
　*엑스선에 가슴을 비추었다.
단골[명사]　常去的店,老顾客 / 단골손님.
외상값[명사]　赊账钱数 / 외상으로 거래한 물건의 값.

1. 학생들은 양심 앞에서 어떻게 문구를 샀습니까?

2. 양심함의 단골손님의 아닌 사람은 누구십니까?
　1) 학부모　　　2) 학생들　　　3) 선생님들　　　4) 교장 선생님

3. 왜 전날에 2천 원이 모자랐는데 이튿날에 통 속의 돈이 더 많아졌습니까?

마당 5

새 단어:
늦둥이[명사] 晚年得子 / 나이가 많이 들어서 낳은 자식.
끔찍이[부사] 可怕 / 정도가 지나쳐 놀랍게.
휘다[동사] 压 / 꼿꼿하던 물체가 구부러지다. 또는 그 물체를 구부리다.
　*상다리가 휘도록 많은 음식을 차렸다.
허덕이다[동사] 挣扎 / 힘에 부쳐 쩔쩔매거나 괴로워하며 애쓰다.
　*자금난으로 허덕이고 있다.
모퉁이[명사] 角落,拐角 / 구부러지거나 꺾어져 돌아간 자리.
손바닥[명사] 手掌 / 손의 안쪽.
꽁보리밥[명사] 大麦饭 / 보리쌀로만 지은 밥.
등록금[명사] 注册费 / 학교나 학원 따위에 등록할 때 내는 돈.
전투복[명사] 战斗服 / <군사> 본래 전투할 때 입기 위하여 만든 옷.
징표[명사] 征兆 / <논리> 일정한 사물이 공통으로 가지는 필연적인 성질로서
　하나의 사물을 다른 사물로부터 구별하는 표가 되는 것.
서약[명사] 誓约 / 맹세하고 약속함.
어버이[명사] 父母 / 아버지와 어머니를 아울러 이르는 말.

1. "나"는 어떻게 자랐습니까?

2. 큰형님은 어떻게 나를 대학까지 보냈습니까?

3. 동생이 결혼한다는 소식을 듣고 큰형님 내외의 반응은 어떠했습니까?

4. 나는 결혼식날에 왜 감동을 먹었습니까?

5. 동생은 앞으로 어떻게 하기로 했습니까?

제23과   사람을 감동시키는 글 (2)

 학습 내용: 아래 이야기를 듣고 자기말로 다시 한번 친구한레 이야기해 보세요.

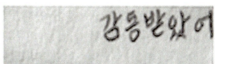

 마당 1

새 단어:
이력[명사] 履历 / 지금까지 거쳐 온 학업, 직업, 경험 등의 내력.
덩치[명사] 个头, 体形 / 몸집.
자자하다[형용사] 纷纷, 广为流传 / 여러 사람의 입에 오르내려 떠들썩하다.
왈가닥[명사] 轻佻女子 / 남자처럼 덜렁거리며 수선스러운 여자.
쟁반[명사] 盘子 / 운두가 얇고 동글납작하거나 네모난, 넓고 큰 그릇. 목재, 금속, 사기 따위로 만들며 보통 그릇을 받쳐 드는 데에 쓴다.
막무가내[명사]　无可奈何 / 도무지 융통성이 없고 고집이 세어 어찌할 수 없음.
점프(jump) [명사]　跳 / 몸을 날리어 높은 곳으로 오름; 육상 경기나 스키따위에서 도약하는 종목.
초인종[명사]　门铃 / 사람을 부르는 신호로 울리는 종.

1. 내용을 듣고 질문에 답하십시오.
    1) 식구는 단순하지만 제 _____ 다른 아이들보다 _____ 가 두 배는 큰 _____ 아들과 온 동네 소문이 자자한 _____ 딸입니다.
    2) 아이들은 짐을 옮기기도 전에 전쟁을 시작했고 무슨 _____ 될지 몰라 걱정하던 나는 그 날로 _____ 들고 아랫층을 찾아갔습니다.
    3) 그리고는 아주 어렵게 _____.
    4) 나는 시끄럽다고 _____ 아들을 올려 보내 _____ 한 아랫집 사람들의 _____ 에 깊은 감사를 전했습니다.

2. 내용과 다른 것을 고르십시오.
    1) '나' 한테는 자식 두 명이 있다.
    2) 한국 사람은 이사한 후에는 보통 떡을 가지고 이웃사람한테 나누어 준다.
    3) 윗집 아랫집 두 아들은 일 주일도 안 돼 친한 친구가 되었습니다.
    4) 새로 이사한 집은 11층 건물입니다.

3. 내가 이사한 후에 왜 걱정을 많이 했습니까?

4. 만약 내가 아랫집의 사람이라면 어떻게 할 것입니까?

 마당 2

새 단어:
쪼르르[부사]　一溜烟, 流水哗啦声 / 가는 물줄기 따위가 빠르게 흘러내리는 소리. 또는 그 모양.
모락모락[부사]　冉冉, 袅袅 / 연기나 냄새, 김 따위가 계속 조금씩 피어오르는 모양.
계란말이[명사]　鸡蛋卷儿 / 달걀을 부쳐서 돌돌 말아 놓은 음식.
끙끙[부사]　哼哼(痛苦状) / 몹시 앓거나 힘에 겨운 일에 부대껴서 자꾸 내는 소리.
막대사탕[명사]　棒棒糖
딱하다[형용사]　难堪, 可怜 / 일을 처리하기가 난처하다.
시큰해지다[형용사]　酸溜溜, 酸疼 / 뼈마디 따위가 저리고 시다.

제23과 사람을 감동시키는 글 (2)

1. 내용을 듣고 빈칸을 채우십시오.
    1) 할머니가 밥 주랴 물을 새도 없이, 연지는 가방을 방에 겨우 던져 놓고 윗층 현저이네로 _____ 달려갔습니다.
    2) 현정엄마는 연지가 집에 놀러 올 때마다 김이 _____ 나는 밥에 계란말이며 새우볶음밥 같은 반찬을 항상 _____ 차려 놓고 연지의 점심을 챙겨 줍니다.
    3) _____ 앓고 있는데 저녁 무렵에 연지가 찾아왔습니다.
    4) _____ 하며 연지를 그냥 돌려보냈습니다.

2. 내용과 다른 것을 고르십시오.
    1) 연지네 집은 111호입니다.
    2) 연지의 할머니는 연지와 현정한테 잘 해 줍니다.
    3) 현정이와 연지 두 친구는 공부를 할 때도 놀 때도 그림자처럼 다녔습니다.
    4) 연지와 현정이는 싸워서 들어오지 말라고 했습니다.

3. 현정이 왜 연지를 들어오지 말라고 했습니까?

마당 3

새 단어:
가장[명사]   一家之长 / 한 가정을 이끌어 가는 사람.
사색[명사]   思索 / 어떤 것에 대하여 깊이 생각하고 이치를 따짐.
닥치다[동사]   碰见, 碰撞 / 어떤 일이나 대상 따위가 가까이 다다르다.
    *위험이 눈앞에 닥치고 있다.
신음[명사]   呻吟 / 앓는 소리를 냄. 또는 그 소리.
소란하다[형용사]   骚乱 / 시끄럽고 어수선하다.
구급차[명사]   救护车 / 위급한 환자나 부상자를 신속하게 병원으로 실어 나르는 자동차.
헐레벌떡[부사]   气喘吁吁 / 숨을 가쁘고 거칠게 몰아쉬는 모양.
저금통[명사]   储蓄罐 / 주로 동전을 모아 둘 수 있게 만든 통.

1. 내용을 듣고 빈칸을 채우십시오.
    1) 소녀의 엄마한테 큰 _____ 가 닥쳤습니다.
    2) 놀랍게도 아이는 수술비쯤은 아무 문제가 되지 않는다는 듯 집으로 달려갔고 한참 뒤 _____ 달려온 아이의 손에는 돼지 _____ 이 들려 있었습니다.
    3) 보기에도 _____ 돼지 저금통에는 십 원짜리 백 원짜리 동전이 _____ 차 있었습니다.

4) 아이가 기대에 _____ 눈으로 의사를 올려다봤지만 그는 고개를 무겁게 _____.

2. 내용과 같은 것을 고르십시오.
   1) 소녀는 엄마 품에 안고 자랐습니다.
   2) 엄마는 신음 소리를 내면서 소녀의 외침과 철부지 어린 동생들의 울음 소리를 다 들었습니다.
   3) 옆방 아저씨가 소란한 소리를 듣고 달려와 구급차를 불러 병원까지 가게 됐습니다.
   4) 수술비가 백 원만 듭니다.

3. 의사 선생님 수술비가 문제된다고 하니 아이는 어떠했습니까?

4. 의사 선생님이 왜 백 원만 필요하다고 했습니까?

 마당 4

새 단어:
뇌질환[명사]   脑部疾病患者 / 뇌부분에 질병이 있는 환자.
중환자[명사]   重患者 / 병세나 상처 따위의 정도가 매우 심한 사람.
회진하다[동사]   会诊 / 의사가 환자의 병실로 돌아다니며 진찰하다.
  *담당 의사가 입원 환자들을 회진하고 있다.
한결같다[형용사]   一样, 一致 / 처음부터 끝까지 변함없이 꼭 같다.
턱[명사]   下巴 / 사람의 입 아래에 있는 뾰족하게 나온 부분.
컨디션(condition)[명사]   身体状况 / 몸의 건강이나 기분 따위의 상태.
악화되다[동사]   恶化 / 어떤 상태, 성질, 관계 따위가 나쁘게 변하여 가다.
  *둘 사이는 이전보다 훨씬 악화되어 말조차 하지 않는다.
헐떡이다[동사]   点头 / 숨을 가쁘고 거칠게 쉬는 소리를 내다.
  *밖에서 놀다가 어디서 그 말을 듣고 급히 뛰어 들어온 듯 막내는 숨을 헐떡이고 있었다.
퀭하다[형용사]   凹陷, 凹下去 / 눈이 쑥 들어가 크고 기운 없어 보이다.
가쁘다[형용사]   急促, 吃力 / 몹시 숨이 차다.
비명[명사]   惨叫, 悲鸣 / 슬피 욺. 또는 그런 울음소리.
병실[명사]   病房 / 병을 치료하기 위하여 환자가 거처하는 방.

1. 내용을 듣고 빈칸을 채우십시오.
   1) 그는 _____ 으로 수술을 앞두고 있는 중환자였다.

제23과 사람을 감동시키는 글 (2) 163

   2) 이 대목에서 그의 대답은 언제나 _____.
   3) 그 말을 들으면 나는 마음이 _____ 그의 아내도 _____ 여왕처럼 _____ 보이며 행복해 했다.
   4) 환자는 _____ 가쁜 숨소리를 내고 있었다.

2. 의사 선생님이 무슨 질문을 하고 환자는 어떻게 대답하였습니까?

3. 어느 날에 의사 선생님이 똑같은 질문을 하고 환자는 어떻게 대답하였습니까?

4. 의사 선생님이 왜 후회했습니까?

마당 5

> 새 단어:
> 교양[명사]   修养, 素质 / 학문, 지식, 사회생활을 바탕으로 이루어지는 품위. 또는 문화에 대한 폭넓은 지식.
> 심리학[명사]   心理学 / <심리> 생물체의 의식 현상과 행동을 연구하는 학문. 예전에는 형이상학 안에 포함하여 생각하였으나 오늘날에는 실험 과학의 경향을 띠고 있다.
> 벅차다[형용사]   吃力, 费劲 / 감당하기가 어렵다.
> 쥐어짜가다[동사]   挤, 攥出 / 억지로 쥐어서 비틀거나 눌러 액체 따위를 꼭 짜내다.
> 웅성웅성[부사]   乱哄哄 / 여러 사람이 모여 소란스럽게 수근거리며 자꾸 떠드는 소리. 또는 그 모양.
> 주절주절[부사]   絮絮叨叨, 喃喃自语 / 낮은 목소리로 말을 계속하는 모양.

1. 내용을 듣고 빈칸을 채우십시오.
   1) 영어에 익숙하지 않은 _____ 전공 과목을 듣기만도 _____ 금발의 아름다운 여교수 제니 선생님에게 반했던 나는 머리를 _____ 공부했습니다.
   2) 여름 방학을 _____ 화창한 여름날입니다.
   3) 들뜨고 _____ 강의실은 찬물을 _____ 은 듯 조용해졌습니다.
   4) 학생들도 저마다 _____ 하고 싶은 일을 떠들어댔고 나도 고민을 시작했습니다.

2. 제니 선생님이 무슨 질문을 던졌습니까?

3. 제니 선생님의 질문에 학생은 어떻게 대답했습니까?

4. 나한테 그 어떤 학문이나 지식보다는 값진 가르침이 무엇입니까?

5. 내가 제니 선생님의 학생이라면 제니 선생님의 질문에 어떻게 대답할 것입니까?

제24과 한국의 경제

학습 내용: 경제와 관련된 대화와 이야기입니다.
질문: 다음 단어를 익혀 봅시다.
한강의 기적, 엔화, IMF, 구조조정, 담보, 대출, 금리, 금리인상, 폭락, 폭등, 코스닥, 나스닥, 증권, 주식

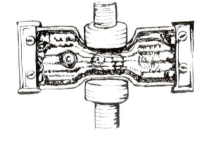

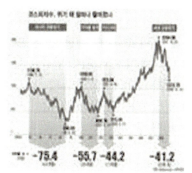

 마당 1

새 단어:
금리[명사] 利息 /『경제』빌려 준 돈이나 예금 따위에 붙는 이자. 또는 그 비율.
아이엠에프(IMF)[명사] 国际货币基金组织；1997~1998년的亚洲金融危机
경리[명사] 会计 / 어떤 기관이나 단체에서 물자의 관리나 금전의 출납 따위를

맡아보는 사무. 또는 그 부서나 사람.
프로젝트(project)[명사]   项目,研究 / 연구나 사업. 또는 그 계획. '연구 과제',
  '일감'으로 순화.
전략[명사]   战略 / 정치, 경제 따위의 사회적 활동을 하는 데 필요한 책략.
납품[명사]   交货品 / 계약한 곳에 주문받은 물품을 가져다 줌. 또는 그 물품.
망하다[동사]   完蛋,倒闭 / 개인, 가정, 단체 따위가 제 구실을 하지 못하고 끝장
  이 난다.
  *아버지의 노름으로 우리 집은 쫄딱 망했다.
엄살[명사]   假装 / 아픔이나 괴로움 따위를 거짓으로 꾸미거나 실제보다 보태
  어서 나타냄. 또는 그런 태도나 말.

대화 1

1. 이 사장님의 안색이 왜 안 좋아 보입니까?

2. 회사가 어려운 원인은 무엇입니까?

대화 2

1. 정욱 씨 요새 출장 안 하는 이유는 무엇입니까?

2. 정욱 씨의 회사에 관한 것은 맞지 않는 것을 고르십시오.
   1) 나진종합프로젝트 입찰에는 성공했다.
   2) 회사 구조조정 중이다.
   3) 옛날에는 비싼 것을 많이 먹었다.
   4) 요새 출장을 별로 안 간다.

대화 3

1. 대화 내용과 다른 것을 고르십시오.
   1) 납품을 합의한 대로 안 했다.
   2) 이번 납품의 수량은 전번보다 적다.
   3) 내년 5월쯤에 경기가 좋아질 것이다.
   4) 두 사람은 식사하러 갈 것이다.

마당 2

새 단어:
악몽[명사]　噩梦 / 불길하고 무서운 꿈.
폭락[명사]　暴跌 / 물건의 값이나 주가 따위가 갑자기 큰 폭으로 떨어짐.
자금[명사]　资金 / 사업을 경영하는 데에 쓰는 돈.
증시[명사]　证券市场 /『경제』'증권 시장'을 줄여 이르는 말.
급락[명사]　暴跌 / 물가나 시세 따위가 갑자기 떨어짐.
상승세[명사]　上升趋势 / 위로 올라가는 기세.
마감[명사]　最后期限, 截止日期 / 정해진 기한의 끝.

1. '악몽의 10월'이란 무슨 뜻입니까?

2. 내용을 듣고 빈 칸을 채우십시오.
세계 증시의 (　　　)과 자금시장의 금리 (　　　) 등으로 전세계를 (　　　)에 (　　　)던 금융위기는 각국의 금리 인하와 달러 유동성 공급 등으로 월 후반에 들어 다소 (　　　)면서 (　　　)을 (　　　)게 했지만 미 뉴욕 증시와 (　　　) 시장, (　　　) 시장 등에서는 지수나 가격의 (　　　)과 (　　　)이 (　　　)면서 각종 기록을 양산했다.

 마당 3

새 단어:
로또(lotto)[명사]　乐透彩票 / 로또 복권. [경제] 1부터 45까지의 수자 가운데 여섯 개의 숫자를 자신이 직접 선택하여 그것이 당첨 번호와 일치하면 당첨금을 지급받는 제도.
당첨금[명사]　中奖金额 / 추첨에서 뽑혔을 때에 당첨자가 받게 되는 돈.
지급되다[동사]　支付 / 돈이나 물품 따위를 정하여진 몫만큼 주어지다.
　*이번 달에는 모든 사원에게 특별 보너스가 지급되었다.
집계[명사]　总计, 合计, 统计 / 이미 된 계산들을 한데 모아서 계산함. 또는 그런 계산.

1. 1등 6개 당첨번호는 얼마입니까?

2. 각 등급의 당첨금은 얼마입니까?

　　1등 _____
　　2등 _____
　　3 등 _____
　　4 등 _____

마당 4

새 단어:

둔화[명사]　钝化 / 느리고 무디어짐.
본격화[명사]　正式进行 / 본격적으로 함. 또는 본격적이 됨.
광공업[명사]　矿业 / 광업과 공업을 아울러 이르는 말.
섬유[명사]　纤维 /『생물』동물 털의 케라틴으로 이루어진 단백질 실.
조업[명사]　开工,开动 / 기계 따위를 움직여 일을 함.
일수[명사]　天数, 日数 / 날의 수.
마이너스(minus)[명사]　负数 / 부족함이나 손실, 적자, 불이익 따위를 이르는 말.
우려[명사]　担心,忧虑 / 근심하거나 걱정함. 또는 그 근심과 걱정.

1. 다음 그림을 보고 맞는 것을 고르십시오.

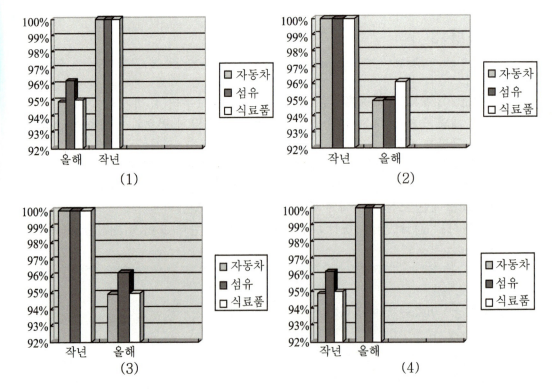

2. 들은 내용과 다른 것을 고르십시오.
   1) 전달에 비해 제조업 생산이 준 것으로 나타났다.
   2) 광공업 생산은 7년 동안 계속 성장했다.
   3) 금융위기가 생산과 소비 감소로 이어지면서 경기 침체의 악순환이 이어질 것입니다.
   4) 금융위기가 둔화하면서 소비가 폭등할 것이다.

 마당 5

새 단어:
   확산[명사]   扩散 / 흩어져 널리 퍼짐.
   동반[명사]   同伴, 伙伴 / 일을 하거나 길을 가는 따위의 행동을 할 때 함께 짝을 함. 또는 그 짝.
   침체[명사]   停滞, 低沉 / 어떤 현상이나 사물이 진전하지 못하고 제자리에 머무름.
   조짐[명사]   征兆, 兆头 / 좋거나 나쁜 일이 생길 기미가 보이는 현상.
   가시화되다[동사]   实现 / 어떤 현상이 실제로 드러남. 또는 실제로 드러나게 하다.
      *대기업들의 중국 진출이 가시화되기 시작했다.
   구제[명사]   救济 / 자연적인 재해나 사회적인 피해를 당하여 어려운 처지에 있는 사람을 도와줌.
   인하[명사]   下调, 下浮 / 가격 따위를 낮춤. '값 내림', '내림'으로 순화.
   해법[명사]   解决办法 / 해내기 어렵거나 곤란한 일을 푸는 방법.
   주목[명사]   瞩目, 注意 / 관심을 가지고 주의 깊게 살핌. 또는 그 시선.
   독자적[관형사][명사]   独占的, 垄断的 / 다른 것과 구별되는 혼자만의 특유한. 또는 그런 것.
   선진국[명사]   发达国家 / 다른 나라보다 정치·경제·문화 따위의 발달이 앞선 나라.
   파이낸셜타임스[명사]   英国经济杂志FT / 영국 경제일간지
   추이[명사]   变化, 变迁 / 일이나 형편이 시간의 경과에 따라 변하여 나감. 또는 그런 경향.

1. 이 프로그램은 무슨 프로그램인 것 같습니까?
   1) 다큐멘터리   2) 이슈와 토론   3) 야간 뉴스   4) 뉴스 논평

2. 이 프로그램은 무엇에 대해 의논할 것입니까?

3. 토론자는 누구입니까?

4. 한국쪽은 무슨 정책을 택했습니까?

제25과 한국의 역사 인물과 옛날 이야기

학습 내용: 심청전, 콩쥐와 팥쥐 등 인물을 익힌다.
질문: 효녀 심청, 콩쥐와 팥쥐의 이야기를 알고 있나요? 알고 있다면 이야기해 보세요.

 마당 1

새 단어:

임꺽정[명사]   林居正 / <인명> 조선 명종 때의 의적(?~1562). 일명 임거정(林巨正)·임거질정(林居叱正). 백정 출신으로, 일부 백성을 모아 황해도와 경기도 일대에서 탐관오리를 죽이고 그 재물을 빼앗아 빈민에게 나누어 주는 일을 하다가, 토포사 남치근에게 붙잡혀 죽었다.

의적[명사]   义贼, 绿林好汉 / 탐관오리들의 재물을 훔쳐다가 가난한 사람을 도와주는 의로운 도적.
백정[명사] 下人, 百姓 / 토지를 직접 경작하는 일반 농민을 이르던 말.
정의롭다[형용사] 正义 / 정의에 벗어남이 없이 올바르다.
종로[명사] 钟路
광화문[명사] 光化门
파루[명사] 罢漏 / 조선시대에, 서울에서 통행금지를 해제하기 위하여 종각의 종을 서른 세 번 치던 일
도성[명사] 都城 / 임금이나 황제가 있던 도읍지가 성으로 이루어져 있었다는 데서, '서울'을 이르던 말.
숭례문[명사] 崇礼门
돈의문[명사] 敦义门
숙정문[명사] 肃靖门
홍인문[명사] 弘仁门
소덕문[명사] 昭德门
창의문[명사] 彰义门
홍화문[명사] 弘化门
광희문[명사] 光熙门
종루[명사] 钟楼
직물[명사] 纺织物 / 씨와 날을 직기에 걸어 짠 물건을 통틀어 이르는 말. 면직물, 모직물, 견직물 따위가 있다.
옷감[명사] 衣料
직녀[명사] 织女
견우[명사] 牛郎
옥황상제[명사] 玉皇大帝
거스르다[동사] 逆, 忤逆
   일이 돌아가는 상황이나 흐름과 반대되거나 어긋나는 태도를 취하다.
   *그는 멋대로 행동함으로써 모두의 뜻을 거슬렀다.
개축하다[동사] 重盖 / 집이나 축조물 따위가 허물어지거나 낡아서 새로 짓거나 고쳐 쌓다.
석축기단[명사] 石坛
성문[명사] 城门 / 성곽(城郭)의 문.

대화 1

1. 들은 내용과 같으면 ○표, 다르면 ×표 하십시오.
   1) 임꺽정은 힘이 세서 한국에서 유명하다. (   )
   2) 임꺽정은 양반출신이었다. (   )
   3) 임꺽정은 자기의 재산을 가난한 사람들한테 나누었다. (   )
   4) 임꺽정은 마지막에 정부에 잡혀서 사형을 당했다. (   )

제25과 한국의 역사 인물과 옛날 이야기   173

2. 들은 내용이 아닌 것을 고르십시오.
   1) 임꺽정은 조선시대 사람이다.
   2) 임꺽정은 가난한 사람은 돕는 의적이다.
   3) 지연 씨는 임꺽정이 어떤 사람인지 모르고 있다.
   4) 임꺽정은 몇 번이나 죽을 뻔했다.

내용 2

1. 종로는 무슨 뜻입니까?

2. 종로의 위치를 그려 보십시오.

내용 3

1. 내용을 듣고 빈칸을 채우십시오.
   1) 둘은 결혼을 했는데 옥황상제의 뜻을 _____ _____ 는 _____ 를 동쪽에 _____ 를 서쪽으로 유배를 보내 _____ 를 사이에 두고 1년에 한번씩 만나도록 했다.
   2) 견우와 직녀의 _____ 들은 _____ 와 _____ 는 해마다 7월 7일이 되면 하늘로 올라가 은하수에 다리를 놓아 주기로 결정을 하였다.
   3) 또 까치와 까마귀와 다리를 _____ 기 때문에 견우와 직녀가 만나는 이 다리를 _____ 라 불렀다.
   4) _____ 저녁에 비가 내리면 사람들은 견우와 직녀가 상봉해서 흘리는 기쁨에 눈물이라 말하고, 이튿날 새벽에 비가 오면 사람들은 _____ 이라 했다.

2. 내용을 듣고 질문에 답하십시오.
   1) 직녀는 왜 직녀라고 합니까?

   2) 견우는 왜 견우라고 합니까?

   3) 칠석 날이 언제일까요?

   4) 여러분이 알고 있는 견우와 직녀의 이야기를 해 보십시오.

내용 4

1. 숭례문을 수리하는 시간이 아닌 것을 고르십시오.
   1) 1447년   2) 1449년   3) 1961-1963년   4) 2008년

2. 연대별로 숭례문에 관해 이야기해 보십시오.
   1) 1395년   2) 1398년   3) 1447년
   4) 1479년   5) 1962년   6) 2008년

마당 2

> 새 단어:
> 용왕[명사]　龙王 / <불교> 바다에 살며 비와 물을 맡고 불법을 수호하는 용 가운데의 임금.
> 도사[명사]　道士 / 도교를 믿고 수행하는 사람.
> 육지[명사]　陆地 / 땅.
> 간[명사]　肝 / <의학> 가로막 바로 밑의 오른쪽에 있는 기관.
> 수궁[명사]　龙宫 / 물속에 있다고 하는 상상의 궁전.
> 자원하다[동사]　自愿 / 어떤 일을 자기 스스로 하고자 하여 나서다.
>   *그는 지방 근무를 자원했다.
> 벼슬[명사]　官职 / 관아에 나가서 나랏일을 맡아 다스리는 자리. 또는 그런 일. 구실보다 높은 직이다.
> 자라[명사]　鳖 / <동물> 자랏과의 하나. 몸의 길이는 30cm 정도로 거북과 비슷하나 등딱지의 중앙선 부분만 단단하고, 다른 부분은 부드러운 피부로 덮였으며 알갱이 모양의 돌기나 융기된 줄이 있다. 딱지는 푸르죽죽한 회색이고 배는 흰색이다. 꼬리는 짧고 주둥이 끝은 뾰족하다. 아시아 동부와 남부, 뉴기니, 아프리카 동부, 북아메리카 등지에 분포한다.
> 환대하다[동사]　款待 / 반갑게 맞아 정성껏 후하게 대접하다.
>   *그는 잔치를 배설하고 손님을 환대했다.
> 어이없다[형용사]　无可奈何, 不得不 / 어처구니없다.

1. 내용을 듣고 질문에 답하십시오.
   1) 용왕은 어떻게 병을 낫게 할 수 있어요?

   2) 자라는 어떻게 토끼를 수궁으로 데려 올 수 있다고 했어요?

   3) 토끼는 어떻게 도망쳤어요?

제25과 한국의 역사 인물과 옛날 이야기

4) 친구끼리 토끼, 용왕, 자라 역을 맡아서 대화를 해 보십시오.

2. 그림을 보고 이야기해 보십시오.

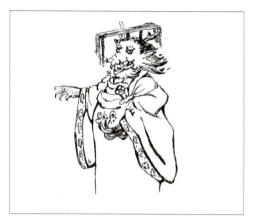

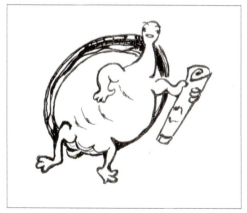

마당 3

새 단어:

악하다[형용사] 恶 / 악.
사납다[형용사] 凶,凶恶 / 성질이나 행동이 모질고 억세다.
놀부[명사] 玩夫(人名) / <문학><흥부전>에 나오는 주인공의 한 사람. 흥부의 형으로 마음씨가 나쁘고 심술궂다.
흥부[명사] 兴夫(人名) / <문학> 고대 소설 <흥부전>의 주인공. 형 놀부로부터 쫓겨났으나 착하고 고운 마음씨를 지녀 뒤에 큰 부자가 되었다.
순하다[형용사] 温顺 / 성질이나 태도가 부드럽다.
유산[명사] 遗产 / 죽은 사람이 남겨 놓은 재산.
독차지하다[동사] 独占,垄断 / 혼자서 모두 차지하다.
  *많은 재산을 그는 독차지했다.
쫓겨나다[동사] 撵,追赶 /『…에서』어떤 장소나 직위에서 내쫓김을 당하다.
  *흥부는 형 놀부의 집에서 쫓겨나 갖은 고생을 했다.
언덕[명사] 丘陵 / 땅이 비탈지고 조금 높은 곳.

제25과 한국의 역사 인물과 옛날 이야기

품팔이[명사]   短工 / 품삯을 받고 남의 일을 해 주는 일. 또는 그 사람.
금은보화[명사]   金银珠宝 / 금은보배.
박[명사]   瓢 / <식물>박과의 한해살이 덩굴풀.
재물[명사]   财物 / 돈이나 그 밖의 값나가는 모든 물건.
뉘우치다[동사]   后悔 /『…을』『-음을』스스로 제 잘못을 깨닫고 마음속으로 가책을 느끼다.
   *집으로 돌아오며 나는 내가 너무 경솔했음을 뉘우쳐야 했다.

1. 들은 내용과 같으면 ○표, 다르면 ×표 하십시오.
   1) 동생 홍부는 형과 형수를 내쫓았다. (   )
   2) 쫓겨난 홍부는 언덕에 기와집을 지어 살았다. (   )
   3) 홍부는 제비가 물어다 준 박 씨를 심고 나서 부자가 되었고 놀부는 제비가 물어다 준 박 씨를 심고 나서 집안이 망하게 되었다. (   )
   4) 홍부는 이 소식을 듣고 놀부에게 재물을 나누어 주었다. (   )

2. 빈칸을 채우십시오.
   1) 전라도와 경상도 사이에 위치한 마을에 _____ 고 _____ 형 놀부와 _____ 고 _____ 아우 홍부가 살았다.
   2) 어느 해 봄 _____ 가 돌아와 집을 짓고 사는데 어린 새 한 마리가 땅에 떨어져 다리가 _____.
   3) 놀부가 이 소식을 듣고 어린 제비의 다리를 일부러 _____ 날려 보냈다.
   4) 그 뒤 놀부도 잘못을 _____ 고 착한 사람이 되었으며 형제가 _____ 살게 되었다.

마당 4

새 단어:
콩쥐팥쥐[명사]   孔菊潘菊(传说故事) / <문학> 조선 시대의 가정 소설. 착하고 예쁜 콩쥐가 계모와 이복동생 팥쥐에게 심한 구박을 받으나 선녀의 도움으로 어려움을 이겨 내고 감사(監司)와 혼인한다는 내용으로, 권선징악을 주제로 하고 있다. 작가와 연대는 알 수 없다.
새엄마[명사]   后妈 / 어린아이의 말로, '새어머니'를 부르는 말.
구박하다[명사]   虐待 / 못 견디게 괴롭히다.
   *아이들은 전학온 학생을 구박한다.
밑바닥[명사]   底儿 / 어떤 것의 바닥 또는 아래가 되는 부분.
구멍[명사]   洞, 窟窿 / 뚫어지거나 파낸 자리.
어찌할 바를 모르다[관용어]   不知如何是好 / 어떻게 할 줄을 모르다.

두꺼비[명사] 蛤蟆 / <동물> 두꺼빗과의 양서류. 모양은 개구리와 비슷하나 크기는 그보다 크며 몸은 어두운 갈색 또는 누런 갈색에 짙은 얼룩무늬가 있다.
참새[명사] 麻雀 / <동물> 참샛과의 새. 몸은 다갈색이고 부리는 검으며 배는 잿빛을 띤 백색이다.
황소[명사] 黃牛 / 큰 수소.
쪼다[동사] 啄 / 『…을』뾰족한 끝으로 쳐서 찍다.
  *어디선가 딱따구리가 나무를 쪼는 소리가 들린다.
꽃신[명사] 绣鞋 / 꽃 모양이나 여러 가지 빛깔로 곱게 꾸민 신발. 주로 어린아이나 여자들이 신는다.

1. 이야기 내용과 일치하면 ○표, 다르면 ×표 하십시오.
   1) 팥쥐는 콩쥐를 잘 대해 주었다. (   )
   2) 콩쥐는 얼굴도 예쁘고 일도 잘했다. (   )
   3) 콩쥐는 독에 물을 채우지 못했다. (   )
   4) 팥쥐는 꽃신을 잃어버렸다. (   )
   5) 콩쥐는 동네 잔칫집에 가지 못했다. (   )

2. 내용을 듣고 질문에 답하십시오.
   1) 콩쥐의 엄마는 어떻게 세상을 떠나셨습니까?

   2) 누가 콩쥐를 구박했습니까?

   3) 황소는 어떻게 콩쥐를 도왔습니까?

   4) 참새는 어떻게 콩쥐를 도왔습니까?

 마당 5

새 단어:
황주[명사] 黃州(地名)
도화동[명사] 桃花洞(地名)
심학규[명사] 沈学规(人名) / <문학> 조선 후기의 소설 주인공인 심청의 아버지.
멀다[형용사] 失明 / 시력이나 청력 따위를 잃다.

제25과 한국의 역사 인물과 옛날 이야기

*그들은 돈에 눈이 멀어 이런 범죄를 저질렀던 것이다.
장님[명사] 盲人 / 맹인
출산하다[동사] 生孩子 / 아이를 낳다.
*아내는 아이를 출산하기 위해 친정으로 갔다.
유모[명사] 奶妈 / 남의 아이에게 그 어머니 대신 젖을 먹여 주는 여자.
심청[명사] 沈清 /〈문학〉고대 소설〈심청전〉의 여자 주인공.
젖동냥[명사] 吃別人的奶 / 젖먹이를 기르기 위하여 남의 집으로 젖을 얻으러 다니는 일.
어질다[형용사] 善良,仁爱 / 마음이 너그럽고 착하며 슬기롭고 덕행이 높다.
걸식하다[동사] 乞食,乞讨 / 음식 따위를 빌어 먹다.
*그는 남은 재산을 모두 탕진하고 결국 걸식했다.
봉양하다[동사] 奉养 / 부모나 조부모와 같은 웃어른을 받들어 모시다.
*큰아버지는 할머니를 모시고 봉양한다.
무릉동[명사] 武陵洞
장승상[명사] 长生像
양녀[명사] 养女 / 수양딸.
공양미[명사] 给寺庙施舍的大米 /〈불교〉공양에 쓰는 쌀.
석[명사] 石 /{'냥','되','섬','자' 따위의 단위를 나타내는 말 앞에 쓰여} 그 수량이 셋임을 나타내는 말.
인당수[명사] 仁堂水 /〈문학〉〈심청전〉에 나오는 깊은 물. 사람을 제물로 바쳐야 배가 무사히 지나갈 수 있다는 곳으로, 심청이 공양미 삼백 석을 구하기 위하여 자기를 제물로 팔아 이곳에 빠졌다.
심술[명사] 心术 / 온당하지 아니하게 고집을 부리는 마음.
바치다[동사] 贡献 / 신이나 웃어른에게 정중하게 드리다.
*신에게 제물을 바쳐 우리 부락의 안녕을 빌었다.
명하다[동사] 命令,任命 / 임명하다.
*사람들은 그를 홍의 장군이라고 명하였다.
오무라들다[동사] 卷起来 / 폭이나 구도 같은 것이 시원하지 못하게 좁아 들어가다.
*작품이 구도상 오무라들다.
연꽃[명사] 莲花 /〈식물〉수련과의 여러해살이 수초. 연못에서 자라거나 논밭에서 재배하며 뿌리줄기가 굵고 옆으로 뻗어 간다.
봉사[명사] 盲人 / 맹인
감격[명사] 感激 / 마음에 깊이 느끼어 크게 감동함. 또는 그 감동.

1. 이야기 내용과 같으면 ○표, 다르면 ×표 하십시오.
   1) 심청의 아버지인 심학규는 태어날 때부터 눈이 멀었다. (   )
   2) 심청의 부모님들은 심청을 키웠다. (   )

3) 심청은 남의 집에 양녀로 가는 것을 거절했다. (   )
4) 몽운사의 주지가 공양미를 얻으러 왔다가 심봉사를 보고 '공양미 삼백 석을 부처님께 바치면 눈을 뜨리라'고 하였다. (   )
5) 심청은 왕에게 공양미를 바쳐서 아버님의 눈이 다시 볼 수 있게 되었다. (   )

2. 내용을 듣고 질문에 답하십시오.
   1) 심청은 어떤 집안에서 태어났습니까?

   2) 심청이 어떤 아이였습니까?

   3) 심봉사는 어떻게 하면 눈을 뜰 수 있다고 들었습니까?

   4) 심청은 아버지를 위하여 뭘 했습니까?

   5) 마지막으로 심봉사는 볼 수 있었습니까?

   6) 순서대로 그림을 보면서 이야기하십시오.

제25과   한국의 역사 인물과 옛날 이야기   181

녹음대본 录音资料

제1과 한국의 풍습

마당 1

대화 1

민우: 왕징아, 너 이번에 장학금 탔다면서? 축하해. 열심히 하더니 드디어 해냈구나.
왕징: 아니야, 이게 무슨 축하 받을 일이라고.
민우: 당연히 축하 받아야지. 외국에서 공부해서 장학금 받는 일이 쉬운 일이니?
왕징: 고마워. 다 네 덕분이야.
민우: 내 덕분은 뭘……네가 정말 열심히 공부하는 모습을 보고 꼭 해내리라 믿었어.
왕징: 아니야, 네가 도와 주지 않았다면 나 혼자서 어림없었을 거야. 정말 고마워.
민우: 아니야, 이건 다 네 노력의 결과라고 생각해.
왕징: 이따 저녁에 내가 한턱 낼게. 뭐 먹고 싶어? 먹고 싶은 거 다 사 줄게.
민우: 정말? 와! 이거 횡재한 기분인 걸. 어젯밤에 좋은 꿈도 못 꿨는데.
왕징: 다 친구 잘 둔 덕이 아니겠어?

대화 2

민수: 윤아, 오늘 내 생일인데 우리 집에 놀러 와라. 우리 엄마가 맛있는 음식을 해 주신다고 했어.
윤아: 그렇다면 꼭 놀러 가야지. 생일 선물은 외상으로 하면 안 될까?
민수: 안 되지. 절대로 안 돼.
윤아: 알았다.
민수: 미안해, 음식이 좀 부족했지? 처음 예상한 것보다 친구들을 많이 초대하게 되어서 그리고 엄마가 낮에 급한 일이 있어서 음식을 충분히 준비 못하셨대.
윤아: 괜찮아. 하지만 저녁을 먹기는 먹었는데 먹은 것이 적어 간에 기별도 안 간다. 아직도 배가 좀 고파. 생일 선물도 받았으니 컵라면이라도 더 끓여 줘.

대화 3

여자: 어서 오세요. 이렇게 와 주셔서 감사합니다.
남자: 며칠 전에 결혼한 것 같고 애기백일도 엊그제 지난 것 같은데 벌써 돌이라니 시간이 참 빠르기도 하네요.
여자: 그러게 말이에요.
남자: 그래, 뭘 먼저 집었어요? 실? 돈? 책?
여자: 난 저 아이가 공부를 잘 했으면 좋겠다고 생각해서 일부러 책을 가까이에 놓았지요.
남자: 그랬더니?
여자: 역시 책을 먼저 집더군요.
남자: 정말 축하합니다. 나중에 훌륭한 사람이 될 거예요.

대화 4

하나: 준하오빠, 무슨 고민있는 것 같은데 말해 봐.
준하: 친구 아들의 돌잔치인데 뭘 사야 할지 모르겠어.
하나: 글쎄. 아이 옷이나 장난감도 괜찮겠지만 한국 사람들은 돌잔치하면 으레 금반지를 생각해.
준하: 금반지라니? 아기도 반지를 끼나?
하나: 아니, 꼭 끼라는 의미에서 주는 게 아니라 그 보다는 금처럼 변함없이 건강하라는 의미에서 주는 거야. 또 금은 쉽게 바꿀 수 있으니까 필요할 때 바꿔 쓰라는 의미도 있지.
준하: 아, 그래? 그럼 금반지를 사야겠네. 하나 씨, 고마워.

마당 2
내용 1

한국 사람들은 보통 시험을 앞둔 친구에게 찹쌀떡과 엿을 선물합니다. 이것은 시험에 꼭 붙으라는 의미입니다. 그래서 중요한 시험이 있는 날 교문에 엿을 붙이고 자식의 합격을 기원하는 어머니의 모습을 자주 볼 수 있습니다.

내용 2

한국 사람들은 보통 시험을 앞둔 친구에게 휴지와 포크 등을 선물하는 경우가 있는데 그 뜻은 아주 재미있습니다. 휴지는 문제를 잘 풀라는 뜻이고 포크와 도끼는 모르는 문제를 잘 찍으라는 뜻입니다. 돋보기와 거울을 주는 경우도 있는데 이것은 시험을 잘 보라는 의미입니다. 여러분도 한번 시험을 앞둔 친구에게 선물해 보세요.

내용 3

이사는 손 없는 날을 길일로 정하며 각 지방 풍습에 따라 약간씩 차이는 있으나 대체로 조왕솥을 제일 먼저 가져간다. 조왕이란 부엌을 맡은 신을 말하며 부엌의 모든 길흉을 관장한다고 한다. 이때 솥 안에 흰시루떡을 만들어 넣고 옮기는 지방도 있고 불씨가 담긴 화로를 넣어가는 지방도 있다. 이삿짐이 새집에 도착하면 마당에 멍석을 깔고 조왕솥을 내려놓고 고사를 지낸다.

내용 4

저는 결혼한 지 30년이 넘었습니다. 다른 사람들은 무슨 날이면 선물들을 많이 하는데 여태 우리 집 남자는 도대체 어떻게 생겨먹은 사람인지 선물을 받을 줄만 알고 줄 줄은 모른답니다. 주는 자가 복이 있다고 그렇게 노래를 불렀는데도 허사입니다. 이번 발렌타인데이 때 제가 먼저 초콜릿을 선물했습니다. 저도 화이트데이 날 받고 싶어서요. 이번에는 꼭 받고야 말겠습니다. 물론 엎드려 절 받기지만요. 오늘부터 달력에 크게 동그라미 쳐 놓고 매일 남편 머리에 입력시켜야지요. 참 선물받기 힘들지요. 이번 기회에 버릇을 고쳐 놓으려고 해요.

마당 3

한국의 결혼식에서 가끔 답례품으로 주는 우산도 중국에서는 금기 선물입니다. 중국어의 '우산'은 '이별'이라는 말과 발음이 비슷합니다. 더 이상 만나고 싶지 않은 여성이 있다면 선물하십시오. 꽃다발도 선물로 안 준답니다. 꽃이 '생명이 짧음'을 의미하고 장례용이기 때문입니다. 손수건 역시 슬픔과 눈물을 상징하므로 주지 않습니다. 또한 현금을 줄 때 축의금과 선물은 짝수로 부의금은 홀수의 금액을 줘야 합니다. 저녁식사나 파티에 초대를 받은 경우는 먹을 것을 선물로 가져가지 않습니다.

죽음과 관련된 것(예를 들어, 짚신과 시계-황새와 두루미-흰색, 검은색, 파란색이 많이 들어간 것)은 피하십시오. 괘종시계처럼 종이 달린 시계는 중국에서 '끝낸다'와 죽음의 의미가 있으므로 피하고 한국에서 명절 때 선물로 많이 하는 과일인 배도 이별의 의미가 있어 중국에서의 선물로는 적합하지 않습니다. 한국에서 '장수'의 긍정적인 의미를 갖는 거북이는 발음이 욕설과 비슷해 선물하지 않습니다.

일본사람은 김치, 김, 건어물 종류의 식품과 도자기 제품을 선물로 주면 좋아할 것입니다. 선물 이외에 카드도 보냅니다. 연초에는 연하장을 여름에는 간단한 식료품을 보냅니다. 식사 초대를 받았을 경우에는 수입 스카치, 코냑을 선물하는 것이 좋습니다. 짝수를 이루고 있는 것은 선물로 주지 않습니다. 꽃도 짝수 개는 금물입니다. 당신이 좋아하던 일본여성을 다른 남자에게 빼앗겼습니다. 그럼 속옷, 칼 종류, 깨지기 쉬운 물건, 허리 아래에 걸치는 물건을 준비하십시오.

마당 4

절이란 상대방에게 공경을 나타내는 기초적인 행동예절이라 할 수 있다. 여기에서 상대방이란 사람뿐만 아니라 공경해야 할 대상을 상징하는 표상이기도 한다. 우리가 일상생활에서 접하는 국기에 대한 경례 등을 포함한 각종 의식행사 시 절을 하고 있음을 상기할 필요가 있다.

절을 할 수 있는 장소에서 절을 할 대상을 만나면 지체없이 절을 해야 한다. "절 받으세요.", "앉으세요."라고들 흔히 하는 경향이 있는데 이것은 절 받으실 어른에게 명령, 수고 등을 시키는 행동이다. 따라서 "절 드리겠습니다."라고 하여 절을 하는 것이 좋을 것이다.

절을 하는 요령은 다음과 같다. 남자의 경우에는
1) 왼손을 위로 하여 두 손을 잡는다.
2) 잡은 두 손을 가슴까지 올리고 왼발을 뒤로 뺀다.
3) 허리를 굽혀 손을 바닥에 짚는다.
4) 왼쪽 무릎을 먼저 꿇고 오른쪽 무릎을 꿇는다.
5) 이마를 두 손 위에 댄다.
6) 오른쪽 무릎을 먼저 세우고 일어선다.
7) 반절을 한다.

여자의 경우에는
1) 오른손을 위로 하여 두 손을 잡는다.
2) 잡은 두 손을 눈까지 올린다.
3) 왼쪽 무릎을 먼저 꿇고 오른쪽 무릎을 꿇는다.
4) 허리를 45도 굽혀 절한다.
5) 오른쪽 무릎을 먼저 세우고 일어선다.
6) 반절을 한다.

마당 5

예단은 보내는 시기가 정해져 있는 것이 아니라 보통 결혼식을 올리기 한 달 전쯤에 보내는 경우가 많다. 그러므로 사전에 시기와 방법에 대해 양가의 충분한 협의를 거치는 것이 좋다.

만약 시댁에서 예단으로 받은 현금으로 결혼 준비를 한다면 결혼식 한 달 전은 너무 늦을 수도 있다. 그리고 시댁에서 더 늦게 보내 주기를 원한다면 조금 늦출 수도 있으므로 시댁에서 원하는 시기에 맞춰 예단을 보내는 것이 좋다.

그러므로 결혼식 날짜가 정해지면 신랑신부가 만나 예단을 물건으로 할 것인지, 현금으로 할 것인지, 그리고 언제 보내는 것이 좋을 지에 대해 상의한 후 양가 어른들이 최종 결정을 하도록 한다. 만약 의견 차이가 있을 경우에는 양가 어머니들이 조절하는 것이 일반적이다.

신부 측에서 예단에 대해 먼저 말을 꺼내는 것이 불편하고 부담스러울 수도 있다. 그러나 시어머니께 예단에 대해 상의 드리고 어느 정도의 가이드 라인을 정하는 것이 오해나 문제를 줄일 수 있는 지름길이다.

예단은 신부가 직접 가지고 가는데 형제 자매와 같은 직계 가족이 한 두 사람 동반하는 것이 좋다. 그리고 예단을 현금으로 보낼 때는 달랑 현금만 보내는 것보다는 시부모님의 반상기 세트와 반상기에 곁들일 은수저 세트 정도는 챙기고 백지와 한지로 봉투와 속지를 만든다. 속지 위에는 예단의 품목과 금액, 일시, 배상(拜上)이라 적은 후 세 번 접은 후 그 안에 현금을 넣고 봉투에 넣는

다. 당연히 수표나 현금은 빳빳한 새 돈으로 넣는 것이 예의다. 봉투 앞 면에는 예단(禮緞)이라고 쓰고 봉투입구는 봉하지 않고 봉투입구에 근봉(謹封)이라고 쓴다. 이 봉투를 다시 녹색과 붉은색으로 만든 보자기에 싸는데, 만약 보자기가 없을 경우에는 녹색이나 홍색의 한지로 싸도 무방하다. 예단 봉투와 보자기는 직접 만들어도 되고, 한복 집이나 혼수 전문점 등에서 판매하는 것을 구입해도 된다.

물건으로 보낼 경우에는 따로따로 시댁에 보내는 것이 아니라 예단을 품목별로 정성스럽게 포장 한 후 보자기에 싸거나 큰 가방에 넣어서 들고 가되 깨끗한 백지나 한지에 품목을 적어 역시 겉봉에 예단이라고 쓴 봉투와 함께 가지고 간다.

예단을 받는 시댁에서는 작은 탁자에 붉은 탁자보를 깐 후 신부가 예단을 가지고 그 위로 예단을 받으면 된다. 이 때에도 예단은 직접 손으로 건네 받는 것이 아니라 예탁보 위에 받쳐 받는다. 이렇게 신부가 예단을 들고 오면 시댁에서는 작은 상과 붉은 예탁보를 준비해서 맞는 것이 예법에 맞는다. 신부가 예단을 가져오면 상 위에 예탁보를 깔고 그 위로 예단을 받는다. 손으로 직접 받는 것이 아니라 예탁보 위에 받쳐서 받는다. 그리고 예단을 받은 시댁에서는 신부측에 전화를 걸어 예단을 잘 받았다고 인사를 하는 것이 좋다.

제2과 한식

마당 1

대화1

가: 국과 찌개의 차이점은 무엇이에요?
나: 국은 국물이 많은 것이고 찌개는 건더기가 많고 맛이 짠 것입니다.
가: 국과 찌개에서 가장 중요한 것이 무엇입니까?
나: 국과 찌개에서 가장 중요한 것이 '간'입니다. 음식의 간을 결정하는 양념에는 소금, 간장, 된장, 고추장이 있습니다. 이런 장들은 음식을 맛있게 해 주는 것으로 영양분도 많습니다. 옛날에는 고기나 생선보다 주로 채소를 반찬으로 먹었기 때문에 단백질이 부족했습니다. 그래서 콩으로 된장, 고추장을 담그고 두부를 만들어서 단백질을 보충했습니다.

대화2

동수: 수진아, 무슨 생각을 그렇게 하고 있어? 무슨 고민이라도 있어?
수진: 아, 동수오빠, 마침 잘 만났어. 심각한 고민은 아니구, 내일 태국에서 내 친구가 오거든. 맛있는 한국 음식을 대접하면 좋겠는데, 뭐가 좋을까?
동수: 글쎄. 뭐가 좋을까? 음…, 갈비 어때?
수진: 갈비? 괜찮겠네.
동수: 참, 한정식도 괜찮겠다. 한정식에는 여러 가지 반찬이 나와서 다양한 음식을 맛볼 수 있거든.
수진: 그래. 한정식이 좋겠네. 그런데 혹시 좋은 식당 아는 데 있어?
동수: '찾아라 맛있는 TV' 방영된 맛집으로 고급 한정식으로 소문난 곳인데 한번 갔다 왔어. 작은 양념 하나 하나에도 자극적인 화학 조미료는 일체 사용하지 않고 고급스러운 맛을 내기 위해 천연 양념만 사용해. 그리고 음식뿐만 아니라 인테리어도 고풍적인 한국 전통의 미를 강조한 세련된 느낌으로 외국 손님에게 딱 적당한 맛집이던데.
수진: 그렇게 좋아?
동수: 먹으면 입안에서 사르르 녹는 한우를 느낄 수 있어.
수진: 정말 한번 가봐야겠네.

내용 3

한국의 음식 중에 게로 만든 게장이라는 것이 있습니다. 고춧가루, 간장 등 양념을 넣어서 만든 음식입니다. 게장은 일명 밥도둑이라고도 불립니다. 게장은 정말 맛이 있어서 밥을 먹는 사람이 밥을 어느 순간에 먹는지도 못 느낄 정도로 게눈 감추듯이 빨리 먹게 되기 때문입니다.

내용 4

땀을 많이 흘리는 여름, 추어탕 한 그릇이면 영양제가 따로 필요 없다고 하는데 여름철 보양식으로 각광받고 있는 추어탕에 대해 알아보자. 추어탕은 본래 가을에 제대로 맛이 난다 해서 붙여진 이름이지만 요즘은 양식들이 많이 발달하여 언제 먹어도 제 맛을 즐길 수 있다고 한다. 지역마다 추어탕을 끓이는 방법이 다른데 이는 미꾸라지의 종류 때문이다. 남쪽 지방의 미꾸라지는 뼈가 단단하여 갈아서 추어탕을 끓였지만 서울식으로는 그대로 끓여 먹었다고 한다. 요즘은 양식 미꾸라지가 많기도 하고 사람들의 입맛이 달라짐에 따라 남도식 추어탕을 많이 선호하는 편이다. 피부에 좋아 여성들에게도 인기여서 여성들의 입맛에 맞춰 변하기도 하였다.

마당 2

<찾아라 맛있는 TV> 프로그램에서 나온 팔도순한우집의 한우는 쫄깃하고 맛있다.

MBC <찾아라 맛있는 TV>에 방송된 팔도순한우집은 직접 기른 우량 한우로 요리하는데 맛과 질이 좋은 한우 모듬구이가 일품인 맛집이다. 쫄깃하고 맛있는 한우에 안창살, 갈비살 등 다른 부위와 함께 먹으면 입안에서 사르르 녹는 한우를 느낄 수 있다. 또한 부드럽고 구수한 육회가 영양만점이다.

엄선된 최고급 육질의 국내산 1등급 한우고기맛을 제대로 즐길 수 있는 한우장사에서는 한우고기 특유의 부드럽고 입안에서 살살 녹는 구수한 맛이 일품~! 횡성, 전라도 등의 산지에서 공수한 소고기를 식당 내에 있는 정육점에서 직접 고른 후 맛볼 수 있는 집으로 신선도와 육질이 보장된 맛집이다. 특히, 황우장사에서는 남녀노소 기호에 따라 부위별 소고기, 다양한 식사, 육회까지 저렴한 가격에 즐길 수 있고 고기외에 한우사골, 갈비탕, 곰탕 등과 여성손님들에게 인기가 좋은 게장정식, 영양솥밥 등 다양한 종류의 식사도 준비되어 있다.

마당 3

감자탕이란 이름은 돼지 등뼈에 든 척수를 감자라 한다는 말도 전하고 돼지 등뼈를 부위별로 나눌 때 감자 뼈라는 부분이 있어 그렇게 지었다는 말도 전한다. 감자탕은 고구려, 백제, 신라가 자웅을 겨루던 삼국시대에 돼지사육으로 명성이 자자했던 현재의 전라도 지역에서 유래되어 전국 각지로 전파된 한국 고유의 전통음식이다. 농사에 이용되는 귀한 '소' 대신 '돼지'를 잡아 그 뼈를 우려낸 국물로 음식을 만들어 뼈가 약한 노약자나 환자들에게 먹게 한 데서 유래되었다는 이야기가 전해진다.

이 인천항이 개항됨과 동시에 전국 각지의 사람들이 몰려와 다양한 음식문화를 갖추게 되었는데, 뼈 해장국과 감자탕이 인천의 대표 음식으로 자리를 잡기 시작한 것은 1899년 경인선 개통 공사에 많은 인력이 동원되면서 사람들이 즐겨 찾기 시작하면서부터이다. 지금은 250만 인천 시민이 모두가 감자탕 마니아라 할 정도로 감자탕은 인천을 대표하는 전통음식으로 자리 잡았다.

돼지 등뼈에는 단백질, 칼슘, 비타민 B1 등이 풍부하여 어린이들에게는 성장기 발육에 큰 도움이 되고, 여성들에겐 저칼로리 다이어트 음식으로, 노인들에겐 노화방지 및 골다공증 예방 음식으로 좋다. 또한 함께 넣는 우거지는 대장활동도 원활하게 해주고 숙취를 제거하여 좋다고 한다.

마당 4

여러분, 오늘은 감자탕을 만드는 법을 배워 보도록 하겠습니다. 그럼 재료를 말씀드리겠습니다.

먼저 돼지 등뼈 1kg, 감자 4개를 준비하세요. 등뼈는 고기가 많이 있는 것이 좋아요. 그리고 대파 2 뿌리, 물 6 컵, 양념고춧가루, 마늘 4 쪽, 간장 1큰 술, 고춧가루 1큰 술, 술 1/2큰 술, 소금, 후춧가루도 준비해 놓으세요.

준비가 다 되었으면 돼지 등뼈를 큼직하게 토막 내 하룻밤 정도 찬물에 담갔다가 핏물이 빠지면 건지고 냄비에 물을 넉넉히 붓고 돼지 등뼈를 넣어 5-6시간 정도 끓이세요. 그리고 물을 한 번 따라 버리고 다시 물을 부어 끓이세요.

다음에 감자는 껍질을 벗긴 뒤 2 등분하여 냉수에 담갔다가 건져 물기를 빼고 냄비에 물을 넉넉히 붓고 손질해 놓은 감자를 넣어 삶으세요.

굵은 파는 길이대로 길게 자르고 마늘, 생강은 곱게 다지세요. 양념장은 고춧가루에 다진 마늘, 생강, 진간장, 술, 소금, 후춧가루를 섞어 만드세요.

큼직한 냄비에 삶은 돼지등뼈와 감자를 담고 끓여낸 국물을 부어 센 불에서 팔팔 끓이고 감자가 익고 국물이 반으로 줄면 불을 줄이고 준비한 양념장을 넣어 간을 맞추세요. 얼큰한 맛을 내려면 양념장에 고춧가루를 넉넉히 넣어도 좋아요.

마당 5

외국 사람들에게 '한국' 하면 뭐가 제일 먼저 생각나냐고 질문하면 열 명 중 여덟 아홉 명은 김치라고 대답할 것입니다. 발효식품인 김치는 알칼리 식품으로 열량이 높지 않고 비타민, 무기질, 섬유질도 풍부합니다. 또한 고추에 많은 캅사이신 성분이 다이어트에 효과가 있고, 마늘에 많은 알리신 성분이 암을 예방한다는 것이 과학적으로 증명됨으로써 이 김치가 요즘 건강식품으로 인기를 얻고 있습니다.

한국인의 식탁에서 한 끼도 빠지지 않는 김치는 단순히 음식으로서만 끝나지 않고 언어생활에도 영향을 주었습니다. 그 한 예를 어린이들의 놀이문화에서 찾아볼 수 있습니다. 아이들이 놀이를 할 때 홀수가 되어 짝이 맞지 않을 경우, 남는 한 아이를 깍두기라 하여 이편 저편에 다 끼워 줘 같이 놀았습니다. 그런데 요즘 들어선 짧은 스포츠형 머리가 깍두기하고 모양이 닮았다 하여 그런 머리 모양을 깍두기머리라고도 합니다.

제3과 한국의 민속

마당1

내용1

농악은 농부들이 두레를 짜서 일을 할 때나 각종 향연, 축제 의식 때 꽹과리, 징, 장구, 북 등의 악기를 가지고 행진, 의식, 노동, 판놀음들을 벌이는 놀이다.

내용2

탈춤이란 가면으로 머리나 얼굴을 가리고 본래의 얼굴과는 다른 인물이나 동물신 등의 탈을 쓰고 노는 놀이를 말한다.

내용3

무형 문화재 58호로 지정되어 있는 줄타기는 높이 3m, 길이 10m정도로 줄을 매어 놓고 줄광대가 줄 위에서 재주를 부리는 놀이로서 삼국시대부터 연희되어 왔다.

내용4

팽이치기는 채로 치거나 끈을 감아 던져서 평평한 바닥에서 뾰족한 끝이 원뿔 모양의 장난감을 돌아가게 하는 놀이다.

마당 2

가: 한국의 놀이풍습은 참 다양한 것 같아요. 성인의 놀이와 어린아이들의 놀이, 여성이 하는 놀이와 남성의 놀이까지 여러 가지가 있더라고요.
나: 맞아요. 민속놀이는 예로부터 전래되어 오늘날까지도 되살리고 있는 경우가 많죠.
가: 여성의 놀이와 남성의 놀이는 주로 어떤 것이 있어요?

나: 여성의 놀이는 널뛰기, 그네뛰기, 놋다리놀이 등이 있고 남성놀이에는 연날리기, 씨름 등이 있어요. 또한 남녀노소 함께 즐기는 대표적인놀이가 있는데 윷놀이라고 해요.
가: 주로 이런 놀이들은 언제 해요?
나: 윷놀이는 주로 명절에 가족들이 어울려서 하는 놀이지만 다른 놀이들은 주로 수확이 끝난 한가한 늦가을에서부터 봄 사이에 많이 해요. 놀이로써 일년 농사가 풍년이 될지 미리 점칠 수도 있답니다.
가: 책에서 읽었는데 줄다리기, 차전놀이처럼 한국의 놀이는 농악놀이신앙이 결부되는 일이 많다고 들었어요.
나: 네, 편을 짜서 해야 하고, 줄을 만드는 데 많은 사람들의 협동이 필요해요. 이러한 놀이를 통해서 마을 사람들이 더욱 단결하게 되고 애향심을 기르게 되는 거죠.
가: 저도 어서 빨리 한국의 놀이를 접할 수 있는 기회가 왔으면 좋겠네요.

마당 3

한옥과 온돌

한국의 집을 한옥이라 부른다. 다른 나라 집과는 다른 특색을 지녔다. 한옥은 나무로 지은 건물이지만 중국이나 일본에서 나무로 지은 집들과는 차이가 있다. 짓는 방식에는 다를 바 없지만 꾸미는 방식에서 크게 차이가 난다.

한옥은 구들과 마루로 된 집이다. 일본집에는 마루와 다다미를 깐 방은 있지만 구들 놓은 온돌방은 없다. 구들 시설과 마루를 설비한 한옥과는 다르다. 중국 중원지방의 살림방에는 구들도 없고 마루도 없다.

일본과 중국 중원의 전형적인 집에서는 한옥에서 볼 수 있는 구들과 마루의 구성을 보기 어렵다. 구들과 마루를 갖추고 있는 집은 한옥뿐이다. 구들과 마루가 있는 집은 세계 어느 나라에서도 찾아보기 어렵다. 유일한 특성을 지니고 있다고 해도 무리가 없을 정도라 하겠다.

기원전 2333년에 고조선이 개국한다. 이 지역의 겨울은 대단히 춥다. 백성들은 지독한 추위를 견디기 위하여 땅을 파고 들어가 지하에 움집을 지었다. 지하 1미터에서 1.5미터 가량의 깊이였다. 지열을 이용하려는 생각이었다. 그러나 지열만으로는 추위를 면하기 어려워서 움집 바닥에 고래를 켜고 구들을 들였다. 구들에 불을 지펴 난방하였던 것이다. 이를 온돌이라 부른다.

마당 4

민간에서 발생하여 민간에 전해 내려오는 현재 정리된 민속놀이는 약 120가지 정도이며 대부분 정월대보름, 정월, 단오, 한가위 등 4대 명절에 집중되어 있다. 민속놀이는 전국에서 행하는 굿중놀이, 일부 지역에서만 행하는 향토놀이, 황해도와 강원도 북부를 경계로 하여 이남에서 행해지는 남부놀이, 이북에서 행하는 북부놀이로 나누어지며 내용은 풍년을 기원하는 것이 대부분이다.

민속놀이의 특징을 살펴보면

첫째, 민속놀이는 세시풍속과 밀접하게 연관되어 있다.

둘째, 남자들은 경격적이고 격렬한 놀이, 이를테면 치기와 차기 중심인데 비해 여자들은 손놀림과 율동적인 놀이, 이를테면 놀이와 뛰기 중심의 놀이가 많다.

셋째, 세월의 흐름에 따라 민속놀이는 남녀 구분이 분명하지 않은 경향이 있는데 이것은 관습과 성차별이 차츰 극복되고 있기 때문이다.

넷째, 민속놀이는 그 시대의 민중성을 승화한 형태로 나타나는데 억압된 삶의 양식, 왜곡된 시대의 구체적 생활을 승화한 모습으로 민속놀이에 나타난다.

마당 5

한국의 전통 가옥은 집의 구조에서부터 재료에 이르기까지 자연을 느낄 수 있도록 되어 있다. 집의 기초는 돌로 하고 기둥, 문, 대청은 나무로 하며, 벽은 흙으로 만들었기 때문이다. 문과 창에도 나무로 만든 한지를 발랐다.

집은 개인의 휴식을 위한 공간이면서 여러 세대가 함께 살아가는 생활 공간이었다. 또한 혼례와 잔치, 장례들을 치르는 사회 공간이기도 했다. 방은 개인을 위한 공간으로, 대청은 가족을 위한 공간으로, 마당은 큰일을 치르는 공간으로 쓰였다. 그러므로 한국의 전통 가옥은 개방적인 구조를 가졌다고 할 수 있다.

조선 시대 상류층의 주택은 일반적으로 안채와 사랑채로 구분되었다. 안채는 여성들이 사용하는 공간으로 주택의 안쪽에 위치하였다. 사랑채는 남성들의 공간으로 글공부를 하거나 친구들과 함께 이야기를 나누던 공간이었다.

한국 전통 가옥의 지붕으로는 기와지붕 초가지붕 두 가지가 보편적이다. 부유한 집에서는 기와지붕을 올렸고 서민들이 사는 일반 농가에서는 대부분 볏짚으로 지붕을 올렸다. 볏짚은 겨울에는 열을 뺏기지 않아 따뜻하고 여름에는 강렬한 태양열을 차단하여 시원하게 해 준다. 또한 구하기도 쉽고 비도 잘 새지 않아 지붕의 재료로 가장 널리 쓰였다.

흔히 한국의 문화성이 중국에 가깝다거나 유사하다고 말하는 이도 있으나 자세히 들여다보면 지붕 구성에서조차 차이가 있음을 알 수 있게 된다.

중국 남방 지역의 기와지붕은 대체로 장식이 화려하다. 기둥마다 조각을 하여 빈틈이 없이 치장하듯, 지붕도 용마루에 이르기까지 완벽하게 꾸며야 만족하였다.

한국의 기와지붕은 선이 유창해서 넉넉한 맛이 농후하다. 이는 용마루의 선이 늘어진 듯이 너그럽기 때문이다.

전통 주택에서의 방은 개방적 공간인 대청과 반대로 폐쇄적인 의미를 지닌 개인적인 공간이다.

잠을 자고 식사를 하고 휴식을 취하는 전통 가옥에서의 방은 잠을 잘 때는 침대대신 따뜻한 구들 방바닥 위에 이부자리를 펴고 자고 낮에는 의자대신 방석에 앉아 지내는 좌식생활을 하도록 되어 있는 공간이다.

신발을 벗고 들어가 바닥에 바로 앉아서 생활하기 때문에 방을 늘 청결하게 유지하였다. 방의 내부는 모두 벽지나 천장지를 발랐으며 바닥은 장판지로 마감하였다.

제4과 지리와 관광

마당1
대화 1
희석: 재남아, 마침 잘 만났어. 이번 주말에 학과 친구들하고 설악산에 놀러 가기로 했는데 너도 같이 갈래?
재남: 당연히 가야지. 어떻게 갈 건데?
희석: 기차를 타고 가기로 했어. 회비는 3만원이야. 지금 돈이 있으면 내고 아니면 늦어도 모레까지는 내야 해.
재남: 잠깐만. 지금 학생회관에 있는 현금자동지급기에서 찾아서 줄게. 그리로 가자.
희석: 토요일 새벽 5시에 청량리역에서 모이기로 했어. 기차가 5시 반에 출발하니까 늦지 않도록 해.
재남: 절대로 늦지 않을게.
희석: 이번에는 해가 서쪽에서 뜰지 한 번 봐야겠다. 지난 학기에 네가 늦어서 기차를 놓친 거 기억하지?
재남: 놀리지 마. 이번에는 하늘이 두 쪽이 나도 절대로 늦지 않을 테니 두고 봐.

대화 2
희석: 작년에 유럽 여행을 하셨다면서요?
재남: 네, 아르바이트를 해서 돈을 모아 배낭 여행을 했어요.

희석: 부럽네요. 어디를 어떻게 여행했어요?
재남: 한국에서 파리까지는 비행기로 갔고 유럽 여러 나라는 기차로 여행을 했어요. 한 달 정도 유럽에서 이 나라 저 나라 돌아다니느라 힘들었지만 많은 경험을 해서 좋았어요.
희석: 숙소는 어떻게 했어요?
재남: 한국인 교포들이 운영하는 숙소를 주로 이용했어요. 그러면 한국 음식도 먹을 수 있어서 일석이조예요.
희석: 그렇겠네요. 숙박비도 저렴하겠군요.
재남: 꼭 그렇지만도 않았어요. 외국인인 희석 씨에게 말하는 건 누워서 침 뱉기 같아 좀 창피하지만 외국에서 한국인이 다른 한국인에게 바가지를 씌우는 경우도 많아요.

대화 3

직원: 감사합니다. 무궁화여행사입니다.
왕동: 안녕하세요? LA에 가는 비행기 표를 예매하려는데요.
직원: 네, 언제 가실 예정이세요?
왕동: 다음 주 월요일 오후에 가서 일요일 저녁에 돌아올 예정이에요. 좌석이 있나요?
직원: 잠깐만 기다리세요. 직행은 없고요. 도쿄를 거쳐서 가는 것만 있네요. 다음 주 월요일 19일 오후에는 4시가 있고요. 일요일 25일 저녁에는 9시 비행기만 있네요.
왕동: 그러면 월요일 오후 4시하고 일요일 저녁 9시 비행기로 예약해 주세요.
직원: 먼저 성함하고 연락처를 불러 주세요.
왕동: 제 이름은 왕동이고 연락처는 018-745-9358입니다.
직원: 확인해 드리겠습니다. 성함은 왕동, 연락처는 018-745-9358이고, 19일 월요일 오후 4시하고 25일 일요일 저역 9시 비행기로 예약해 드리겠습니다.

대화 4

재석: 이번 추석에 고향에 갈 거예요?
숙경: 아니요, 전 템플스테이에 참가하려고 신청했어요.
재석: 템플스테이요? 절에서 스님들의 생활을 체험해 보는 거 말입니까? 그건 외국사람을 대상으로 하는 거 아니에요?
숙경: 요즘에는 한국 사람들이 더 많은걸요. 전 이번이 세 번째인데 두 번 다 한국인 참가자가 아주 많았어요.
재석: 그래요? 그런데 세 번이나 참가했어요? 템플스테이의 어떤 점이 그렇게 좋으세요?
숙경: 바쁜 일상을 떠나서 조용히 나를 생각해 볼 시간을 가질 수 있어서 좋아요. 또 경치 좋은 산사에서 하루 이틀 지내고 나면 몸과 마음이 깨끗해진 기분이 들어요. 게다가 다양한 분야의 사람을 만날 수 있는 기회도 되고요.

마당 2

　한국은 아시아대륙 동쪽 끝 한반도에 자리해 있다. 한반도는 압록강과 두만강을 경계로 중국 및 러시아와 맞닿아 있고, 나머지 3면은 동해, 서해, 남해로 둘러싸여 있다. 모양이 특이하여 우리는 예로부터 대륙으로 뛰려는 모양의 호랑이에 비유해 왔다.
　한국의 지형은 북쪽과 동쪽이 높고, 서쪽과 남쪽이 낮아서 대부분의 강이 서해와 남해로 흐르며, 서해안과 남해안에 기름진 평야가 펼쳐져 있다. 한반도의 약 70%는 산지로 이루어졌는데, 높은 산지는 대부분 주요 산맥에 따라 분포한다. 영어의 '코리아(korea)'는 고려를 옮긴 말이고, 이 말은 '산이 높고 물이 아름답다'는 '산고수려'라는 시적 표현에서 나온 말로서 한반도의 많은 지역에 잘 어울린다.

마당 3

　한국은 온대에 위치하여 봄, 여름, 가을, 겨울의 4계절이 뚜렷하다. 또한 전통적으로 1년은 24절기로 구분한다. 봄은 4계절 가운데 가장 날씨 변화가 심한 계절로서 '꽃샘추위'나 늦서리가 나타나 겨울 못지 않게 춥다가도 4, 5월이 되면서 날씨가 점차 따뜻해진다. 그리고 이때쯤 사막에서 황사가 날아 와 공기가 매우 혼탁해지기도 한다. 여름철의 날씨는 몹시 습하고 더운데 '장마'와 '삼복더위', '열대야'로 대변된다.

장마철에는 거의 예외 없이 전국 어디에서나 집중호우가 내리고, 7월 하순 경에 장마전선이 북상하게 되면 한반도는 최고기온이 30도가 넘는 소위 불볕더위가 계속되면서 불쾌지수가 높아지기도 한다. 가을은 하늘이 맑고 서늘하여 쾌적하다. 가을이 지나면 시베리아기단의 찬 공기가 흘러와 겨울을 맞게 되는데, 대략 7일을 주기로 '삼한사온'이라는 날씨가 나타나기도 한다.

마당 4

기후는 우리의 생활에 많은 영향을 끼치기도 하는데 예를 들어 지방에 따라 김치의 맛이 짜기도 하고 싱겁기도 한데, 이유는 바로 여기에 있다. 즉 북쪽의 김치는 국물이 많고 아주 싱거운데 이는 겨울이 추워서 김치가 쉽게 상하지 않기 때문이고, 남부지방의 김치는 국물이 별로 없고 맵고 짠데 이는 날씨가 따뜻하고 여름이 길어서 김치가 쉽게 시어지는 것을 방지하기 위해 젓갈과 고추를 많이 넣기 때문이다. 또한 북부지방의 남향집, 동물의 가죽으로 지은 옷, 솜옷 등은 추운 겨울 날씨를 대비한 것이었고, 비가 많은 남부지방에서는 신고 다니기 편리한 나막신을 개발했고, 무더운 여름밤을 지나기 위해서 죽부인을 발명하기도 하였다.

마당 5

하회마을은 경북 안동시 풍천면 하회리, 낙동강이 'S' 자를 이루며 굽이치는 곳에 자리하고 있는 민속마을이다. '하회(河回)'라는 마을 이름도 물이 돈다는 뜻이며, 한국말로는 '물도리동'이라 한다.

하회마을은 한국에서 가장 유명한 민속마을이라 할 수 있는데, 이는 앞에서 말한 지리적 특성 때문이기도 하지만, 이외에도 몇 가지 이유가 더 있다. 하회마을은 '하회별신굿' 등의 전통 탈놀이가 만들어진 곳이고, 또 서애 류성룡 등을 배출한 풍산 류씨의 집성촌이라는 점 그리고 옛 모습이 잘 보존되어 국보급 가옥들이 많다는 점 등을 들 수 있다. 또 하회마을은 엘리자베스 영국 여왕이 우리나라를 방문했을 때 봉정사와 함께 이곳 하회마을을 들러 더욱 유명해진 곳이기도 하다.

하회별신굿은 유명한 하회탈을 쓰고 탈놀이를 하는 것으로, 별신굿의 내용은 양반에 대한 풍자라고 한다. 별신굿 때 이용되는 하회탈은 모두 12개로, 그 중 3개는 분실되었고, 나머지 아홉 개는 국보로 지정되었다. 하회탈의 특징은 턱을 따로 움직일 수 있다는 점과 특유의 조형미를 꼽을 수 있다. 현재 하회마을 입구에 하회동 탈박물관이 있고, 하회마을 앞 탈춤전수관에서는 주말마다 오후 3시에 탈춤공연을 하고 있다.

그리고 하회마을은 마을 전체가 중요민속자료 제122호로 지정될 만큼 많은 문화재가 있다. 하회마을에서 빼놓지 말아야 할 것이 수령 800년짜리의 느티나무이다. 양진당 옆 좁은 길로 들어가면 볼 수 있는데, 서낭당처럼 제를 올리고 있다. 하회마을로 들어가면 길이 갈라지는 곳에서 마을 사람들의 간단한 설명을 듣고, 마을 안으로 들어가 고택들을 돌아보고 강가 소나무 숲길을 따라 돌아 나오게 된다. 모두 돌아보는 데는 약 1시간~1시간 반 정도가 걸린다.

제5과 한국의 문화

마당 1
내용 1

1) 배추 500g 정도 한 포기, 소금물, 물, 미나리, 쪽파, 생강, 마늘, 고춧가루, 새우젓, 멸치액젓 등을 준비한다.
2) 배추는 한 잎씩 씻어 5cm 정도의 길이로 잘라서 소금물을 뿌려 부드러워질 때까지 잘 섞어 준다.
3) 무는 채 썰고 쪽파는 4cm 길이로 썬다.

4) 고춧가루에 새우젓, 멸치액젓을 넣어 불린 다음, 다진 마늘, 다진 생강을 넣어 섞고 무채, 미나리, 쪽파를 넣어 양념을 만든다.
5) 배추가 잘 절여지면 살짝 양념으로 버무려 꼭꼭 눌러 익힌다.

내용 2

1) 쌀, 애호박, 도라지, 고사리, 청포묵, 쇠고기, 달걀, 다시마, 고추장, 간장, 다진 마늘, 참기름, 설탕, 깨소금, 다진 파, 후추 등을 준비한다.
2) 쌀을 씻어 밥을 고슬고슬하게 지어 놓는다.
3) 양념재료를 섞어 양념을 만든다.
4) 애호박은 돌려 깎기 하여 (0.3*0.3*0.5cm)로 채 썰어 소금에 절인 후 물기를 짜둔다.
5) 쇠고기를 채 썬 후 양념 일부로 쇠고기를 무쳐둔다.
6) 청포묵은 0.5*0.5*0.5cm 크기로 썰어 소금, 참기름으로 무쳐둔다.
7) 고사리의 딱딱한 줄기는 잘라내고 5cm 길이로 잘라 나머지 양념으로 무쳐둔다.
8) 달걀은 노른자와 흰자로 나누어 지단을 부쳐 5cm 길이로 채 썬다.
9) 프라이팬에 기름을 두르고 애호박, 도라지, 쇠고기, 고사리를 볶는다.
10) 다시마는 기름에 튀겨서 잘게 부순다.
11) 그릇에 밥을 담고 밥 위에 준비한 재료로 색을 맞추어 돌려 담은 뒤 튀긴 다시마, 고추장, 달걀지단을 얹어서 내 먹는다.

내용 3

1) 껍질을 벗긴 녹두, 다진 돼지고기, 양파, 숙주, 김치, 소금, 후추, 식용유, 간장, 파, 다진 마늘, 고춧가루, 깨소금, 참기름을 준비한다.
2) 껍질을 벗긴 녹두를 따뜻한 물에 불린 다음 3-4시간 손으로 비벼 껍질을 깨끗이 벗겨 씻는다.
3) 녹두에 물을 첨가하여 믹서에 간다.
4) 숙주는 끓는 물에 데친 다음, 2cm크기로 자른다.
5) 양파는 길이로 가늘게 채 썬다.
6) 김치는 잘게 썬다.
7) 녹두 간 것에 돼지고기, 양파, 숙주, 김치를 넣어서 섞고 소금, 후추로 간을 한다.
8) 뜨거운 프라이팬에 식용유를 두르고 녹두를 한 국자씩 지름이 7-8cm정도 되게 부어 둥글게 양면을 지져낸다.
9) 양념장 재료를 섞어서 양념장을 만든다.
10) 빈대떡과 양념장을 갈아 내면 양념장에 찍어서 먹는다.

내용 4

1) 당면, 간장, 참기름, 설탕, 쇠고기, 표고버섯, 목이버섯, 양파, 오이, 당근, 도라지, 숙주, 달걀, 소금, 후추, 식용유 등 재료를 준비한다.
2) 오이는 0.3*0.3*0.6cm로 채 썰어 소금에 절인 다음 부드러워지면 물기를 꼭 짠다.
3) 도라지를 채 썰어 소금에 절인 후 씻어 내 쓴맛을 우려낸 다음 물기를 꼭 짠다.
4) 양파, 당근도 채 썰어둔다.
5) 숙주는 머리, 꼬리를 손질하여 끓는 물에 데쳐서 소금, 참기름으로 양념한다.
6) 양념 재료를 섞어둔다.
7) 쇠고기와 표고버섯도 오이와 같은 크기로 채 썰어서 양념한다. 목이버섯은 깨끗이 손질하여 찢어서 양념한다.
8) 당면은 삶아 간장, 설탕, 참기름으로 간을 하여 둔다.
9) 프라이팬에 기름을 두르고 노른자와 흰자를 부쳐 5cm길이로 채 썬다.

10) 오이, 도라지, 양파, 당근, 목이버섯, 표고버섯, 쇠고기의 순서로 볶는다.
11) 당면을 식용유를 두른 프라이팬에 윤기 나게 볶는다.
12) 볶은 당면에 볶아 둔 모든 재료를 넣어 고루 버무린다.
13) 접시에 당면과 잡채를 담고 달걀지단을 고명으로 얹어 낸다.

마당 2

우리가 사는 지구촌에서는 1년 내내 축제가 열립니다. 축제는 '축하하여 벌이는 큰 규모의 행사'라는 뜻으로 다른 말로 '잔치', '축전'이라고도 할 수 있습니다. 한국에서는 전국에서 다양한 축제가 열리는데 그 중에서 서울은 서울드럼페스티벌과 불꽃놀이 축제가 유명합니다. 서울드럼페스티벌에서는 한국을 비롯한 여러 나라 북연주자들의 멋진 공연을 볼 수 있고 전시된 전 세계 북을 직접 만져 보고 두드리는 경험도 할 수 있습니다. 한강변의 밤하늘에 아름다운 불꽃 쇼를 선보이는 세계 불꽃놀이 축제도 서울시민의 큰 사랑을 받고 있습니다.

가을이 되면 부산은 영화의 바다가 됩니다. 바닷가에 설치된 대형 화면으로 영화도 보고 유명한 감독과 배우들을 만날 수 있습니다.

한국 하면 떠오르는 것 중의 하나가 태권도입니다. 태권도뿐만 아니라 여러나라 무술도 함께 보고 전 세계 무술인들을 만날 수 있는 충주 세계 무술 축제에 참가해 보세요. 무술 시연과 전통 무술 체험, 세계 민속 공연 등 다채로운 행사가 여러분을 기다리고 있습니다.

무더운 여름에는 충남 보령시 대천 해수욕장에서 열리는 보령머드축제에 가면 재미있는 머드왕 선발대회, 머드 미끄럼 타기 등 많은 볼거리를 볼 수 있습니다.

마당 3

지난 7월 22일 서울 청담동 '김예진한복' 매장에서 김 씨를 만났다.

"1989년 김예진한복을 창립했고 가장 처음 한복을 만들어 드린 유명인사는 앤터니 퀸이에요. 1998년 내한 당시 관계자분께서 먼저 연락을 해 주셔서 인연을 맺을 수 있었죠. 이후 주위분들에게 많은 인사들을 소개 받았는데 그 수가 기하급수적으로 불어났어요."

김 씨는 1남 3녀 중 차녀로 경기도 광주에서 태어났다. "어머니의 야무진 재봉 솜씨를 물려받았어요. 새벽마다 재봉틀 소리에 깨어났고 재봉질 하는 어머니의 뒷모습을 보고 잠이 들어죠. 어머니도 한복 만드는 솜씨가 좋았어요."

그녀는 한복을 만드는 것이 자신에게는 세상에서 가장 재미있는 놀이라고 한다.

"저는 이곳에서 일하고 있을 때 친구들에게 전화가 오면 '놀이터'에 있다고 해요. 손님들과의 만남을 '데이트'라고 하죠. 신체 사이즈를 재면서 많은 사람과 포옹을 해 보고 유명인사를 직접 만날 수 있으니 이렇게 신나고 재미있는 일이 또 어디 있을까 싶어요."

매일 반복되는 일상에서 새로운 즐거움을 찾아내는 김 씨는 한복 창작 아이디어도 생활 속에서 얻는다고 한다. "밥, 양파, 오미자 등에도 색감이 있잖아요. 이런 색감들을 아름답게 조합해서 한복에 접목시키고 있어요. 또 제 한복을 입게 될 사람에게 잘 어울리는 옷이 될 수 있도록 연구하죠. 입는 사람의 체형을 꼼꼼히 살펴 장점은 더욱 살리고 단점은 장점으로 바꾸려고 노력해요. 얼굴이 둥글면 깃을 조금 길게 하고 긴 얼굴이면 깃을 조금 짧게 한 지고리를 만들죠."

자다가도 한복만 생각하면 즐겁다는 그녀가 원하는 것은 세계인이 '일생에 꼭 하나쯤 가지고 싶은 옷'으로 한복을 꼽게 되는 것이다.

마당 4

한국에서는 옛날부터 주로 농사를 지어 왔기 때문에 가을에 추수를 하고 나면 길고 추운 겨울을 방에서 특별히 할 일도 없이 지내야 했습니다. 그래서 이때 즐길 수 있는 여러 가지 민속놀이가 만들어지게 됐다고 합니다. 특히 정월 초하루부터 정월 대보름에 걸쳐서 정월 놀이를 많이 즐겨 왔습니다.

정월 대보름 새벽에는 밤, 잣, 호두, 땅콩 같은 껍데기가 딱딱한 것을 이로 깨물어 먹는 풍속이 있는데 대보름에 까먹는 밤, 잣 같은 것을 가리켜서 '부럼'이라고 합니다. 대보름에 '부럼'을 까서 먹으면 일년 내내 피부에 문제가 없다고 믿은 데서 나온 풍속입니다.

정월 대보름은 새해 처음으로 보름달을 보는 날이며 모두 보름달을 구경하러 가서 달님에게 소원을 빕니다. 또 '답교놀이'라는 것도 있습니다. 달이 뜨면 사람들은 다리를 열두 번 지나다니는데 이렇게 다리를 밟고 다니면 그 해에는 다리가 아프지 않고 지낼 수 있다고 믿습니다.

마당 5

윷놀이는 아주 옛날부터 온 한국 고유의 민속놀이다. 좁은 장소에서 남녀노소 누구나 함께 즐길 수 있는 대표적인 놀이라 할 수 있다.

윷놀이는 중국의 '지포'라는 놀이에서 전래됐다는 이야기도 있지만 한국에서는 이미 삼국시대 이전부터 널리 행해져 왔다. 부여에서는 왕이 다섯 종류의 가축을 다섯 부락에 나누어 주고 그 가축들을 잘 번식시키기 위한 목적으로 윷놀이를 했다고 한다. 그래서 윷놀이를 할 때에 도, 개, 걸, 윷, 모를 돼지, 개, 양, 소, 말 등에 비유하기도 한다.

윷놀이는 보통 네 사람이 두 편으로 갈라 윷을 번갈아 던지며 논다. 윷가락을 던져서 네 개가 다 엎어진 것을 '모'요, 네 개가 다 젖혀진 것을 '윷', 한 개가 엎어지고 세 개가 젖혀진 것은 '걸', 두 개가 엎어지고 두 개가 젖혀진 것은 '개', 한 개가 젖혀지고 세 개가 엎어진 것은 '도'라고 한다. 윷이 가는 말을 보면 도는 한 발, 개는 두 발, 걸은 세 발, 윷은 네 발, 모는 다섯 발을 간다. 앞서 가는 상대편의 말을 잡을 수도 있다. 상대편 말을 잡거나 윷 또는 모가 나오면 다시 한 번 던질 수 있는 기회가 주어진다. 이렇게 하여 네 개의 말이 상대편보다 먼저 말판을 돌아오는 편이 승리를 하게 된다.

윷놀이는 원래, 정월 무렵에 농민들이 그 해 농사가 높은 지대에 잘 될까 낮은 지대에 잘 될까를 점치던 옛날 풍습의 하나였다. 그러나 오늘날에는 단순한 오락으로서 계절에 관계없이 일년 내내 즐기는 놀이가 됐다.

제6과 경제와 생활

마당 1

대화1

정 욱: 마이클 씨, 뭐 해요?
마이클: 다음 주 월요일에 어학당 졸업식이 있는데 뭘 입고 가야 할지 고민하고 있어요.
정 욱: 한국어를 공부했으니까 한복을 입고 졸업증서를 받는 건 어때요?
마이클: 한복이 아주 비싸다면서요? 적어도 50만 원정도 될 텐데요.
정 욱: 옛날에는 사서 입었지만 요즘에는 한복도 빌려 입으려는 사람들이 늘고 있어요.
마이클: 그래요?
정 욱: 네, 한복을 빌리면 유행하는 한복을 많은 돈을 들이지 않고 골라 입을 수도 있잖아요.
마이클: 어디서나 다 주문할 수 있나요?
정 욱: 한복 대여는 국내는 물론, 외국에서도 인터넷이나 전화로 주문이 가능해요.
마이클: 언제쯤 예약하면 될까요?
정 욱: 필요한 날보다 10~30일 전에 가게에 가서 입어 보고 예약해야 할 거예요.
마이클: 언제 반납해야 돼요?
정 욱: 행사가 끝난 후에 다음날 반납하면 될 것 같아요.
마이클: 정말 고마워요. 정욱 씨 덕분에 제 고민이 해결되었네요.

대화 2

김 사장님: 대학교를 마치고 처음 만나는 것이니, 이게 얼마 만이지?
박 사장님: 글쎄, 한 20년은 되었겠지.

김 사장님: 잘 지냈나?
박 사장님: 아, 그럼. 큰딸은 올해 대학교에 입학했어.
김 사장님: 축하하네.
박 사장님: 자네는 그 동안 어떻게 지냈나?
김 사장님: 나야 대학을 졸업하고 대기업에 입사해서 일하다가 3년 전에 퇴사를 했어. 그리고 전에 같이 일하던 회사 동료하고 개인 사업을 시작했지. 아, 그런데 정말 믿고 같이 일했던 사람이 나를 속이고는 회사 돈을 가지고 외국으로 도망을 쳤다네.
박 사장님: 힘들겠군. 돌다리도 두드려 보고 건너라고 사업을 하기 전에 그 사람이 정말로 믿을 만한지 잘 파악을 하지 그랬어.
김 사장님: 열 길 물 속은 알아도 한 길 사람 속은 모른다고 내가 그 사람을 너무 믿은 게 잘못이지. 하여간 지금은 뒷정리 다 하고 사업이 잘 굴러가고 있어서 천만다행이야.
박 사장님: 이렇게 오랜만에 만났으니, 어디 가서 차라도 한 잔 하면서 이야기하세.

대화 3
여자: 오늘 기분이 안 좋아 보이는데, 무슨 일 있니?
남자: 아침에 집에서 어머니한테 꾸중을 들었어.
여자: 왜, 너는 부모님하고 사이가 좋잖아?
남자: 좋지. 그런데 어제 친구들 만나서 술을 좀 마시고 집에 늦게 들어갔어. 그래서 늦잠을 잤거든.
여자: 어머니한테 혼이 날 만하네.
남자: 그렇게 대학 시절을 허송세월로 보내다가 어떻게 좋은 회사에 취직하겠냐고 어머니가 막 화를 내시더라. 그래서 나도 잔소리 좀 하지 마시라고 대들었지.
여자: 몸에 좋은 약이 입에 쓰다고 하잖아. 어머니께서 다 너를 위해서 그런 말씀을 하신 거야. 기분 풀어라.

대화 4
점원: 어서 오세요.
고객: 여기서 이 바지를 샀는데요. 바꾸고 싶어서 왔습니다.
점원: 왜 마음에 안 드세요?
고객: 아니요, 마음에 드는데 집에 가서 보니까 주머니가 약간 찢어져 있더라고요. 그리고 색깔도 다른 것으로 바꾸고 싶은데요.
점원: 어머, 손님 죄송합니다. 그런데 그 바지를 언제 구입하셨어요?
고객: 이틀 전에 샀는데요.
점원: 그러면 교환해 드릴까요? 환불해 드릴까요? 1주일 이내로 가져오셨으니까 교환, 환불 모두 가능합니다.
고객: 그러면 파란색으로 교환해 주세요.
점원: 그렇게 해 드릴게요. 영수증 가져 오셨습니까? 확인을 해야 돼서요.
고객: 여기 있습니다.

대화 5
고객: 안녕하세요, 제가 1주일 전에 여기서 휴대폰을 샀는데, 배터리를 충전해도 금방 방전되네요.
점원: 그러세요? 배터리를 한 번 확인해 보겠습니다. 죄송합니다. 배터리하고 휴대폰이 접촉이 잘 안 되는 것 같습니다.
고객: 그럼 어떻게 해야 하나요?
점원: 산 지 일주일밖에 안 됐으니까 무상으로 수리해 드리겠습니다. 한 2~3일 걸릴 텐데 괜찮으시

겠습니까?
고객: 그렇게 오래 걸려요? 그렇게 오래 기다릴 수 없는데 다른 걸로 교환해 주시면 좋겠습니다.
점원: 알겠습니다. 그럼 같은 모델이 있는지 찾아보겠습니다.

마당 2

결혼과 경제는 어떤 관계가 있을까요?

결혼을 하는 것이 이익일까요? 아니면 손해일까요? 전문가들에 의하면 결혼을 경제적인 면에서 볼 때, 결혼하는 것이 이익이 더 많다고 합니다.

먼저 결혼을 하면 첫 번째로 혼자서는 아무리 노력을 하고 긴시간을 들여도 도저히 얻을 수 없는 것을 얻을 수 있습니다. 대표적으로 자식을 들 수 있습니다.

두 번째로, 결혼을 하면 사는 데 필요한 자원들을 절약할 수 있습니다. 2인용 밥솥에 밥을 한 번 하는 것과 1인용 밥솥에 밥을 두 번 하는 경우의 비용 차이를 생각해 보십시오. 혼자 살 때 하루에 한 번 돌리던 세탁기도 부부가 같이 쓰면서부터 사흘에 두 번으로 충분하다면 역시 비용의 절약이라 할 수 있지 않겠습니까?

세 번째로, 가전제품이나 가사도구들을 효율적으로 쓸 수 있습니다. TV, 전등, 냉난방 등을 생각해 보면, 이해가 갈 것입니다. 이처럼 결혼을 통하여 자원을 보다 효과적으로 이용할 수 있습니다. 따라서 결혼은 개인적으로나 사회적으로 볼 때 바람직한 현상이라 할 수 있습니다.

마당 3

날씨와 경제는 밀접한 관계를 가지고 있다. 우리들이 쉽게 사 먹는 음료수와 아이스크림, 맥주뿐만 아니라 가전제품, 옷 등은 날씨에 따라 판매량이 달라진다.

제품의 판매를 늘리는 데 날씨를 활용하는 것을 날씨 마케팅이라고 한다. 이런 날씨 마케팅은 우리 생활 주변에서 흔히 볼 수 있다.

우선 편의점에 있는 물건은 계절에 따라 조금씩 달라진다. 여름에는 아이스크림과 음료수가, 겨울이 되면 어묵과 호빵이 진열된다.

또한 특정한 때의 날씨와 관계된 마케팅도 많다. 크리스마스에 눈이 오면 선물을 준다든지, 휴가 때 비가 내려 휴가를 못 갈 경우 돈을 준다든지 하는 광고가 그 중 하나이다. 첫눈이 오는 날을 맞추면 사은품을 준다거나 첫눈이 오는 날 연인에게 전하고 싶은 선물을 배달해 주는 행사도 이런 마케팅이라고 볼 수 있겠다.

앞으로 이러한 날씨 마케팅은 적극적으로 활용될 것임에 틀림없다.

마당 4

비가 오면 중국집에서는 자장면보다는 짬뽕이 더 잘 팔린다. 다른 음식점에서도 탕과 찌개 종류의 판매가 는다고 한다. 평일이 아닌 주말에 비가 내리면 외식업계나 영화관에 영화를 보러 극장으로 사람들이 몰린다. 또 비디오나 DVD의 대여량도 늘어난다고 한다. 반면 비 내리는 날에 수산물 시장의 판매는 준다. 비가 오면 생선의 신선도가 많이 떨어지기 때문이다.

또 편의점에서는 기온이 25도 이상으로 오르면 빙과류의 매출이 높아지기 때문에 주문량을 15% 이상 늘린다. 만약 30도를 넘어설 경우에는 진열대에 이온 음료를 놓는다. 또 황사 때는 돼지고기, 상추, 소주가 잘 팔리고 청소대행업체가 활기를 띤다. 서비스 차원에서 마케팅을 벌이기도 한다. 어느 내의 전문 업체는 비 오는 날 고객에게 우산을 무료로 빌려 준다. 가게가 버스정류장 근처에 있다면 활용해 볼 만하다. 가게 앞에 "저희 가게에서는 비 오는 날 우산을 공짜로 빌려 드립니다."라고 써 놓는다면 지역 주민들에게 가게에 대한 이미지가 좋아질 것이다.

그러나 날씨 마케팅에서 기본이 되는 것은 단시간에 효과를 기대하는 것보다는 장기간 꾸준히 실천해서 소비자의 신뢰를 얻는 것이 중요한 것이다.

마당 5

오늘은 두 번째 맞는 '임산부의 날'입니다. 바로 출산을 장려하기 위해 정부가 제정한 날입니다. 세 자녀 출산을 유도하기 위한 푸짐한 출산 장려혜택. 최대수 기자가 알아봤습니다.

출산 장려책 가운데 가장 눈에 띄는 것은 3자녀 가정에 대한 혜택입니다. 자녀가 세 명이 되면 1년 반 치 국민연금을 더 낸 것으로 간주해 주는 출산 크레디트 제도가 있습니다. 월 평균 소득이 345만 원일 경우 580만 원정도를 더 낸 셈이 됩니다. 서울 시 교육청에서는 3명 이상의 자녀를 둔 교사의 경우 원하는 학교에 우선적으로 배치해 줍니다. 혜택이 또 있는데요, 3자녀 가정에겐 매달 전기요금의 30% 가량을 깎아주고 국민임대주택에 대한 우선 입주권도 주어집니다.

지자체 간의 경쟁은 더욱 뜨거워 셋째를 낳을 경우 목포 시는 6백만 원을 지급하는 등 지역에 따라 100만 원 이상의 출산 지원금을 지급하는 곳도 많습니다. 물론 두 자녀만 낳아도 출산 크레디트 혜택은 물론 출산 지원금 대상이 됩니다. 보육비 부담을 줄여주기 위해 정부의 내년도 보육비 지원액은 올해보다 천7백억 원 늘어납니다.

제7과 직장 생활

마당 1
대화 1
사장1: 참 대단한 불경기입니다.
사장2: 네, 회사 운영하기가 참 어렵습니다.
사장1: 사람들이 돈을 쓰지를 않아요. 아니면 쓸 돈이 없는 건지.
사장2: 저도 회사를 운영하는 데 자금을 쏟아 붓고만 있습니다.
사장1: 회사 운영에 자금을 쏟아 넣기만 하고 이익을 못 얻으니 이거 참 밑 빠진 독에 물 붓기입니다.

대화 2
사장1: 요즘 사업이 잘 안 되어서 죽을 지경입니다.
사장2: 저도 마찬가지입니다.
사장1: 그래서 저는 업종을 바꿔 볼까 생각 중입니다.
사장2: 지금은 무슨 사업을 하십니까?
사장1: 지금은 식당을 하는데, 워낙 식당이 많아 경쟁이 심하거든요.
사장2: 식당 문을 닫고, 무슨 일을 하시겠어요?
사장1: 옷가게를 열까 합니다.
사장2: 제가 지금 옷가게를 하는데 쉽지 않아요. 지금 10년째 옷을 팔면서 저도 고비가 많았습니다.
사장1: 저도 식당을 운영하다가 겪은 어려움으로 인생의 단맛 쓴맛 다 보았어요. 세상에 쉬운 일은 없지요.

대화 3
남자: 회사 합격자 발표 났어?
여자: 응, 어제 발표했어.
남자: 어떻게 됐어? 합격했어?
여자: 미끄러졌어.
남자: 정말? 그렇게 열심히 준비했는데 실망이 컸겠다.
여자: 응, 많이 준비했는데 이렇게 될 줄 몰랐어. 너무 속상해.
남자: 너무 속상해 하지 말고 기운 내. 기회가 이번만 있는 것도 아니고, 오히려 떨어진 게 잘 됐다고 생각해 봐. 다음 기회까지 더 열심히 공부해서 한국말 실력을 더 많이 쌓으면 네가 회사에 들어가서 공부하기가 더 편할 거야. 다음에 더 좋은 기회가 오겠지.
여자: 그렇겠지. 지금 합격됐으면 한국말 실력이 모자라서 대학 공부하기가 많이 힘들었을 거야.

남자: 비 온 뒤에 땅이 더 굳어진다고 하잖아. 자, 힘내라는 의미에서 내가 오늘 밥 사 줄게. 가자.

대화 4
하나: 회사를 옮긴 지 일 년도 안 됐는데 또 옮기려고 해?
준하: 응, 근무 조건도 안 좋고 연봉도 다른 회사에 비해서 적고.
하나: 다른 회사 연봉이 많아 봤자 얼마나 많겠어? 내가 보기에는 근무 조건은 그만하면 괜찮은 것 같은데.
준하: 이번에는 아주 그만두고 다른 일을 찾아보려고 해.
하나: 무슨 말이야? 지금 하고 있는 일이 적성에 안 맞아?
준하: 그런 것 같아. 연봉이나 근무 조건 못지 않게 적성도 중요하지 않니? 나하고 좀 안 맞는 것 같아.
하나: 그건 그렇지. 자기가 하는 일이 적성에 안 맞으면 마지못해 하게 될 뿐이지.
준하: 응, 일이 즐겁지 않으니까 다른 생활도 신이 안 나.
하나: 그건 문제로구나. 직업을 구할 때는 일보다 자기가 보람을 느낄 수 있는 일을 선택해야겠지.

대화 5
민석: 준하야, 너 오늘 신문 읽어 봤니?
준하: 아니, 아직 안 읽었는데, 회사 나가는 길에 읽으려고 했는데, 뭐 볼 만한 기사가 나왔니?
민석: 응, 한 젊은이가 회사에 들어간 지 2년도 채 안 돼서 부장이 됐다는 기사가 실렸더라. 내가 직장 다닐 때는 상상도 못했던 일인데 말이야.
준하: 요즘엔 그런 일을 어디서나 다 볼 수 있는 것 같아. 우리 회사도 사장님이 40대거든. 그런데 처음 사장 발표가 났을 땐 회사 안에서 말이 많았대.
민석: 그랬을 거야. 아무리 능력이 남보다 뛰어나다고 해도 젊은 나이에 큰 회사를 경영한다는 게 쉽지 않을 텐데.
준하: 꼭 그렇지는 않은 것 같아. 나는 회사에 들어간 지 얼마 안 돼서 잘 모르지만, 전에 비해서 효율적으로 회사가 운영되고 있다고 하거든. 그리고 사실 나이나 회사에 들어온 순서가 아니라 개인의 능력으로 평가 받아서 회사도 발전하게 되지.
민석: 하긴 경영 능력도 웬만큼 있었으니까 사장이 됐겠지. 하지만 난 최고 경영자란 나이도 좀 들고, 경력도 좀 있어야 한다고 생각한다.
준하: 민석아, 그건 옛말이지. 요즘 신세대들은 그렇게 생각하지 않아.

마당 2
내용 1
1. 회사 생활을 시작한 지 2년이 지났는데 일이 적성에 안 맞아서 회사를 옮기려고 해요.
2. 저는 회사 일이 너무 많아서 야근하는 날도 많고 주말에서도 출근해야 할 때가 있어요. 제 여자 친구는 데이트 할 시간을 거의 못 내는 저에게 요즘 그만 만나자는 말을 자주 해요.
3. 석 달 전 새로 옮긴 회사에서 미국 지사에서 일할 생각이 없냐는 제안을 받았습니다. 일을 시작한 지 얼마 안 되고 가족도 없이 혼자 3년 간 일해야 한다는 것이 걱정이 됩니다.
4. 얼마 전 외국계 은행의 경력사원 면접시험에 합격했습니다. 그래서 5년 간 일해 온 은행을 그만두려고 하는데 올해부터 제 연봉을 크게 올려 준다고 합니다.
5. 내가 다니는 회사에서 올해 가을부터는 영어 시험 성적이 좋은 점원들에게 외국 유학이나 어학 연수의 기회도 주겠다고 한다. 하지만 나는 최근에 본 토익 점수가 나쁘게 나왔다.

내용 2
1) 나는 잘 모르겠는데 좀 도와줄래?
2) 오늘 내가 한잔 살게.
3) 수고했어, 역시 자네가 최고야!

4) 이번 일은 자네 덕분에 잘 끝났어.
5) 조금만 더 참고 고생합시다.
6) 내가 뭐 도와 줄 건 없니?
7) 괜찮아! 실수 할 수도 있지.
8) 자네를 믿네.
9) 내가 사원일 때는 더 심한 일도 했어.
10) 시키는 대로 해!
11) 이번 실수는 두고두고 기억하겠어.
12) 요새 한가하지? 일 좀 줄까?
13) 내일 아침까지 해 놔.
14) 야, 이리 와.
15) 이거 확실해? 근거 자료를 가져와 봐.
16) 이렇게 해서 월급 받겠어?

내용 3

최근 직장없이 아르바이트만으로 생활하는 사람이 늘고 있다. 특히 일본에서 20~30대 사이에서 유행이라고 하는데 이런 사람들을 '프리터'라고 부른다. 프리터란 영어의 합성어인데 자유롭다는 뜻의 프리와 아르바이트가 합쳐진 말이다. 한국에서도 이러한 젊은 세대가 늘고 있다. 이는 직장의 안정성이나 보험 혜택 등의 측면에서 보면 그렇게 권할 일은 아니라고 본다. 이런 젊은 사람들이 늘고 있는 이유는 무엇일까? 아마 요즘의 취업난 때문에 생긴 현상이라고 본다.

내용 4

기술부 직원 이광호 씨가 결혼한 지 10년만에 기다리던 아이를 얻었다고 합니다. 게다가 아들 딸 쌍둥이를 얻어서 매일 입을 다물지 못합니다. 그래서 이광호 씨가 오늘 한 턱 내기로 했습니다. 이광호 씨는 이렇게 말했습니다. 직원 여러분은 한 분도 빠지지 말고 모두 참석하셔서 득남과 득녀를 축하해 주십시오. 장소는 회사 맞은 편에 있는 '칠갑산'입니다.

마당 3

오는 9월 김우직 씨는 대학교 5학년이 된다. 서울 소재 중위권 대학교에 다니는 김 씨는 이미 졸업에 필요한 이수학점을 다 채웠다. 하지만 한 학기 더 다니기로 결정했다. 취업 준비를 위한 시간을 벌기 위해서다.

지난 상반기 그는 50군데나 넘는 대기업에 입사지원서를 제출했다. 하지만 매번 낙방의 고배를 마셨다. 토익 점수 950점, 학점 3.7(4.5만점), 1년 영국 연수 등 입사에 필요한 기본 준비는 마쳤다고 자부하지만 김 씨가 직장인이 되기 위한 길은 결코 호락호락하지 않다.

주변에서는 소위 명문대를 졸업하지 않아 대기업에 입사하기가 쉽지 않으니 눈높이를 낮추라고 권한다. 잇단 좌절에 중견기업 입사를 생각해 보지 않은 것은 아니다. 그러나 대기업에 비해 열악한 중견기업의 현실 때문에 선뜻 지원하기가 망설여진다. 결국 울며 겨자 먹기로 졸업을 미뤘다. 졸업생이라는 타이틀이 취업의 발목을 잡지 않을까 하는 우려에서다.

기업들이 졸업한 지 2년 이상 된 지원자보다 대학을 갓 졸업했거나 졸업예정자를 선호하는 현실에서는 불가피한 선택이다. 직장을 구하기 전에 졸업하면 말 그대로 '백수' 신세를 면치 못한다는 현실도 부담스럽다.

그는 "자기 위안으로 보일지 모르겠지만 이렇게라도 하지 않으면 불안한 마음을 감당키 어려울 것 같았다"고 털어 놓았다.

물론 그가 학교에서 1학기 또는 1년을 더 보내도 전공공부에 집중할 수는 없다. '취업준비'를 해야 하기 때문이다. 김씨는 다음 학기 1과목(3학점)만 수강할 예정이다. 토익 공부와 면접준비에 많은 시간이 소요돼서다.

최근 취업이 '하늘의 별따기'가 되면서 김씨 같은 '대학교 5학년'은 점점 늘고 있다. '대5생'(대학교 5학년생), NG족(No Graduation족) 등의 신조어는 이제 더 이상 낯설지 않다.

실제 지난해 말 한 취업 관련 사이트의 조사 결과에 따르면 졸업예정자 424명 가운데 59.3%가 취업하기 전까지 졸업을 미룰 수 있다고 답했다. 응답자 41.4%(복수응답 포함)가 '재학생 신분으로 취업하기 위해서'라고 답했다. 당분간 학생 신분을 유지하게 됐지만 김 씨의 마음은 여전히 무겁다. 얼마나 더 준비를 해야 입사통지서를 손에 쥘 수 있을지 알 수 없다. 30을 앞두고 여전히 부모님께 매달 용돈을 받아쓰기도 미안하고 부끄럽다.

김 씨의 마지노선은 내년 상반기까지다. 앞으로 1년 남았다. 일단 이번 하반기에는 계속해서 대기업에 도전할 생각이다. 내년 상반기에도 대기업만 노크할 것이냐는 질문에 그는 오랫동안 입을 열지 못했다. 한참 뒤 "내년에는 어디든 들어가야 하는데…"라며 말끝을 흐렸다.

인터뷰를 마친 김 씨는 책이 잔뜩 들어있는 가방을 메고 "토익 말하기 시험 준비를 해야 한다"며 학교 도서관을 향해 무거운 발걸음을 옮겼다.

마당 4

지난 10년 간 취업 및 백수 관련 유행어 중 가장 기억나는 단어나 가장 심각한 단어에 '이태백'이 꼽혔다.

7일, 취업·경력포털 스카우트(www.scout.co.kr)는 구직자와 직장인 940명을 대상으로 지난달 25일부터 이달 2일까지 취업 및 백수관련 유행어 중 가장 기억나는 단어를 물어본 결과, '이태백(20대 태반이 백수)'가 40%로 첫 손가락에 꼽혔다.

이어 ▲사오정(45세 정년퇴직/20.43%) ▲88만 원세대(88만원 월급받는 20대/12.34%) ▲삼팔선(38살에 은퇴/8.10%) ▲장미족(장기간 미취업족/5.53%) ▲오륙도(56세까지 있으면 도둑/4.26%) ▲공시족(공무원시험 준비족/3.83%) ▲취집(취업대신 시집가기/2.55%) ▲기타(2.12%) ▲토폐인(토익 공부에서 못 벗어나는 사람/0.85%) ▲엔지족(졸업 유예족/0%) 순으로 집계됐다.

이와 함께 취업 및 백수관련 유행어 중 우리 사회에서 가장 심각한 단어를 묻는 질문에도 응답자 28.5%가 '이태백'을 꼽았다.

그 뒤로는 ▲사오정(13.62%) ▲삼팔선과 88만원세대가 공동으로 (12.77%) ▲장미족(10.64%) ▲오륙도(8.51%) ▲공시족(5.96%) ▲토폐인과 엔지족(2.55%) ▲취집(2.13%) ▲기타(0%) 순이었다.

그렇다면 구직자와 직장인들의 관점에서 볼 때 미래에 가장 먼저 사라질 취업 및 백수관련 유행어는 무엇일까?

공시족(15.53%)과 이태백(15.10%)이 근소한 차이로 가장 많이 선택됐고 ▲취집(11.91%) ▲오륙도(11.49%) ▲토폐인과 88만원세대가 각각 (11.06%) ▲삼팔선(7.23%) ▲사오정(6.81%) ▲장미족(4.68%) ▲기타(2.98%) ▲엔지족(2.13%) 순으로 꼽혔다.

마당 5

취업만 되면 행복한 세상이 열릴 것이라 믿었다. 하지만 천신만고 끝에 들어간 직장은 그리 녹록하지 않다. 매일 반복되는 업무와 소모적인 감정 싸움은 우리가 꿈꾸던 직장 생활이 아니다. (지금보다 월 50만 원만 더 받는다면 삶이 보다 윤택해질 것 같기도 하다.) 하루하루 무미건조하게 생활하다 보면 불현듯 미래가 불안해진다. 이때 스며드는 생각이 바로 이직. 20·30 대 직장인들은 언제 이직의 충동을 느낄까?

1위가 꿈을 빼앗는 회사, 옮기고 싶다.

하모(32) 씨는 최근 회사를 옮겼다. 새로운 '도전'을 위해서다. 하 씨는 2004년 대학을 졸업한 뒤 교육업종의 마케팅 부서에 취직했다. 4년 간 한 직종에서만 일했다. 업계동향이나 시장조사, 전략수립 등 교육 분야에서는 나름대로 경력을 쌓았다. 하지만 올 초부터 부쩍 정체되고 있다는 느낌이 들기 시작했다. 다른 사람들은 일취월장하는데, 자신만 과거에 묻혀 지낸다는 생각에 우울했다. 회사는 외국어학원이나 대학원 입학 등 자아 발전을 위한 교육 기회를 주지 않았다. 업무 전환은 꿈도 꿀 수 없었다. 매일 같은 일과가 되풀이됐다.

하 씨는 더 늦기 전에 의욕을 불사를 새로운 일을 찾아야겠다고 결심했다. 밑바닥에서부터 하나씩 배워가면서 성취감을 다시 한번 맛보고 싶었다. 하 씨는 고심 끝에 지난 5월 IT 직종으로 진출했다.

2위는 더 좋은 조건에서 일하고 싶다.

자동차부품업체에 다니는 이모(33) 씨는 입사한 지가 엊그제 같은데 벌써 6년차라는 게 믿기지 않는다고 한다. 지금 회사는 공대를 졸업한 뒤 운 좋게 곧바로 들어간 첫 직장이다. 이 씨는 일도 적성에 맞고, 승진도 빨리 한 편이라 지금까지 다니고 있지만 직장을 옮기고 싶을 때도 많았다고 한다. 얼마 전에는 바로 옆자리에 앉은 동료사원이 경쟁업체에서 스카우트 제의를 받고 옮겼다. 연봉도 훨씬 많았다.

이 씨는 경쟁업체들에 비해 낮은 연봉을 받는 게 가장 큰 불만이다. 얼마 전 친구들과 술자리에서 연봉 얘기가 나왔지만, 이 씨는 불편했다. "옆자리의 동료가 회사 옮긴다며 악수를 청하는데, 솔직히 너무 부럽더라고요. 그것도 우리 회사와는 비교도 안 되는 연봉 조건으로 간다니, 저도 그런 제의를 받는다면 얼마나 좋을까 속으로 생각했죠."

3위는 나를 괴롭히는 상사·동료들, 피하고 싶다는 것이다.

전자업계에 근무하는 홍모(29·여) 씨도 이직을 고민하고 있다. 상사와 선배의 행태가 너무나 '꼴불견'이기 때문이다. 선배인 박모 대리는 '이간질의 화신'이다. 윗사람과 아랫사람 사이를 갈라놓고, 윗사람이 아랫사람을 나쁘게 평가하도록 만드는 데 탁월한 능력을 발휘한다. 자신보다 학벌이나 능력이 좋은 후배에겐 정도가 더 심하다. 상사는 그런 선배와 죽이 잘 맞는다. 선배가 상사의 비위를 맞추며 가려운 데를 잘 긁어주기 때문이다. 후배들이 보기에 선배의 능력은 형편없다. 그런데도 상사를 '구워 삶는' 재주 하나만으로 매년 업무 평가에서 최상위 점수를 받는다.

그런 선배의 행동에 '놀아나는' 상사의 인간성 또한 바닥 수준이다. 지시한 업무를 완수한 뒤 보고서를 제출하면 "그럼 그렇지, 네가 얼마나 하겠어. 대학에서 뭘 배웠니?"라는 등 모욕적인 언사로 부하직원을 짓밟는다. 자신은 주말과 휴일 내내 쉬면서 아랫사람들에겐 잡다한 일거리를 부과해 휴일도 보장해 주지 않는다. "편애와 모욕도 정도가 있죠. 상사나 선배, 다들 배울 만큼 배운 사람들인데 사람을 대하는 상식조차 없다는 게 실망입니다. 인간적인 사람들과 일하고 싶어 다른 곳으로 옮기려 해요."

제8과 바른 말 고운 말(1)

마당 1
내용 1

작업량/구름양/벡터양

휴가를 다녀왔더니 밀린 '작업량'이 많다.
'하늘에 구름양이 많은 것을 보니 비가 올 것 같다.'

앞에 예문에서처럼 '세거나 잴 수 없는'의 뜻을 가진 한자 '헤아릴 량'이 어떤 단어 뒤에서는 '-량'이 되고 어떤 때는 '-양'으로 쓰여 그 표기 원칙이 무엇인지 궁금해하는 사람이 많다. 그러나 간단한 법칙만 알면 이 문제는 쉽게 해결된다.

'량'이 홀로 쓰이거나 말의 첫머리에 올 때 두음법칙이 적용되어 '양'으로 쓰는 것은 대부분 알고 있다. '양이 많다, 양껏, 양산, 양자, 양형, 양판점' 등이 그 예다.

그런데 어떤 말의 뒤에 붙어 쓰일 때는 어떨까? 전부 '-량'으로 적는 것으로 알고 있는 사람이 많을 것이다. 그러나 '량'은 어떤 말 뒤에 붙어 한 단어가 됐을 때 앞말이 한자어이면 '-량'이 되고 고유어나 외래어일 때는 '-양'이 된다.

내용 2

취업란/알림난/레저난

신문이나 잡지에서 글이나 그림 따위를 싣기 위해 마련한 자리를 '난'이라고 한다.

사회가 다양해지면서 변화하는 독자의 욕구에 따르기 위해 신문 지면에도 새로운 난들이 점점 늘고 있다. '독자 투고란, 인사란, 취업란, 부고란, 사람난, 알림난' 등 문패도 각양각색이다.

그런데 문패들을 들여다보고 있노라면 한 가지 의문이 생긴다. 같은 '欄'자인데도 어느 것은 '난'으로 쓰고 어느 것은 '란'으로 쓸까?

한자어와 결합할 때만 '란'이라 쓰고 나머지 경우엔 '난'을 쓰는 것이다.

내용 3

임신중절이 우리나라의 출산율을 떨어뜨리는 주범이라는 주장에 의학계와 종교계의 의견이 엇갈린다. 의학계는 별 영향이 없다는 주장인 반면 다른 한편에선 2003년 셋째 아이 이상의 성비가 여아 100명당 남아 136명임을 들어 전체 출생 성비를 초과하는 숫자만큼 임신중절이 널리 행해졌을 것이라 주장한다. 경제성장률과 출산율의 상관관계는 또 어떠할까. '율'과 '률'은 원래 음가가 '률'인데 왜 출산율, 확률, 성장률, 이자율 등으로 제각각 쓰이는지 알아보자.

1) 앞말에는 'ㄴ'받침이 올 때는 '율'로 적는다.
2) 'ㄴ'외의 받침이 있는 말 뒤에서는 모두 '률'로 표기한다.
3) 받침이 없는 경우에는 당연히 '율'이다. '이자+율'을 '이자률'로 말할 사람은 없을 테니까

　　생존율, 출산율, 환율, 생산율, 지분율, 교환율
　　수익률, 성장률, 손실률, 부담률, 응답률
　　연체율, 이자율, 연소율, 감세율, 야투율

내용 4

"자, 나란히 서세요. 왼쪽에서 다섯 번째 분. 좀 웃어 보세요."

사진을 찍을 때 흔히 볼 수 있는 장면이다.

하지만 "왼쪽에서 다섯 번째 분"은 잘못된 표현이다.

사물의 순서를 나타낼 때 쓰는 '첫째, 둘째, 셋째…'와 '첫 번째, 두 번째, 세 번째…'는 사물의 차례나 등급을 나타낼 때 쓰인다.

사람이나 물건이 나란히 열거돼 있을 때 셋째 줄의 둘째 책상, 오른쪽부터 셋째 사람 등으로 표현한다.

반에서의 석차, 태어난 형제나 일의 순서, 책의 차례 등도 이 같은 표현을 할 수 있는 예다. '장한 둘째 아들', '문법 첫째 장', '전교에서 첫째' 등이다.

이와 달리 '첫 번째, 두 번째…'는 연이어 계속해 반복되는 일의 횟수를 나타낸다.

'올림픽의 첫 번째 경기', '미국을 네 번째 다녀오신 아버지' 등이 '번째'를 쓸 수 있는 표현이다.

마당 2

가을 단풍이 곱다. 산마다 사람들로 가득 차고 그 모습을 전하느라 헬기까지 분주하다. 그런가 하면 사회 한쪽에선 좋은 세상을 만든다는 목표를 두고서도 의견이 일치하지 않아 우왕좌왕하는 모습도 눈에 띈다. 모든 것이 평온을 되찾아 즐겁고 기쁜 일이 많아지기를 바란다.

윗글에 나오는 '즐거운 것'과 '기쁜 것'. 어떻게 다른가? 둘 다 '기분이 좋다'는 의미를 지녔지만 "어떻게 다르지" 하는 대목에 이르면 시원스러운 답변이 나오지 않는다.

이들은 뜻 차이가 매우 미묘하지만 다음과 같이 생각하면 구별해 쓸 수 있다.

'즐겁다'는 어떤 활동과 관련해 감각적으로 느낌이 좋은 것을 뜻하는 말로 판단보다는 경험적 측면이 강조된다.

운동장에서 친구들과 뛰어노는 가을, 단풍과 푸른 하늘이 고운 가을 소풍, 낯선 사람과 만나는

설렘이 가득한 주말 여행, 맛있는 음식이 차려진 점심 식사를 할 때엔 '기쁘다'보다는 '즐겁다'라는 말이 어울린다. 이들은 모두 감각과 관련이 있다.

'기쁘다'는 어떤 사실에 대해 심리적 정신적으로 느낌이 좋은 것을 뜻하는 말로 바라던 일이 이루어졌을 때 심정을 나타낸다. 자식이 대학 입시에 합격했을 때, 이산가족이 수십년 만에 만났을 때 잃어버린 물건을 찾았을 때 느끼는 감정은 '즐겁다'보다는 '기쁘다'가 어울린다. 이들은 감각보다는 정신적인 면과 관계가 있음을 알 수 있다.

마당 3

"영희 엄마, 이번 달 수도세 얼마 나왔어?"

"말도 마. 그렇게 아꼈는데도 수도세는 말할 것도 없고 전기세까지 합하니 지난 달보다 10만 원이 훌쩍 넘게 나왔다."

알뜰 주부들의 대화에서 보듯 우리가 언어 생활 중에 습관적으로 잘못 쓰는 말 중에 수도세, 전기세란 용어가 있다.

국세청이 세금에 대한 상식을 알아보기 위해 설문조사를 한 결과 '전기요금'을 세금으로 인식하고 있는 사람이 응답자의 4분의 1이나 됐다는 보도도 있었다.

세금과 요금은 성질이 전혀 다른 말이다. '요금'은 이발 요금, 택시 요금, 목욕 요금, 공항 이용 요금 등에서 보듯 물건이나 시설의 개인적 필요에 따라 사용하고 그 대가로 내는 비용을 뜻한다. 따라서 전기나 수돗물을 쓴 만큼 개인이 대가로 내야 하는 전기 요금, 수도 요금에 세금이란 용어는 적합하지 않다.

'세금'은 '소득 있는 곳에 과세 있다'라는 말도 있듯이 '경제 행위로 이익을 본 당사자에게 국가가 그 일부분을 내도록 하는 강제적인 비용'을 뜻한다. 부가가치세, 근로소득세 등은 번 만큼 나라에 내야만 하는 세금이다.

마당 4

삼촌과 서방님

미국에 이민 가 계시는 형수님에게서 국제전화가 왔다. 시시콜콜한 얘기까지 꽤 오랜 시간을 통화했다. "삼촌, 잘 지내시죠. 애들도 잘 자라고, 고모도 회사 잘 다니죠?"

"그럼요. 형님네도 다들 안녕하시죠. 형수님도 건강하시고요?"

위 대화 내용 중 아이들이 사용하는 호칭인 '삼촌, 고모' 같은 표현은 시동생이나 시누이를 부를 때 사용하는 것을 자주 본다. 그러나 이는 잘못된 표현이다.

결혼하지 않은 시동생을 '도련님'이라 하고 결혼한 후에는 '서방님'이라 칭한다. '서방님'은 '남편'을 높여 이르는 말이다.

남편의 형에게는 '아주버님'이라 칭하고 남편의 누나는 '형님'이라 부른다. 간혹 남편의 누나를 친근감의 표시로 '언니'로 부르는 경우가 있지만 맞지 않은 표현이다. 시동생의 아내는 '동서'로 부르는 것이 옳다. 손위 동서에 대해선 언제나 '형님'으로 부르고 존댓말을 써야 한다. 한편 손아래 동서라도 자신보다 나이가 많을 때는 존댓말을 사용하는 것이 옳다. 그러나 호칭은 그대로 '동서'라 칭한다.

마당 5

나라의 경제 상황이 좋지 않으면 마음까지 침울해진다. 한 일간지에 연재된 '남기고 싶은 이야기들' 중 '쇳물은 멈추지 않는다'를 보고 용기를 얻은 적이 있다.

'한번 해 보자'며 출발했던 것이 기적을 낳았지만 시련도 숨어 있었다.

'한번'을 '한 번'으로 써도 뜻이 같을까? 띄어쓰기만 달리 했을 뿐인데도 의미가 달라지므로 주의해야 한다.

'한'은 수량이 하나임을 뜻하는 관형사이고 '번'은 '4번 타자, 몇 번 맞는 기회' 등에서 보듯 어떤 범주에 속한 사람이나 사물, 일 따위의 차례를 나타내는 말이다. '한'과 '번'을 이용, 단순히 일의 차례나 횟수를 나타내고 싶으면 '한 번'처럼 띄어 써야 한다.
　그러나 "제가 한번 해 보겠습니다."처럼 "어떤 일을 도전정신을 갖고 시험 삼아 시도함"을 강조할 때는 붙여 쓴다. 이때의 '한번'은 '일단'이나 '아주 썩' '참 잘'등을 나타내는 부사어로서의 기능을 한다.
　'한번'과 '한 번'을 쉽게 구분하는 방법은 또 있다.
　문장 안에서 '한 번'을 '두 번, 세 번'으로 바꿔 뜻이 통하면 그대로 놔 두고 그렇지 않으면 '한번'으로 붙여 쓰면 된다. "얼마인지 가격이나 한번 물어보자." "인심 한번 고약하구나" 등에서 "한번"을 "두 번"으로 바꿔 보면 뜻이 어색하니 " 한번 "으로 붙여 붙여 써야 한다. "한번 실패하더라도 두 번, 세 번 다시 도전하자"의 '한 번'은 수효를 나타내는 다른 관형사로 바꿨는데도 뜻이 통한다. 자신 있게 '한 번'으로 띄어 써도 된다.

제9과　바른 말 고운 말(2)

마당 1
내용 1
　한국 사람 대부분이 즐겨 먹는 외식거리 가운데 하나인 자장면은 작장면에서 유래했다. 작은 '터지다', '튀기다, 볶다'라는 뜻이고 장은 된장, 간장 등 발효식품을 말한다. 면은 밀가루, 메밀가루 등으로 만든 국수를 통틀어 일컫는다.
　'자장'의 현대 중국어 발음은 '자장'인데 여기에 '면'을 붙여 자장면이라 한다.

내용 2
　'한 푼이라도 아끼자.' 셀프 주유소 인기. '물은 셀프입니다.' 식당이나 간이음식점, 주유소 등에서 이러한 글귀를 흔하게 볼 수 있다. 업소 측에서 인건비를 아낄 수 있고 고객 측에서는 비용을 절약할 수 있어 널리 퍼져 있다. 이 경우 '셀프'의 뜻은 종업원의 접대를 받지 않고 본인이 손수 기름을 넣거나 물을 가져오는 일을 말한다. 곧 '셀프-서비스'라는 뜻이다.

내용 3
　농산물을 판매하는 곳에 가면 '신토불이'라고 큼직하게 쓰인 플래카드를 쉽게 볼 수 있다. 우리 것이 우수하다는 점을 홍보하는 것 같은데 정확한 뜻과 어원이 궁금하다. '신체와 환경은 뗄 수 없는 것'이라는 뜻으로 모방문화가 발달한 일본에서 식생활용어로 사용하고 있는 말이다.

내용 4
　불교 용어 '불신국토'에서 '신토'를, 사찰에 들어가는 세 문 중 '해탈의 경지에 드는 마지막 문'인 '불이문'에서 '불이'를 따 합쳐 탄생된 말이 '신토불이'다.
　뜻을 헤아리기 어려운 불교식 조어를 우리 농산물을 판매하는 곳에서 자랑스레 사용할 필요가 있을까. '우리 몸에 우리 농산물' 정도로 '신토불이'를 풀어 쓰면 좋겠다.

마당 2
　실제 프로바둑 기사이며 프로 도박사를 모델로 한 드라마 <올인>은 숱한 화제를 남겼다. 드라마 속에서 사랑의 상징으로 나왔던 오르골은 연인들 간의 선물로 인기를 끌었고 촬영지는 관광명소가 됐다.
　올인은 여러가지 의미가 있지만 도박에서 ' 자기가 가진 것을 모두 건다 ' 는 뜻이다. 물론 이 드라마에선 '한 여자를 위해 모든 것을 건다'라는 의미로 사용했을 수도 있다. 국립국어원은 '올인'을 '다 걸기'로 순화해 놓았다.
　깡패는 미국 갱 영화에서 흔히 볼 수 있는 폭력 범죄를 행하는 강도단을 일컫는 영어 갱과 행동을 같이 하는 무리를 뜻하는 패가 합쳐진 말이다.
　건달은 하는 일 없이 빈둥거리거나 주색잡기 등을 하면서 살아가는 사람을 말하며 범어의 음역인 건달바에서 온 말이다. 원래는 '음악을 담당하는 신'이라는 좋은 뜻으로 쓰였다.

마당 3

휴가를 불어로 바캉스라 하는데 영어의 베이케이션에 해당한다. 프랑스인 중에도 파리 사람들이 휴가를 극성스럽게 즐기는 것으로 유명하다. 그 때문인지 우리도 어느새 바캉스란 말을 쓰게 됐다. 여름 휴가철이 되면 신문 잡지 지면에 '바캉스 특집 여행' '바캉스 대비 다어어트' 등 휴가 관련 기사와 광고들이 넘친다.

대부분 여름휴가 대신 바캉스란 말을 쓰고 있지만 사실 이 단어는 사계절 어느 때나 떠나고 즐기는 단순 휴가를 뜻하므로 딱히 여름에만 사용해야 할 이유가 없다.

따라서 바캉스란 말보다 여름휴가, 피서 또는 해수욕 등 우리말로 바꿔 쓰는 게 좋다.

'바캉스 대비 다이어트' 기사나 광고는 운동기구 미용용품 등을 이용해 체중을 줄이고 몸매를 가꾸는 내용이다. 해수욕장이나 수영장에서 아름다운 몸매를 뽐내고 싶은 여성에겐 관심 거리가 아닐 수 없다.

그러나 이런 것들을 통틀어 다이어트라고 하는 건 잘못이다. 다이어트를 단순히 체중 조절이란 의미로 사용하고 있으나 다이어트는 식이 요법에 따른 체중 조절과 건강 증진을 의미한다. 운동기구 미용용품으로 다이어트를 한다면 이런 것들을 먹는다는 얘기가 된다.

휴가를 기대하고 준비하는 것은 즐거운 일이다. 하지만 주변에 널려 있는 외래어의 오·남용은 문제다.

마당 4

핸드폰/휴대폰/휴대전화

한국이 휴대전화 보급률 세계 1위라고 한다. 요즘은 시골 노인이나 중·고등학생까지 휴대전화가 없는 사람이 없을 정도다. 또한 우리 휴대전화는 세계적인 경쟁력을 갖추고 수출의 효자 노릇을 하고 있으며 특히 중국 등 아시아권에서는 선풍적 인기를 끌고 있다.

이처럼 휴대전화가 이제는 손에서 뗄 수 없을 만큼 일상화되고 친근한 물건이지만 핸드폰 휴대폰 등 여러 가지 이름으로 각자 편한 대로 부르고 있어 용어 정리가 필요하다.

우선 핸드폰은 영어 이름으로 생각하기 쉬우나 사실은 한국에서만 통하는 소위 '콩클리시'다. 정확하게는 셀룰러폰 또는 모바일폰이다. 셀룰러폰은 미국식 표현이고 모바일폰은 영국식 표현이다.

셀룰러폰은 개인용 이동통신 회사들이 서비스 대상 지역을 여러 개의 셀로 나누고 이를 각각에 하나씩의 기지국을 설치하는 식의 전파 전달 방식을 채택한 데서 유래한 것이고 모바일폰은 움직이면서 사용할 수 있다는 뜻에서 나온 말로 이동전화정도로 볼 수 있다.

국제화 시대에 상황에 따라서 외국어를 사용하는 것이 필요하다는 점은 인정하더라도 핸드폰은 우리가 아니면 알아듣지 못하는 엉터리영어이므로 사용하지 않는 것이 바람직하다. 이런 사실을 반영해 한국말과 적당히 섞어 휴대폰이란 용어도 사용하고 있으나 어설프기는 마찬가지다.

가지고 다니는 전화라는 뜻으로 휴대전화라고 부르는 것이 가장 적절하다.

마당 5

뜨거운 감자

'수도 이전이 정치권의 뜨거운 감자다.'

'뜨거운 감자인 국가보안법 폐지를 놓고 여야가 대립하고 있다.'

'과거사 규명 문제가 뜨거운 감자로 떠올랐다.'

이처럼 중요 사안을 일컬을 때 사용하는 '뜨거운 감자'란 표현이 어떻게 생겨난 말이며 무슨 뜻인지 궁금할 것이다.

'뜨거운 감자'는 영어 'hot potato'에서 온 말이다. 먹고는 싶으나 뜨거워 먹을 수 없는 상태를 가리킨다.

베트남전 당시 미국 언론이 '미국 입장에서 베트남은 먹고는 싶지만 뜨거워 먹지 못하는 감자'라고 한 것에서 보듯 이러지도 저러지도 못하는 상황이나 다루기 어려운 문제를 일컫는 말이다. 이 밖에도 영어에서 온 표현으로 밀월, 또는 '밀월여행,' '마지막 카드' 등이 있다.

　국어를 굳건히 지키면서 우리말을 풍부하게 하는 것으로 이해할 수 있다.

　그러나 '뜨거운 감자'는 다르다. 처음 예문처럼 우리는 '뜨거운 감자'를 중요 사안, 즉 'hot issue'의 뜻으로 쓰고 있다. 이는 이러지도 저러지도 못하는 골치 아픈 문제를 일컫는 'hot potato'와는 거리가 멀다. 다른 언어의 표현을 빌려 사용하려면 그 뜻에 맞게 써야 한다.

제10과 아름다운 글

마당 1
내용 1

　아내가 힘들어 할 때 여러 말로 설득하는 것보다 꼭 안아 주며 말하십시오. "여보, 힘들지?"
　남편이 사업상의 어려움이 있을 때 남편의 손을 꼭 잡으며 이렇게 말하십시오. "여보, 힘드시지요? 내가 당신을 위해 기도하고 있어요."
　학교 시험에서 떨어지거나 일에 실패해서 괴로워하는 자녀들이 있으면, 꼭 안아 주며 이렇게 말하십시오. "난 너를 사랑한단다."
　말 한마디가 사람을 주저앉히기도 하고 다시 일으켜 세우기도 합니다.
　말은 곧 힘입니다. 곧 에너지입니다.
　한마디의 "당신 힘들지?"이 말은 말이 아니라 사랑입니다.

내용 2

　세계적인 과학자 에디슨은 청각장애를 앓고 있었던 사람이었다. 그 때문에 그는 다른 소리를 듣지 않고 연구에만 몰두했기에 목적을 달성할 수 있었다.
　어느 날 에디슨의 친구가 아들을 데리고 와서 "여보게, 내 아들인데 이놈에게 평생 좌우명이 될 만한 이야기를 좀 해 주게"라고 말했다.
　그때 에디슨은 빙그레 웃으면서 "젊은이, 결코 시계를 보지 말게, 이것이 나의 충고일세"라고 말했다.
　시계를 보지 말라는 것은 어떤 일을 할 때는 그만큼 다른 데 신경을 쓰지 말고 최선을 다해 몰입하라는 뜻이었다.

내용 3

　빌게이츠의 인생충고 10가지
　인생이란 원래 공평하지 못하다. 그런 현실에 대하여 불공평하다고 생각하지 말고 받아들여라. 세상은 네 자신이 어떻게 생각하든 상관하지 않는다.
　대학교육을 받지 않는 상태에서 연봉이 4만 달러가 될 것이라고는 상상도 하지 마라.
　학교 선생이 까다롭다고 생각되거든 사회 나와서 직장 상사의 진짜 까다로운 맛을 한번 느껴봐라.
　햄버거 가게에서 일하는 것을 수치스럽게 생각하지 마라. 너희 할아버지는 그 일을 기회라고 생각하였다.
　네 인생을 네가 망치고 있으면서 부모 탓을 하지 마라.
　불평만 일삼을 것이 아니라 잘못한 것에서 교훈을 얻어라.
　학교는 승자나 패자를 뚜렷이 가리지 않을지 모른다. 어떤 학교에서는 낙제제도를 아예 없애고 쉽게 가르치고 있다는 것을 잘 안다. 그러나 사회 현실은 이와 다르다는 것을 명심해라.
　인생은 학기처럼 구분되어 있지도 않고 여름방학이란 것은 아예 있지도 않다. 네가 스스로 알아서 하지 않으면 직장에서는 가르쳐 주지 않는다.

TV는 현실이 아니다. 현실에서는 커피를 마셨으면 일을 시작하는 것이 옳다.

공부밖에 할 줄 모르는 "바보"한테 잘 보여라. 사회 나온 다음에는 아마 그 "바보" 밑에서 일하게 될지 모른다. 마이크로사의 빌게이츠가 한 고등학교를 방문하고 사회 문을 밟기 시작하는 학생들에게 한 조언입니다.

내용 4

체온은 높아질 때도 있고 낮아질 때도 있습니다. 마음의 온도도 마찬가지입니다.

인간관계 또한 고정되어 있지 않고요.

사람들이 어떨 때는 차갑게 대응하기도 따뜻하게 대응하기도 하듯이 우리들 마음에는 예측할 수 없는 면이 있는 것이 매력입니다.

마음의 온도는 체온과 다릅니다. 체온은 즉 몸의 온도는 아주 가까이 있어야 다른 사람이 느낄 수 있지만 마음의 온도는 아무리 멀리 떨어져 있어도 느낄 수 있습니다.

서울에서 부산까지도, 알래스카에서 시베리아까지도 전달됩니다.

몸의 온도는 자신의 한 몸을 덥히는데 그치고 말지만 마음의 온도는 다른 사람의 마음도 함께 덥혀줍니다.

마당 2

안녕?

나는 한국에서 사는 김평화라고 해.

벌써 공부하기 좋은 계절 가을이 왔어.

이제부터 우리 한국에 대하여 우리나라 말과 글에 대하여 소개할까 해.

너는 우리나라 한국말을 아니? 손쉽고 빠르게 배울 수 있는 순수한 우리말을... 가나다라마바사아자차카타파하 등등 말이지...

이 글은 옛날 우리 조선시대의 세종대왕께서 만드신 글이야. 옛날 옛적엔 중국말인 한문을 써서 너무 어려워 세종대왕이 글을 만들어 주셨어.

근데 요즘은 순수한 한글만을 쓰지 않고 오히려 영어나 나쁜 외래어를 많이 쓴단다. 이상하지? 돌아가신 세종대왕이 얼마나 슬퍼하실까?

나는 우리 한국말이 너무 자랑스러워. 그리고 세계에서 알아주는 글이야.

나는 우리나라 사람들이 우리말을 함부로 쓸 때면 너무너무 실망감이 크고 또 너무 잔인하다고 생각해. 한글도 슬플 것 같아. 우리 한국말은 순수하며, 아름다운 말이야.

아름답다. 푸르다. 예쁘구나, 정직, 등등… 정말 이쁜 말이지?

한글은 훌륭한 글이야. 내 편지를 보고 한글에 대하여 잘 알았으면 해. 정확하진 않지만 잘 알았으면 해. 예쁜 글 사랑 한글 사랑말이지…

말을 곱게 쓸수록 상대방이 좋은 것이야. 나도 이젠 잘 써야겠어.

우리 한국말에 대해 알고 싶은 다른 나라 친구야, 그럼 안녕!

마당 3

우리 동생은 7살이다. 말도 잘 하고, 잘 뛰어 놀고 순진하고 착한 7살이다. 하지만 우리 동생은 아직까지 한글을 모른다. 내년이면 학교를 갈 나이인데 할머니께선 우리 동생이 한글도 모른다는 게 안돼보이시나 보다.

우리 동생은 수학을 무척이나 잘한다. 덧셈, 뺄셈, 곱셈 다 잘한다.

하지만 한글 외우기는 곱셈 구구단 외우기보다 몇 배로 어려운지 "가나다라마바사" 까지는 잘 가다가 "아"부터 "하"까진 무조건 중얼중얼이다.

동생은 나와 다르게 한글을 배우는 방법 자체가 다르다. 아니, 내가 좀 특이하게 배웠을 수도 있다.

난 어렸을 적에 새벽 5시 30분쯤 일어나서 TV를 켰다. 그리고 그때부터 TV에서 자막이 나오면 그

것을 보며 글자를 배웠다.

우리 동생은 나에 비해서 아주 평범하게 배운다. 우리 동생은 "가나다라마……하"까지 외우고, 또 외우고 하면서 좀 알았다 싶으면 그냥 종이에 써보고……. 이게 우리 동생 방식이다. 엄마께로부터 겨우 자기 이름 석자 쓰는 걸 배워서 공책이나 스케치북에 정성 들여 쓰고는 자기 혼자 만족하는 모습이 너무 보기 좋다.

"언제 글자를 다 터득할까?" 우리 고모의 말씀이다.

우리 동생 월호는 오늘도 글자 책을 펴놓고 글자를 외운다. 종이에 정성스레 쓴 글이 삐뚤삐뚤하지만 그래도 정성이 들어 있는 것이 한눈에 들어온다. 왼손으로 삐뚤삐뚤 쓴 글씨가 우리 가족에게 행복한 웃음을 한 가득 안겨준다.

마당 4

조선에서는 "한글"이라는 말을 쓰지 않고 훈민정음 또는 조선글이라는 말을 즐겨 쓴다. "한글"의 "한"이 한국의 "한(韓)"과 동일이라고 보는 나머지 한글은 한국 글자를 뜻한다고 보기 때문이다. 그래서 한글날이라는 말 대신 "훈민정음 창제 기념일"이라고 부르고 있다. 그뿐 아니라 기념 날짜도 1월 15일로 정하고 있다. 훈민정음 창제일은 1443년 12월 상한(상순)인데 그것은 음력이므로 양력으로 환산하여 1444년 1월 15일이 된다는 것이다. 이는 우리가 한글 반포 날짜를 기준으로 하여 10월 9일을 한글날로 정한 것과 다른 점이다.

어떻든 이 창제 기념일에는 갖가지 문화 행사와 비교적 성대한 기념 행사를 치르고 특히 매 5년이 되는 해에는 더욱 성대한 문화 행사를 벌인다고 한다. 다만, 그곳에서도 아직 이 기념일을 국경일로 격상시키지 않고 있어 뜻있는 이들은 아쉬워하고 있으며, 문화의 큰 잔치를 벌이는 국가적 경사일이 되기를 희망하고 있었다.

앞으로, 남북의 교류가 잦아지고 공동 문화 행사를 넓히는 단계가 오면 한글 관계 기념일을 남북이 통일하려는 논의도 있음직하다. 그렇게 되면 한글 관련 기념일이 범민족 문화의 날로 승화될 공산이 크다.

현 단계에서 우리는 한글날을 우선 국경일로 정하는 데 힘을 모아 앞으로 있을 통일된 범민족 문화의 날을 실현하는 발판을 삼아야 할 것이다. 우리의 한글날을 국경일로 격상시키면 조선에도 영향을 줄 것이고 남과 북이 함께 하는 '범민족 문화의 날' 실현을 위한 분위기 조성이 될 것이다. 결국, "한글날 - 국경일 - 범민족 문화의 날 - 세계 문자의 날"로 발전시켜 한글 문화의 세계화가 이루어지는 수순을 밟아 나가야 할 것이다.

마당 5

고등학교 1학년 때 일입니다. 야간 자율학습을 마치고 친구들과 버스를 탔습니다. 저희 집은 시골에서 농사를 짓고 있어서 학교에 가기 위해 30분 정도 시골길을 걸어 나가서 버스를 타고도 1시간 정도를 더 가야 했습니다. 집에 도착하기 다섯 정류장을 앞두고 아버지가 남루한 옷차림에 술이 취하셔서 버스에 타시는 것을 봤습니다.

그 버스가 마지막 차여서 버스에는 빈자리가 없었습니다. 저는 제일 뒷자리에 앉아 있었고 아버지는 서 계셨습니다. 저는 모르는 척했습니다. 그런데 아버지가 내릴 정류장이 아닌데 버스에서 내리시는 것이었습니다. 술에 취하셔서 내리신 것이었습니다. 저희 집에 가는 길은 외딴 시골길이라 잘못 내리면 지나다니는 차도 없는데 말입니다.

그러나 어린 마음에 이 못난 딸은 아버지를 부르지 않았습니다. 친구들한테 그런 아버지의 모습이 창피했나 봅니다. 집에 들어갔더니 엄마가 "너희 아버지가 늦는구나" 하면서 애타게 기다리고 계셨습니다. 저는 아무 말도 못했습니다.

이제는 제가 고등학교 시절에 이런 사실을 말씀드리고 죄송하다고 철없이 행동한 것을 사과 드려도 아버지는 웃기만 하십니다. 당뇨합병증에 뇌경색으로 장애인이 되셨기 때문입니다. 그 시간을 되돌릴 수만 있다면……늦은 밤 깜깜한 시골길을 몇 정류장이나 걸어오셨을 아버지를 생각하며 가슴 한편이 저려옵니다.

제11과 연애와 결혼 이야기

마당 1
대화 1
여자: 네가 후배를 좋아한다며?
남자: 누가 그래? 아니야.
여자: 누가 그러긴, 학교에 소문이 쫙 났더라.
남자: 누가 그런 소문을 퍼뜨렸는지, 가만 두지 않을 거야.
여자: 아니 땐 굴뚝에 연기 날까?
남자: 정말 아니야. 지난 주말에 후배가 외국에서 친구가 없어 심심해 하기에 같이 영화를 본 것밖에 없어.

대화 2
남자: 어서 와, 배고프지? 내가 밥 차려 줄 테니까 조금만 기다려.
여자: 오빠가 밥도 할 줄 알아? 집에 있을 때는 손가락 하나 까딱 안 하더니 해가 서쪽에서 뜨겠네.
남자: 혼자 살면 다 하게 되는 법이야. 요즘은 전자레인지에 데우기만 하면 되는 인스턴트 음식도 많아서 아주 편해.
여자: 웬 반찬들이 이렇게 많아? 이게 다 오빠가 직접 만든 거야?
남자: 인터넷으로 주문하면 이틀에 한 번 반찬들을 배달해. 죽이나 국을 주문할 수도 있고.
여자: 이렇게 살기가 편하니까 우리 오빠가 결혼할 생각을 안 하는구나.

대화 3
준석: 하나야, 선을 봤다는 소문을 들었는데 정말이니? 넌 연애 결혼을 하겠다고 하지 않았어?
하나: 누구한테 들었어?
준석: 지연이한테 들었는데 사실이지?
하나: 무슨 여자가 그렇게 입이 가벼울까? 비밀을 꼭 지키겠다고 하더니 벌써 다 말했구나.
준석: 어떤 사람인지 궁금해. 말해 봐.
하나: 친구의 오빠인데 서울대 나온 데다가 인품도 좋더라. 하도 많이 이야기를 들어서 한번 만나 보기나 하려고 갔다 왔어.
준석: 그래서 직접 만나니까 어땠어?
하나: 글쎄, 첫인상은 괜찮았지만 한 번 보고 어떤 사람인지 잘 모르겠어. 난 조건보다는 인간성이 더 중요하다고 생각하거든.
준석: 네 말이 맞아. 중요한 건 재산이나 조건이 아니라 마음이지. 젊은 사람들이 만나 서로 사랑하고 열심히 사는 것이 행복한 결혼 아니겠어?
하나: 맞아. 그렇지만 한편으로는 이런 생각도 들어. 적은 돈으로 생활하다 보면 바가지를 긁게 될 거고, 그러다 보면 사랑도 점점 식지 않을까?
준석: 요즘 여자들이 모두 그렇게 생각하니? 그렇다면 나같이 가난한 사람한테 너처럼 멋있는 여자는 그림의 떡이겠다.
하나: 아이, 비행기 태우지 마. 네 여자 친구가 네가 졸업할 날만 눈 빠지게 기다리고 있는 걸 모르는 줄 알아?
준석: 하여튼 네 말을 들으니 이제부터 여자 친구에게 더 잘 해 줘야겠다. 혹시 좋은 조건을 가진 남자가 나타나면 마음이 변할까봐 걱정이 되네.

대화 4

아버지: 너 이번 토요일에 시간 있니?
하 나: 토요일 언제요? 무슨 일이 있으세요?
아버지: 네 이모가 저녁에 너 좀 보자고 하더라.
하 나: 이모가 또 중매 서신다는 거예요?
아버지: 그래.
하 나: 전 선보러 나가 차 마시고 이야기 나누는 것이 부담스러워요.
아버지: 참 좋은 총각이더라. 학벌 좋고, 잘 생기고, 직장 좋고, 집안 좋고.
하 나: 뭐 언제는 안 좋다고 하셨나요?
아버지: 넌 준하 때문에 다른 남자가 눈에 들어오지도 않는 모양이로구나. 그렇지만 준하는 안 된다.
하 나: 아버지께서 된다고 하실 때까지 기다리겠어요.
아버지: 내 눈에 흙이 들어가기 전에는 안 된다.

대화 5

준하: 내 어렸을 때 사진을 보면 무지 잘 생겼어.
하나: 그래?
준하: 그럼, 옛날에 나를 만나면 너는 절대 안 좋아했을 거야.
하나: 내가 너의 얼굴이 좋아서 좋아했나?
준하: 지금 봐도 빠지는 데가 하나도 없잖아! 솔직히 말하면 외모만 빼고 너도 내 이상형이 아니거든.
하나: 그렇겠지. 이효리가 너의 이상형이겠지!
준하: 그렇다고 말할 수 있지. 일단 s라인이 살아 있잖아. 그렇지만 어쩌겠냐? 이제는 내 눈에는 뭐가 씌어서 이제는 네가 세상에서 제일 예쁜데.
하나: 진짜지?
준하: 그럼, 이 세상 여자는 너밖에 없다니까.
하나: 당연히 그래야지.
준하: 네 눈에도 내가 이 세상에서 제일 잘 생겼지?
하나: 아니!
준하: 뭐?
하나: 내가 아무리 준호 씨를 사랑했지만 어떻게 그런 거짓말을 해? 이 세상에는 현빈도 있고 장동건도 있는데.
준하: 그럼, 그 사람하고 같이 살든지.

마당 2

　이수연 씨는 22살의 미혼 여성입니다. 수연 씨는 대학교에서 영어를 전공했고 대학을 졸업한 후 대학원에서 계속 공부하고 있습니다. 수연 씨는 세 명의 남자를 알고 있는데 그 중의 한 명과 결혼하려고 합니다. 그러나 아직 마음을 정하지 못하고 있습니다. 여러분은 이수연 씨가 누구와 결혼하면 좋겠다고 생각합니까?
　김범수 씨는 나이가 28살이고 집안의 막내아들입니다. 친절하고 부드러운 성격입니다. 부자이지만 2년 전에 이혼하고 지금 1 살 된 아이가 있습니다. 권명호 씨는 나이가 25살이고 직업은 야구 선수이고 아주 활동적이고 술이나 담배를 다 좋아합니다. 그리고 여자들에게 인기가 많아서 여자 친구도 많습니다. 집이 시골에 있어서 지금은 서울에서 하숙을 하고 있습니다. 그리고 그는 집안의 장남입니다. 이영택 씨는 22살이고 지금은 아직 대학생입니다. 외아들이라서 자기 마음대로 합니다. 그리고 결혼하게 되면 시부모님과 같이 살아야 합니다. 기회가 없어서 그런지 한번도 연애 경험이 없습니다.

마당 3

대학을 졸업하고 직장생활을 한 지 2년이 된 민정이는 올해초 부모님으로부터 독립을 했다. 출근하기 전에 엄마가 준비해 주시는 따뜻한 아침밥상과 편안한 생활 대신 민정이는 자유를 선택했다.

민정이가 이렇게 독신생활을 하기로 결정한 데는 친구 희선이의 영향이 컸다. 희선이가 자신만의 공간에서 누구의 간섭도 받지 않고 자신의 생활을 즐기며 사는 모습이 부러웠던 것이다.

민정이는 제일 먼저 전자제품과 생활에 필요한 것들이 갖추어져 있는 원룸을 구했다. 소파 겸 침대, 커피메이커와 토스터기, 전기밥솥과 전자레인지가 하나로 되어 있는 제품들은 공간을 많이 차지하지 않고 아주 편리하다.

여러 종류의 배달업체들이 민정이의 독신생활을 도와 주고 있다. 날마다 배달되는 죽이나 샐러드로 간단하게 아침을 먹고 출근을 하고 저녁에는 아침에 맡긴 세탁물이 배달된다. 저녁식사도 요일별로 반찬을 달리해 배달해 주는 업체가 있기 때문에 문제가 없다.

느긋하게 저녁식사를 마친 후에는 인터넷으로 쇼핑을 즐긴다. 독신자 전용 상품을 소개하는 인터넷 쇼핑몰에 들어가 필요한 물건을 구입하거나 독신자 매장을 둘러보는 것도 재미가 있다.

가끔 부모님의 잔소리도 그립지만 민정이는 이런 자신만의 공간이 정말 소중하다고 느낀다.

마당 4

부부는 인생에서 가장 소중한 동반자입니다. 과거에는 결혼이란 것을 한 남자와 한 여자의 결합만이 아니라 두 집안의 결합으로 생각했습니다. 그렇기 때문에 결혼하는 남녀의 생각이나 감정과는 상관없이 양가 부모나 어른들의 결정에 따라 배우자가 선택되었기 때문에 결혼은 중매인의 소개로 하는 중매결혼이 대부분이었습니다.

그러나 시대의 변화에 따라 남녀가 만나는 기회가 많아지면서 집안보다는 결혼 당사자의 선택이 중요해졌습니다. 배우자를 선택할 때 서로가 사랑하는 마음이 가장 중요한 요소가 된 것이지요.

그런데 요즘은 조건 중심으로 배우자를 선택하는 경우를 많이 보게 됩니다. 이러한 결과로 결혼정보회사까지 등장하게 되었습니다. 결혼정보회사는 조건이 맞는 두 사람을 연결시켜 주는 회사입니다. 과거에 중매인들이 하던 것처럼 요즘은 결혼정보회사에서 결혼을 하고 싶어 하는 사람들을 관리해 줍니다.

마당 5

제주도에서는 혼례에 쓸 물자를 신부댁으로 보내는 것을 이바지라고 한다. 약혼 후 혼례날 전 적당한 날을 선택하여 이바지를 보내는데 품목은 돼지, 닭, 두부 또는 두부를 만들 콩, 쌀, 술 등이다. 경상도에서는 혼례 전날 또는 당일에 혼인 음식을 주고받는다. 예단 음식으로 백설기, 각색 인절미, 절편, 조과, 정과, 과일, 편육, 갈비, 돼지 다리, 소다리, 건어물, 술 등을 주고받는다.

예단은 며느리가 들어오면서 시댁 어른들께 드리는 인사로 한복감이나 이불을 선물하는 것이 가장 일반적이다. 그러나 최근에는 현금으로 드리는 경우가 많다. 또 모피나 보석, 반상기 세트, 금은 수저 세트 등이 새롭게 부상하고 있는 예단 품목이다. 그러나 어떤 경우건 신혼부부의 생활에 큰 무리가 가지 않는 범위 내에서 액수를 책정해야 한다. 예단의 범위는 예비신랑과 상의해서 시부모님과 직계사촌 정도로만 정하는 것이 좋다.

혼례 전일까지 혼서와 예단을 넣어 신부 집으로 보내는 납폐를 함이라고 한다. 함 보내는 시기는 원래는 혼인식 일주일 전쯤에 행하는데 현대식으로는 결혼전날 저녁에 보낸다. 함은 오동 나무 함이 가장 좋지만 비싸고 귀하므로 은행 나무 함이나 지함, 나전 칠기 함 등을 이용한다. 신혼 여행 가방을 사용하기도 한다. 함에는 혼서와 청홍 비단의 혼수, 예물이 들어간다.

예전에 신랑과 신부를 맞이하는 양가에서 큰상을 차리고 이를 사돈댁에 보내는 풍습을 상수라 하였다. 현재는 번거로움을 줄이고 예단 음식으로 주고받는다. 상수 또는 봉송 돌린다는 용어가 이바지 음식으로 변했다고 할 수 있다.

　이바지는, 잔치를 뜻하는 '이바디'에서 변한 말인 듯하다. 힘들여서 음식 등을 보내 주는 일과 그 음식을 뜻하기도 한다. 이바지 풍습은 지방마다 다르다.

　폐백은 보통 신부의 집에서 혼례를 치르고 나서 1-3일이 지난 후 시댁으로 가 친정어머니가 싸 준 대추, 밤, 마른안주, 포 등을 차려 놓고 시부모 시댁 식구들에게 처음으로 인사를 드리는 예식을 폐백이라고 한다.

제12과　한국의 드라마(1)

마당 1
명장면 1

기준모: 아이구, 아이구, 허리야, 아이구 나 죽겠다. 아이구.
기　사: 사모님.
기준모: 야, 눈을 뒷꼭지에 달고 다니니? 왜 쫓아와서 부딪쳐. 부딪치길, 아이구, 죽겠네. 아이구, 아이구.
인　영: 죄송합니다.
기준모: 사람 죽여놓고 죄송하다면 그만이야? 야, 이렇게 사람 치고 다닐려면 집에 죽치고 있어, 다른 사람 피해 주지 말구.
인　영: 갑자기 나오셔서.
기준모: 그럼 나온다구 소리치고 나오니? 호루라기라도 불고 나오랴. 뭘 잘 했다구 말 대꾸야.
인　영: …
기준모: 뭐 갑자기 나오셔서?
인　영: 그런 게 아니구 정말 잘못한 건 아닌 거 같아.
기준모: 그러니까 쌍방 과실이라 이거야? 그래서 너도 넘어졌어? 어른을 넘어뜨렸으면 얼른 잘못 했다고 할 일이지, 어디다 따지고 달려들어, 달려들길.
인　영: …
기준모: 아이구, 쯧쯧쯧, 어떤 재수없는 여편네가 너 같은 며느리 얻을지 걱정된다.
인　영: 어떤 재수없는 아가씨가 아줌마 같은 시어머니를 만날지 걱정되네요.

명장면 2

삼순: 누구든 건들기만 해 봐.
삼순: 시럽이랑 달걀물이랑 발라서 노릇노릇 구워 버릴 테니까. 아 이 놈의 변비… 삼식이한테 확 옮아가라. 옮아가서 확 치질도 만들어 버리구.
진헌: 이 여자가…
삼순: 누구예요?
진헌: 이런…
삼순: 누구냐구요.
진헌: 아.
삼순: 이 부장님? 기방이니?
진헌: 치질은 사양이네요
삼순: 헉, 아니 거기 숨어서 기척도 안 하면 어떡해요?
진헌: 숨긴 누가 숨어요? 그쪽이 요란한 거지. 근데…부탁이 있어요.
삼순: 변소에서 웬 부탁?
진헌: 휴지…좀 줘요.
삼순: 어머. 어떡하나? 여기도 휴지가 똑 떨어졌네? 도대체 누구야? 화장실 담당이?

진헌: 이런!
삼순: 흠. 이럴 땐 혈액별로 방법이 다 있는데 가르쳐 줘요? 인내심이 강하고 내성적인 A형은 청소하는 아줌마가 올 때까지 기다리죠. 자기애가 강한 B형은 단 두 개의 그걸로 해결하죠. 합리적인 AB형은 쓰레기통을 뒤져 남이 쓰다 버린 휴지로 해결하고, 사소한 것에 신경쓰지 않은 O형은? 그냥 나와요 나중에 닦으면 되니까. 사장님은 어느 타입?
진헌: 그쪽은 어떡할 겁니까?
삼순: 저야 뭐. 30년을 살다 보면 그런 노하우 쯤이야 기본이죠. 양말.
진헌: 뭐해요?
삼순: 양말 빨아요. 한 짝만 쓰고 한 짝은 남았는데 빌려 드릴까요?
진헌: 휴지. 갖다 줄 거죠?
삼순: 당근이죠. 조금만 기다리세요

마당 2
명장면 1
(영재가 옷을 바꿔입을 때 부주의로 혜원의 집에 떨어뜨렸는데…영재손의 반지가 없어진 것을 보고, 화를 낸다…)

지은: 별거 아닌 일요?
영재: 그래… 그깟 반지가 별거라구…
지은: 그거 그냥 반지 아니에요. 우리 결혼반지예요.
영재: 그래, 그깟 결혼반지 다시 사면 되잖아.
지은: 그깟 반지는 다시 사도, 강혜원 씨한테 전화하는 건 그렇게 미안하고 무서워요? 강혜원이 뭔데? 그렇게 대단해? 맨날 잘난 척이나 하면서 사람 무시나 하고 깔보면서 공주인 척은 혼자 다 하구.
영재: 뭐? 이게 진짜, 니가 혜원이데 대해서 뭘 안다구 까불어.
지은: 하긴 뭐 둘이 그렇게 똑같으니까 친구가 됐겠지.
영재: 뭐?
지은: 반지는 나하구 한 약속이라구요, 아무데나 버리고 다시 사고 그러는 거 아니?
영재: 약속? 우리가 무슨 약속했는데? 넌 계약서에 도장 찍고 나랑 결혼한 거 아니었어? 우리가 진짜 결혼한 거야? 남들하고 똑같은 결혼이야? 왜 나서서 오바야? 넌 그냥 돈 받고, 시키는 대로 청소하고 밥이나 잘 하면 돼.
지은: 내가 그냥 너 시키는 대로 밥만 하는 사람이야?
영재: 그래 넌 그냥 나한테 청소기고, 밥통이야.
지은: 뭐?
영재: 혹시 너, 나 좋아하니?
지은: 뭐라구?
영재: 아님 뭐야? 너 혹시 지금 착각하고 있는 거.
지은: 너는 세상에서 제일 악질, 저질, 곰팡이, 똥 보다 더 지저분한 놈이야. 나쁜 놈.
영재: 뭐?
지은: 너랑은 정말 더 말하고싶지도 않아. 이번엔 정말 끝내자.
영재: 어, 그래 또 나가라. 나가 아주 지겨워 죽겠어. 제대로 할 줄 아는 건 하나도 없는게. 성질만 사나워 가지고. 나도 너 귀찮고 싫어. 지겨워…

명장면 2
(영재는 지은이랑 스케트장에서 만나자고 데이트 신청을 한다. 농담인 줄 알고 영재를 찬바람을 맞으면서 온종일 기다리게 하는데… 영재는 감기몸살로 앓게 되어 지은이가 옆에서 병간호 해준

다.)
지은: 감기엔 이거 마시면 안된다니까. 하여튼 진짜 말 안 들어요.
영재: 나 감기 아니라니까…
지은: 으유…
영재: 한지은…
지은: 네?
영재: 컴퓨터 고장내서 미안해. 조류작가라 그런 것도 …
지은: 어, 이영재 씨가 미안하단 말도 할 줄 알아요?
영재: 잘 못해서 그렇지, 할 줄은 알아.
지은: 그럼 이영재 씨가 내 영화에 출연한다 그럼 봐 준다.
영재: 그건 시나리오 읽어보고 생각 좀 해볼게.
지은: 읽어보나 마나 재밌지, 대박이라니까…
영재: 참, 근데 너 초록색 좋아한다며?
지은: 어떻게 알았어요?
영재: 꽃은 다 좋아하는데, 그래도 장미 젤 좋아하고, 클래식 음악을 들으면 5분 만에 자버리고, 또 중학교 때 미술 선생님이 첫사랑이라며?
지은: 네?
영재: 나 너에 대해서 다는 몰라도 많이 알아. 야, 또 너 고등학교 때 48등 한 적도 있더라?
지은: 네? 그걸 어떻게 동욱이한데서 들었어요?
영재: 아니. 니가 너에 대해서 잘 모른다고 그래서 좀 물어봤어.
지은: 그러니까 알고 싶은 거, 궁금한 거 다 나한테 물어보라구요. 그럼 내가 어떤 사람인지, 지금 무슨 생각을 하고 있는지, 어떤 말을 하고 싶은지 다 가르쳐 줄 건데. 바보.
영재: 한지은, 그럼 한 가지만 물어보자 나랑 결혼해 줄래?
영재: 지금 대답해, 내일까지도 못 기다려, 낼 되면 우리 또 싸울지 모르잖아?
지은: 바보냐? 우리 결혼했잖아요. 그런데 무슨 결혼을 또 해? 이거 봐 이거.
영재: 너 그거 갖고 있었어?
지은: 으이구. 이영재 씨는 반지 잃어버렸지?
지은: 처음엔 이 반지가 가짜가 아닐까, 거짓말이 아닐까. 생각했었는데 근데 나한테는 진짜였어요. 항상 이영재 씨 기다리면서, 가슴 아파하면서, 그러면서도 또 행복해하면서, 그렇게 그냥 이영재 씨 때문에 나한텐 진짜가 돼 버렸어요.
영재: 널 지켜줄 수 없을지도 모른다는 생각했을 때는 정말 돌아가 버릴 거 같앴어.
　항상 니가 생각나고, 걱정되고, 너무 보고 싶어서. 정말 너무 아프더라. 사람을 좋아한다는 건 이렇게 아프고 힘든 일인데. 그래도 멈추는 게 안 돼. 너한테 가는 걸 멈출 수가 없다.
　지은아. 사랑해. 야, 온 우주가 폭발할 만큼, 세상 바닷물이 모두 말라 버릴 만큼, 또 내 영혼이 다 타서 흩어져도 좋을 만큼 아주 많이 널 사랑해. 너 한지은 사랑한다구.

마당 3
명장면 1
　(채경이 쉽게 유의할 수 있는 곳에 고의적으로 신의 사진을 놓아두는데…사진을 보는 순간 거대한 충격을 받은 듯~ 신과 율이 채경이 없어진 것을 알고 사처로 돌아다니는데…채경이 돌아왔다…)
　신: 얼마나 걱정했는 줄 알아? 경호원도 없이 무슨 일 생긴 줄 알았잖아.
채경: 최소한 걱정이라도 해 줘서 고마워.
　신: 그런 사진 따위 때문에 아프지 마.
채경: 사진 따위? 넌 정말 진심이란 게 없는 애야. 난 아니라고 해도 최소한 효린이한테는 진심이

있을 줄 알았지. 너란 앤 정말 한 번도 누군가를 진심으로 대한 적이 없을 거야.

신: 그걸 말이라고 해. 최소한 너한테는!

채경: 두 사람 사이에 끼어서 헤어지게 한 거 미안하게 생각해.

궁이라는 곳에 들어와서 의지할 사람이 필요했어. 니가 아무리 차가워도, 나한테 못되게 굴어도 그래도 네가 내 옆에서 있어서 가끔은 행복하고 가끔은 위로가 됐어. 근데 이젠 아닌 거 같아.

신: 무슨 말이야?

채경: 힘들어졌어. 니 옆에 있는 게.

신: 어디가?

채경: 니가 말했지 2,3년만 기다리라고, 그래. 2,3년 후에 이혼해.

신: 뭐? 그렇게 못하겠다면?

채경: 난 일방적으로 니가 하자면 하고, 못한다면 못하는 그런 인형 아니란 말야. 그러니까 그동안 아무리 효린이한테 가고 싶어도 서로에 대한 예의는 지키는 것이 좋겠어.

신: 응!

채경: 안 그러면 우린 어쩌면 우리가 함께 살았다는 사실조차 지우고 싶어 할지도 몰라. 너하고 같은 하늘, 같은 땅을 밟고 있다는 것조차도 싫어질 정도가 되면 내가 견디기 힘들 거야.

신: 그렇게 힘드니, 궁생활이? 니가 정말 이혼을 원한다면 이혼해 줄게.

채경: 이혼을 먼저 얘기한 너잖아, 이 나쁜 자식아!

신: 처음엔 네가 싫었으니까. 웬 낯선 애가 뜻하지 않게 내 인생에 끼어 들어서 눈을 동그랗게 뜨고 이것저것 물었어. 니 얘기를 듣고 있으면 내 삶이 모두 가짜인 것만 같았어. 내가 진짜라고 믿고 산 모든 것들을 넌 한순간에 가짜인 것처럼 느끼게 해. 하지만 문득 이런 생각이 들 때도 많아. 내가 너 없어도 살아갈 수 있을까?

채경: 그 말은 설마…

신: 결론을 내려보면 너 없이도 살긴 살겠지, 뭐. 사람들은 어떻게든 주어진 상황에 익숙해지기 마련이니까. 너 없이 19년을 살았는데. 니가 사라진다고 해도 곧 적응할 거야.

하지만 많이 그립긴 하겠지. 너 땜에 귀찮아하고, 싸우고 화해했던 모든 시간들이 이젠 습관이 된 거 같애. 늘 하던 일을 하지 않으면 허전한 거처럼 말야.

채경: 그거구나. 습관은 고치면 돼.

신: 습관은 어떻게 고치는 건데? 그것도 말해줘야지.

채경: 몰라! 그런 건 아는 거 많은 니가 알아서 해! 진심이라곤 벼룩의 간보다도 없는 천하의 무생물아! 뭘 하는 거야? 이것 놓아.

신: 잠시만, 잠시만, 이렇게 서 줘.

명장면 2

(채경의 궁안에서의 생활이 신문에 보도되자 채경은 기분이 나빠하게 되었고, 안타까워 신은 채경을 특별히 친정집에 다녀오게 한다. 얼마 안 지나 황후마마가 사실을 알고 채경을 심하게 훈계하였고, 채경은 신이랑 또 한 번 싸우고 궁 밖을 가는데…)

신: 에이~ 바보같이… 표 안 나게 집에 한번 다녀오라 했더니 그거 하나 못하냐? 그렇게 불쑥 들어오지 않고 나한테 전화했으면 별탈 없는 거 아니야. 어머마마가 아시는 바람에 나가기 곤란해졌잖아.

채경: 휴~ 꼭 그렇게 말해야 직성이 풀리냐? 이럴 때 한번쯤 위로해 주면 안 돼?

신: 나 그런 거 몰라. 그리고 위로한다고 일이 해결되는 것도 아니잖아.

채경: 휴~ 사람들이 서로를 위로해 주는 건 말이야… 비록 문제는 해결되지 않아도. 그냥 마음을 알아 주는 거야. 왜냐 하면 그것만으로도 힘이 되니깐.

신: 야~! 굳이 그걸…말로 해야 하는 거야?

채경: 그냥 채경아 괜찮아~ 그 한마디면 되는데. 가끔 신군의 위로가 필요했어. 근데 늘 다른 사람

이 위로해 줬어.
신: 혹시 율의 얘기야?
채경: 휴~
신: 도대체 내가 율이 보다 못한 게 뭐야?
채경: 이걸 놔~!
신: 말해~! 최소한 이유 정도는 알아야겠어.
채경: 율군은 최소한 사람의 마음을, 그때그때 감정을 소중하게 생각해!
신: 그래서 무슨 일이 생길 때마다 율이한테 가는 거야? 율이한테 위로 받으면 된 거잖아.
채경: 됐어.
신: 내 얘기 안 끝났어.
채경: 어떻게 그렇게 사람의 마음을 아프게 하는지 궁금해! 바람 좀 쐬이고 올게.
신: 어딜 가는 건데?
채경: …

마당 4
명장면 1
단풍: 지금 뭐하시는 거예요?
백호: 아, 아니 이게 왜 떨어지냐?
단풍: 왜 떨어지기는요. 댁이 찼으니까 떨어졌죠?
백호: 내 말은 내가 찬건 바퀸데. 왜 이게 떨어지냐구요..
단풍: 긴말 할 거 없구요, 어떡하실 거예요?
백호: 지금 설마 이걸 나보고 보상하란 소리예요?
단풍: 당연한 거 아닌가요?
백호: 내가 댁 때문에 기분도 그렇고 해서 차바퀴를 살짝 찬 거 사실이야, 그래서 차바퀴에 흠집이 났으면 당연히 내가 보상하지. 근데 이건 말이 안 되지.
단풍: 이봐요! 지금 이 상황을 만들어 놓고 무책임하게 그냥 가겠다?
백호: 무책임? 지금 무책임이라고 했어요? 와.
단풍: 댁이 내 차를 이렇게 찬 건 사실이잖아요!!
백호: 좋아 좋아. 미안해. 바퀴 차서 정말 미안해. 됐죠? 이제 가도 되지? 내 살다살다 바퀴를 건들였는데 사이드미러 떨어지는 차는 처음 봤네.
단풍: 좋아요! 그렇게 자기 잘못을 시인 못하겠다면, 경찰을 부르는 수밖에.
백호: 뭐 경찰? 와. 이 여자가 정말 사람 잡네. 와아~ 뭐 이런 싸가지 없는 계집애가 다 있냐.
단풍: 뭐, 뭐요? 싸아가지? 싸우는데 콜 신호 들어오면, 보고
백호: 제가 갑니다! 사당동은 쥐숩니다! 내가 할 말이 많은데. 보다시피 바쁘거든?
단풍: 어떡해? 경찰 불러, 말어?
백호: 경찰 부르는 건 안 무서운데 나 지금 가야 되거든. 견적 나오면 전화해!
단풍: 전화번호 주고 가야죠!
백호: 줘 봐. 와.
단풍: 잠깐만요!
백호: 자, 지금 뭐하는 건데? 왜 남의 얼굴을 함부로 찍고 그래?
단풍: 이렇게 찍혔으니까, 핸드폰 꺼놓거나 피할 생각 같은 건 아예 안 하는 게 좋을 거예요.
백호: 참 똑똑하다. 똑똑해, 와. 내 살다살다 저런 물귀신 같은 여잔 처음 본다 처음 보네.

명장면 2
토마토 농장 (낮) (아줌마, 아저씨들 몇 명 일하고 있고 선재, 토마토 박스 번쩍 들고 나르며

일 하고 있는데.)
아줌마1: 나 씨! 손님 왔어!
선재: 손님이요? 언제 왔어요.?
수아: 오늘요. 도착하자마자 당신 만나러 온 거예요. 파리에서 혼자 지내는 동안 당신 잊어보려고도 했고 미워해 보려고도 했어요. 근데 잘 안 됐어.
선재: …
수아: 그래서 온 거예요. 잊지 못할 바엔. 다시 시작하자고. 나 생각해보니까 한번도 당신 제대로 사랑해 본 적 없더라구요. 한번도 제대로 믿었던 적도 없었구. 그게 가장 후회됐어요. 한번만이라도 제대로 당신을 믿어주고 사랑했더라면 당신 나 정말 싫어서 이혼하자 그랬던 거 아니란 거 알아.
선재: …
수아: 나, 이제는 정말 잘 할 수 있을 거 같은데. 당신은 어때?
선재: 내가 버는 돈으로는 당신 지금 들고 있는 것 같은 가방. 구두 사줄 수 없을텐데. 그래도 좋아요..?
수아: …
선재: 그렇다고 뭘 버려요.

마당 5
명장면 1
남자 화장실 안
(새벽, 변기통에 앉아서 감정을 잡고 핸드폰으로 통화를 하고 있다.)
새벽: 여보세요?
방송: 장새벽 씨 되세요? 여기 방송국인데요. 방금 전에 인터넷으로 사연 올리셨죠?
새벽: 네!
방송: 죄송한데 혹시 지금 시간되세요? 갑자기 노래 자랑 코너에 참여하기로 한 청취자분이 펑크를 내거든요. 장새벽 씨는 가능하세요?
새벽: 네. 새벽아, 잘 해야 돼. 아자아자, 화이팅. 상품권 화이팅! 네 네, 준비됐어요.
새벽: 3년 전 제가 폭죽 이벤트 아르바이트를 하다가 사고로 두 눈을 잃고서, 원망도 많이 하고 울기도 참 많이 울었습니다. 하지만 얼마 전 저에게 각막을 주신 분 덕분에 다시 세상을 보게 되었습니다. 세상에 저보다 더한 행운아는 없다고 생각해요. 선생님 하늘에서 듣고 계신다면 진심으로 감사합니다. 가족분들께도 정말 감사드립니다. 저, 그럼, 이만 노래하겠습니다. 아, 아~
…
호세: 이봐요! 여기 남자 화장실이에요!
새벽: …
호세: 이봐요! 여기 남자 화장실이라고요, 안 들려요!

명장면 2
(새벽의 스쿠터 모퉁이를 도는데, 고운 잠옷차림의 풍금이 귀신마냥 툭! 튀어나온다. 새벽, 어맛! 풍금을 피하려다 급정지. 균형 잃고 넘어지고. 그 바람에 쏟아지는 우유들. 바닥에 구르고.)
새벽: 할머니! 괜찮으세요.
풍금: 아이고~궁뎅이야.
새벽: 할머니. 어디요? 여기에요? 여기가 아파요?
풍금: 어디를 쭈물딱 만져! 아이구!
새벽: …
태풍: 할머니, 뭐야, 지금 오토바이랑 부딪친 거야? 봐봐. 엉덩이 금 간 거 아니야?

새벽: 할머니 저랑 부딪히신 거 아니에요. 아까워서 어떡하니?
태풍: 야, 너 지금 우유 걱정할 때야? 우리 할머니 어떡할 거야?
새벽: 그게 아니고요. 저는 할머니 피하려다 넘어졌고, 제가 넘어지는 소리에 할머니가 놀라시는 바람에.
태풍: 그니깐 교통사고 맞네. 어쨌든 그쪽 때문에 넘어진 거니깐.
풍금: 아이구구.
태풍: 여기, 여기 아파? 병원에 가자. 할머니. 일단 그쪽이랑 같이 병원부터 갑시다. 여차해서 우리 할머니 궁뎅이에 티라도 났다하면 다 그쪽 책임인 거 알죠.
새벽: 제가 그랬잖아요. 전 피했고. 할머닌 혼자 넘어지신 거라고. 그리고 보세요.
저두: 할머니 피하려다 이렇게 된 건데.
태풍: 그야 그쪽 운전 미숙이 부른 화고!
새벽: 좋아요, 정 시시비비를 가리실 거면, 경찰을 부를까요? 확실히!
풍금: 경찰?
태풍: 좋아. 불러, 경찰! 불러서 진위를 가려보자고.
풍금: 가. 가자.
태풍: 잠깐만 할머니!
새벽: 아! 진짜 억울하네. 할머니, 할머니가 말씀해 보세요 그러니까 할머니가 여기서 이렇게 갑자기 나오셔서 제가 급하게 핸들을.

제13과 한국의 드라마(2)

마당 1
대화 1
선생님: 제인 씨, 눈이 왜 이렇게 통통 부었어요? 어젯밤에 울었어요?
제 인: 네, 그런 일이 있었어요.
선생님: 무슨 고민이라도 있어요?
제 인: 고민이 있어서 운 게 아니에요. 어제 드라마를 보다가 감동되어 운 거예요.
선생님: 드라마를 보고 감동을 받았다니?
제 인: 네, 어제 밤에도 주인공이 죽는 장면을 보고 펑펑 울었어요.
선생님: 하하하, 옛날에 한국 드라마를 잘 안 본다고 했잖아요.
제 인: 네, 처음에는 슬픈 장면이 너무 많은 것이 싫었는데 이제는 저도 드라마를 보면서 눈물을 흘려요. 그래서 눈이 이렇게 되었다니까요.

대화 2
친구1: 한국에서는 드라마 시청률이 높다면서요? 한국 사람들은 드라마를 즐겨 보나 봐요.
친구2: 네, 그런데 최근에는 다른 나라에서도 한국 드라마에 관심이 많아졌어요. 인기 있는 드라마들이 여러 나라에 수출되고 있거든요.
친구1: 한국 드라마의 주제는 보통 뭐예요? 요즘 방영되는 몇 편의 드라마로 봐서는 남녀 간의 사랑이라고 할 수 있을 것 같은데요.
친구2: 사실 남녀간의 사랑은 세계 어디에서나 공통된 주제라고 할 수 있겠지요. 그런데 한국은 가족 중심 사회라서 그런지 드라마에서는 가족 간의 관계도 많이 다뤄요.
친구1: 그러고 보니 지난 명절에 본 특집 드라마도 가족 이야기였어요.
친구2: 맞아요. 그 드라마도 처음에는 가족들이 서로 갈등을 겪다가 결말에 이르러서는 서로 화해하는 이야기지요.

대화 3

정현: 요즘 그 영화가 너무 야하다고 야단들이에요.
영미: 정말 사람들이 그 영화에 엄청난 관심을 보인다면서요?
정현: 네, 인터넷에서도 그것 때문에 아주 시끄러운 것 같아요. 계속 방송해야 하나 마나 하면서 말이지요.
영미: 정현 씨는 어느 쪽이에요? 방송하는 것에 찬성하는 쪽이에요? 반대하는 쪽이에요?
정현: 글쎄요. 반대하는 사람들의 말이나 찬성하는 사람들의 말이나 다 일리가 있는 것 같아요.
영미: 그 영화가 만들어진 후 처음에는 정부가 상영을 금지했대요. 그런데 전 정부가 그렇게 예술이나 공연에 간섭하는 것은 반대예요. 그런 문제는 자연스럽게 일반 대중이 판단하도록 둬야 할 것 같아요.
정현: 그렇지만 저질 영화나 연극, 잡지 때문에 어린 청소년들이 잘못되는 수도 많잖아요.
영미: 맞아요.
정현: 저도 아닌 게 아니라 어디까지가 순수한 예술이고 어디까지가 상업적 저질 문화인지 잘 몰라 판단이 잘 서질 않네요.

대화 4

호   세: 어! 아저씨! 잘 계셨어요.
대   진: 그래, 귀국했다더니 축하한다. 이젠 진짜 어른 다 됐네! 멋있다, 참!
호   세: 나영이랑 태풍이 쌍둥이들은 잘 있죠?
대   진: 응, 그래.
호세아버지: 맞다. 셋이 초중고 동창이었지, 기억나네. 언젠가 호세와 태풍의 '한 판 승부!' 도 있었잖아. 태풍이 한 방에 이 녀석 콧뼈가 시원하게 부러져서는, 하하.
호세어머니: 공연한 말씀은, 다 지난 이야길, 그럼 당신 먼저 들어가세요. 전 복지관 개관식도 있고 호세 에스코트 받을게요. 부장님, 마지막 운전 부탁드릴게요.
대   진: 예.
호세아버지: 그래요. 행사도 잘 치르고. 호세야, 엄마, 최고로 모셔라.

마당 2
내용 1

드라마는 시청률이 높은 프로그램 유형이다. 올해 가구 시청률을 보면 드라마가 16.7%로 모든 프로그램 유형들 가운데 가장 높은 것으로 나타났다. 더구나 시청률 상위 50개 프로그램 가운데 드라마가 23개나 들어있다. 따라서 드라마 편성시간도 갈수록 늘어나고 있다. 모든 방송사에서는 월요일에서 금요일 또는 토요일까지 날마다 일일 드라마를 방송한다. 특히 MBC방송은 아침 드라마를 포함해서 5개의 드라마를 매일 방송하고 있다.

내용 2

모 방송국에서 요즘 방영되는 인기 드라마 덕분에 자장면의 수요가 늘고 있다. 그 드라마에서는 5회부터 매회 평균 세 차례에 걸쳐 남주인공이 자장면을 맛있게 먹는 장면이 나왔다. 자장면을 먹는 남주인공의 말깔스러운 연기가 강한 인상을 남기면서 시청자들이 자장면을 주문하거나 배달시키게 된 것이다. 서울 마포구에서 중국집을 운영하는 박모 씨는 "평소에 주말 밤 9시 이후는 거의 주문이 들어오지 않는 시간때인데 요즘은 주문량이 많아졌다."고 밝혔다.

내용 3

지난 몇 년 동안의 드라마는 내용 상 뚜렷한 몇 가지 변화가 있었다. 그 가운데 역사극이 많아졌다는 것은 가장 눈에 띄는 변화이다. 이는 무엇보다 현실의 정치와 문화를 과거에 비유해서 오히려 극적인 현실감을 준다는 데에서 그 이유를 찾을 수 있다. 90년대 중반 이후 선풍적인 인기를 누렸던 트랜디 드라마가 주춤하고 있다는 점도 다르다. 이러한 경향과 함께 시트콤이 완전히 뿌리를 내렸다는 점도 지적할 만하다.

마당 3

명장면1

최여사: 여기 이리 와 앉아 봐! 너 이거 뭔지 알지?
동 지: 어머니…걱정 마세요. 저…
최여사: 찢어라!
동 지: 예?
최여사: 니 손으로 쓴 거니 니가 손으로 찢어!
동 지: 그게 무슨 말씀이세요?
최여사: 으휴, 답답한 것…그걸 꼭 내 입으로 말을 해야 하겠어?
동 지: ?!
최여사: 이거 무효야. 무효. 없었던 걸로 하자구!
동 지: 어머니…
최여사: 이 종이 쪽지 찢는 게 뭐 그리 어렵다구…못하구…
봤 지: 이제 이 안에 무슨 내용이 들었는지 나두 잊고 모두 잊는 거다.
동 지: 어머님.
최여사: 아, 울지 말아! 잘못한 것도 없는 니가 왜 울어? 울고 싶은 사람은 나구만.
동 지: 어머니, 저 그 동안 어머니, 많이 원망했어요. 죄송해요. 어머니.
최여사: 그래, 원망했겠지. 아암, 원망하고 말고 울어라. 울어, 실컷 울어, 그동안 나한테 쌓인 원망 실컷 울고 우리 함께 풀자꾸나.

명장면2

백호: 우리 콩죽 시리즈가 미주 지역에 웰빙음식으로 인지도가 높아지면서 수출물량이 늘 거 같아요. 제 3 공장에 생산라인 더 가동할 수 있도록 준비 부탁 드립니다.
경훈: 예.
백호: 아! 나 팀장님! 오늘 휴가 낸 걸로 알고 있는데 어쩐 일이십니까?
단풍: 자기 놀라지 마!
백호: 왜 무슨 일인데. 안 좋은 일 있어요?
단풍: 아뇨! 너무 좋은 일! 백호 씨 여기 산부인과 앞인데. 우리 아기 생겼어요.
백호: 진짜야? 정말이야? 단풍 씨 너무 장해! 너무 대견해!
단풍: 백호 씨 말은 아니라고 했으면서 아기 기다렸나 봐?
백호: 그럼 기다리지 안 기다려요?
단풍: 근데 좋은 소식 하나 더 있어요. 백호 씨 정말 놀라지 마.
동지: 안 돼, 말하지 마.
백호: 뭔데요? 우리 아기 가진 거보다 더 놀랠 일이 있어? 에…?
만수: 음 그래. 제 3 공장 생산라인 늘린다구.
백호: 예.
만수: 그렇게 하도록 해. 오늘은 어머님 생신날이니까 이따가 같이 좀 일찍 퇴근하자구. 오늘 뭐 좋은 일 있어?
백호: 어? 어머니한테 전화 안 받으셨어요?
만수: 아니, 전화 안 왔는데.
백호: 참, 어머니두. 그런 중요한 얘기를 아직도 아버지한테 말씀 안 드렸단 말이에요. 어머니가 좀 부끄러우셨던 모양이네요.

만수: 뭔데 그래?
백호: 아버지! 저희 집에 아기가 생길 거 같습니다.
만수: 그, 그게 무슨 말이야? 혹시 새애기가 애기 가졌어?
백호: 예.
만수: 근데 어머니가 왜 부끄러워, 참 사람도.
백호: 저기, 저기 어머니도 아기를 가지셨다는데. 이제 집안에 애기가 둘 생기게 될 것 같아요.

마당 4

대표적인 한류드라마, '겨울연가'에 사용됐던 손때 묻은 대본과 소품들…

주인공 남녀가 입었던 옷들도 보입니다. '겨울연가'를 비롯해 '가을동화'와 '여름향기' '봄의 왈츠'까지 이른바 사계절 드라마를 모두 추억할 수 있는 전시품들이 한데 모였습니다. 하지만 일본 관광객들에게 가장 인기 높은 것은 남자 주인공…

<인터뷰> 아기아마 아끼꼬 : "영상도 아름다웠지만, 실제로 본 그 느낌은 더욱 더 좋아요~" '봄의 왈츠'의 세트였던 곳을 개조해 만들어진 한류 드라마 체험관 이른바 포시즌하우스입니다. 서울시 마포구 홍익대 부근에 들어선 체험관을 찾은 일본 관광객들은 NHK에 방송돼 10% 내외의 높은 시청률을 보이고 있는 '봄의왈츠'에 푹 빠졌습니다.

<인터뷰> 오까다 기요미 : "천천히 흘러가는 이런 드라마는 우리가 잃어버렸던 것들을 떠오르게 하는 게 인기의 비결이죠."

서울시는 이 체험관이 위치한 홍대 근처의 젊음의 문화 공간과 연계해 외국 관광객들을 유치하는 서울의 새로운 관광자원이 될 것으로 기대했습니다.

마당 5

요즘 KBS, MBC, SBS 등 방송 3사는 월화 드라마, 수목 미니시리즈에서 사활을 걸고 드라마 대전을 펼치고 있다. 엄청난 물량공세와 화려한 스타 캐스팅으로 시청자 눈길 잡기에 치열한 경쟁을 벌이고 있다.

월화 드라마와 수목 미니시리즈는 시청률 너머의 의미를 담보하고 있다. 화제나 폭발력에 있어서 주말 드라마나 일일 드라마와 비교가 안 되기 때문이다. 베이징 올림픽 이후 본격적으로 가속화된 방송 3사의 월화 드라마와 수목 미니시리즈 전쟁에서 가장 돋보이는 스타는 누구일까.

드라마에 대한 시청자 반응, 드라마의 완성도, 스타의 연기력 등 드라마에 대한 종합적인 평가를 토대로 시청자나 전문가들 상당수가 월화 드라마에선 MBC '에덴의 동쪽'의 이미숙, 수목 미니시리즈에선 MBC '베토벤 바이러스'의 김명민, SBS '바람의 화원'의 문근영을 꼽고 있다.

20%대 중반 시청률로 월화 드라마 시청률 1위를 차지하고 있는 '에덴의 동쪽'은 상투적인 복수구조와 진부한 캐릭터, 일부 주연 연기자의 연기력 부족으로 드라마의 완성도는 떨어지는 편이나 막대한 물량공세와 KBS '연애결혼', SBS '타짜'등이 경쟁력을 갖추지 못해 시청자의 눈길을 끄는 데 성공했다.

'에덴의 동쪽'에서 단연 눈길을 끄는 스타는 중견 연기자 이미숙이다. 송승헌, 연정훈, 이연희 등 주연들의 연기력이 부족한 느낌이 들지만 이미숙의 연기는 단연 압권이다. 남편을 앞세우고 두 자식, 그리고 남편이 사랑한 여자와 그 자식과 함께 거친 운명을 헤쳐 나가는 강인한 엄마 역을 빼어난 연기력으로 소화해 시청자의 눈길을 단박에 사로잡았다.

이미숙의 연기는 캐릭터를 완벽하게 소화해 너무나 자연스러운데다 연기의 색깔이 강렬해 한 번만 봐도 이미숙의 연기는 시청자의 마음에 쉽게 각인되고 있고 이미숙의 연기가 드라마의 중심을 잡는 역할을 하고 있다.

이밖에 5년 만에 드라마에 복귀한 '바람의 화원'의 문근영도 눈길을 끄는 스타다. 조선시대 천재 화가 신윤복 역을 맡은 문근영은 다소 부담스러운 사극에서의 남장여자 연기를 선보이고 있는데 드라마 초반 자연스러운 연기를 해 일단 합격점을 받았다.

문근영의 미소년의 목소리 연기는 약간 거슬린 듯하지만 캐릭터를 잘 소화해 드라마 복귀가 성공적이라는 평가를 받고 있다.

제14과 한자성어

마당 1
내용 1
일편단심

옛날에 민들레라는 여자가 살고 있었다. 민들레에게 사랑하는 남자가 있었다. 두 사람은 너무 사랑해서 결혼하기로 약속했다. 그런데 전쟁이 나서 남자는 군대에 갔다. 민들레는 남자가 돌아오기를 기다렸지만 남자는 돌아오지 않았다.

오랜 시간이 지난 후에 남자가 죽었다는 이야기를 들었다. 민들레는 슬퍼서 밥도 먹지 않고 잠도 자지 않았다. 울기만 하던 민들레는 결국 죽고 말았다. 민들레가 사랑하는 남자를 기다리던 곳에 노란 꽃이 피었다. 사람들은 죽은 민들레가 꽃이 되었다고 생각했다. 그래서 그 꽃을 민들레라고 불렀다. 민들레의 사랑처럼 변하지 않는 마음을 일편단심이라고 한다.

내용 2
작심삼일

새해에 나는 세 가지 계획을 세웠다. 나의 계획은 6시에 일어나고 외국어 공부를 하루에 5시간 이상 하고 담배를 끊는 것이었다.

새해 첫날 아침에는 마음먹은 대로 일찍 일어나서 운동을 했다. 평소와 달리 일찍 일어난 나를 보고 부모님이 놀라셨다. 나는 내 방에서 하루 종일 공부를 했다.

둘째 날에도 일찍 일어나서 열심히 공부했다. 그런데 저녁에 친구들이 찾아와서 영화를 보러 가자고 했다. 열심히 공부했으니까 쉬는 것도 좋을 것 같았다. 친구들과 같이 시내에 가서 영화도 보고 술도 마시며 재미있게 놀다가 새벽 4시에 집에 돌아왔다.

다음날 어머니가 깨워서 일어났다. 그때가 벌써 오후 1시였다. 밤늦게까지 술을 마시고 논 일이 후회가 되었다. 그래도 열심히 공부하려고 도서관에 갔는데 가는 날이 장날이라고 정기 휴일이었다. 화가 나서 담배를 피웠다. 아침에 일찍 일어나지도 못하고 공부까지 못하게 되어 나의 새해 계획은 이렇게 작심삼일로 끝나 버렸다.

내용 3
새옹지마

'인간사 새옹지마다'라는 말이 있습니다. 이것은 인생의 길흉화복은 변화가 많아서 예측하기가 어렵다는 말입니다. 겉으로 보기에는 좋은 일인 것 같지만 나쁜 결과를 초래하기도 하고 반대로 겉으로 보기에는 안 좋은 일인 것 같지만 오히려 좋은 결과가 생길 때가 있다는 것입니다.

내용 4
진수성찬

민지는 기숙사에서 살다가 지난 주에 학교 앞으로 이사를 했다. 그래서 같이 공부하는 우리를 초대했다. 한국에서는 이사를 하면 친한 사람들을 집으로 초대해서 밥을 먹는데 이것을 집들이라고 한다고 들었다.

집들이에 초대를 받으면 선물로 휴지와 가루비누를 사 간다고 들었다. 그래서 피터와 나는 휴지를 사고 동수는 가루비누를 사서 민지 집에 갔다.

민지는 아침에 일찍 일어나서 방도 깨끗히 청소하고 음식도 많이 준비했다. 요리하는 것이 취미인 민지는 우리를 위해 한국 음식과 여러 나라의 음식을 준비했다. 불고기, 김밥, 샐러드, 초밥, 스파게티, 탕수육 등이다.

우리는 민지가 준비한 많은 음식을 보고 놀랐다. 나도 한국에 와서 이런 진수성찬은 처음 보았다. 민지가 만든 음식은 모두 맛있었다. 우리는 민지와 결혼할 남자는 행복할 거라고 말하며 웃었다.

마당 2
막상막하

오늘 체육대회를 했다. 한국 학생과 외국 학생이 함께 경기를 했다. 나는 청팀이었고 내 친구 동수와 유키코는 백팀이었다.

첫번째 경기는 축구였는데 백팀이 먼저 한 골을 넣었다. 하지만 우리팀이 두 골을 넣어서 2대1로 이겼다. 기분이 아주 좋았다.

다음 경기는 줄다리기였다. 선생님들은 노래를 부르며 응원하셨다. 우리팀은 열심히 줄을 당겼지만 백팀에게 졌다. 줄다리기가 끝난 후에 학교 식당에서 점심으로 맛있는 비빔밥을 먹었다.

오후에는 제기차기를 했다. 제기차기는 한국의 전통놀이인데 오늘 처음 해 봤다. 어려웠지만 아주 재미있었다. 동수가 50개를 차서 백팀이 또 이겼다.

마지막 경기는 달리기였다. 선생님과 친구들이 응원해 주었다. 나는 열심히 달려서 1등을 했다. 오늘 체육대회는 청팀과 백팀이 동점으로 비겼다. 정말 막상막하였다.

마당 3
부전자전

비행기가 도착하기를 기다리면서 시계를 몇 번이나 보았다. 손에서 자꾸 땀이 난다. 아들을 알아볼 수 있을까? 아들이 내가 사 준 로봇을 갖고 아내와 함께 한국을 떠난 게 10년 전이다. 아내는 그 후로 아들 사진을 한 장도 보내 주지 않았다. 떠날 때 3살이었으니까 아들도 내 얼굴을 기억하지 못할 것이다.

비행기가 도착하고 사람들이 나오기 시작했다. 방학이라서 미국에서 오는 사람들이 많았다. 출입구로 나오는 아들을 보고 나는 매우 놀랐다. 나는 걸어가서 아들을 안았다. 내 눈과 내 코와 내 입을 닮은 내 아들이다. 10년 동안 다른 나라에서 다른 음식을 먹고 살았는데 내 눈, 내 코, 내 입을 닮은 아들이 너무 반가웠다.

"안녕하세요?"

"안녕, 나를 알아보겠니?"

"네, 엄마는 제가 아버지를 많이 닮았다고 했어요. 얼굴도 목소리도 성격도 부전자전이라고 하셨어요. 그래서 아버지가 보고 싶을 때는 거울을 봤어요."

"그래?"

나는 다시 아들을 안았다. 나의 미안한 마음과 고마운 마음을 아들이 알까?

마당 4
팔방미인

내 친구 유키코는 한국에 온 지 반 년도 안 되었지만 다른 학생들보다 더 열심히 공부해서 한국말을 아주 잘합니다. 한국 친구들과 여행도 가고 공부도 하면서 한국말을 많이 배웠습니다. 또 착하고 친절합니다. 게다가 얼굴도 예뻐서 모든 남학생들이 좋아합니다. 유키코의 취미는 노래 부르기입니다. 이번 여름에 있었던 학교 축제에서 한국 노래를 불러 1등을 했습니다.

공부도 잘하고 성격도 좋고 얼굴도 예쁘고 노래도 잘 부르는 유키코의 별명은 '팔방미인'입니다. '팔방미인'은 여러 가지를 아주 잘하는 사람을 말합니다. 공부만 잘하거나 운동만 잘하는 것처럼 한 가지만 잘 한다면 '팔방미인'이 아닙니다.

누구나 모든 것을 잘하는 '팔방미인'이 되고 싶어 하지만 그렇게 되는 것은 어렵습니다. 그래서 사람들은 유키코와 같은 사람을 부러워합니다. 그건 나도 마찬가지입니다.

나는 유키코처럼 모든 것을 잘하지는 못합니다. 하지만 좋아하는 것은 있습니다. 제주도에서 태어난 나는 어릴 때부터 수영하는 것을 좋아했습니다. 바닷가에서 친구들과 물놀이를 하며 뛰어놀던 일이 지금도 기억납니다. 나는 지난 해 수영대회에서 3등을 했습니다. 1등은 못했지만 내가 좋아하는 수영을 할 때가 가장 행복합니다.

마당 5

애지중지

우리 가족은 소중하게 생각하는 것이 하나씩 있다.

할아버지께서는 도자기를 하나 가지고 계신다. 그 도자기는 고려 시대에 만들어진 것인데 아주 비싼 것이라고 들었다. 증조할아버지께 물려받은 것이기 때문에 할아버지는 그 도자기를 애지중지하며 다른 사람은 만지지도 못하게 하신다. 할아버지는 아침 일찍 일어나서 제일 먼저 깨끗한 수건으로 도자기를 닦고 또 닦으신다. 그리고 미소를 지으면서 오랫동안 바라보신다. 그런 모습을 보면 도자기를 나보다 더 사랑하시는 것 같다.

아버지가 애지중지하는 것은 우리 집 귀염둥이 진돗개 '박사'이다. 박사는 지금 일곱 살인데 아주 똑똑해서 오랫동안 보지 못한 친척들이 와도 짖지 않는다. 또 아침에는 신문을 물고 와서 꼭 아버지께 드리기 때문에 아버지는 박사를 자식처럼 귀여워하신다.

내 취미는 모형 자동차를 조립하는 것이다. 그래서 지금 내 책상에는 23대의 자동차가 놓여 있다. 그 중에서도 가장 애지중지하는 것은 작년에 만든 빨간색 자동차인데 색깔도 모양도 정말 멋있다. 요즘 돈만 있으면 모형 자동차를 산다. 조립하는 데 시간이 많이 걸리지만 만드는 동안 나는 참 행복하다.

그런데 어머니는 나의 취미생활을 이해하지 못하신다. 동생이 내가 만든 자동차를 갖고 싶다고 하면 자동차를 동생에게 주라고 하신다. 나는 너무 화가 나서 어머니도 애지중지하는 것이 있는지 물어 봤다. 어머니는 내가 묻자마자 대답하셨다. "너하고 네 동생."

제15과 속담

마당 1

대화 1

가: 음식 맛이 괜찮아요?
나: 둘이 먹다가 하나가 죽어도 모를 만큼 맛이 있어요.

대화 2

왕동: 하나 씨, 중국에서 공부를 마친 후에 무엇을 할 거예요?
하나: 중국에서 취직해서 한 2년 정도 일하고 싶어요.
왕동: 왜요?
하나: 중국 사람과 사회를 더 잘 알고 싶어서요. 그리고 대학원에 진학해서 박사까지 하고 싶어요.
왕동: 그렇게 공부를 많이 해서 뭐 하시게요?
하나: 한국으로 돌아가서 중국학을 연구하고 가르치는 교수가 되고 싶어요.
왕동: 한국에서 교수 되기가 하늘의 별 따기만큼 어렵다는데, 사실이에요?
하나: 당연하지요. 그렇지만 중국학 전문가가 많이 필요하니 일자리를 구할 수 있을 거예요.

대화 3

하나: 준하 씨, 유럽 여행을 다녀오니 어때요?
준하: 힘들고, 돈도 많이 썼지만 많은 것을 보고 경험했어요.
하나: 무엇이 제일 기억에 남아요?
준하: 어떤 건물이나 유적보다 다양한 사람을 만나서 여러 이야기를 한 것이 가장 기억에 남아요. 그 사람들과 접촉하면서 우물 안 개구리처럼 작았던 제 시야가 넓어진 것이 큰 수확이에요.

하나: 또 해외 여행을 가고 싶지요?
준하: 어떻게 제 마음을 아셨어요? 이번에는 전혀 다른 문화권으로 여행을 가고 싶어요.
하나: 여행도 한 번 가면 또 가고 싶고 또 가고 싶어져요. 여행 가고 싶은 병이 생기기도 하지요. 그나저나 여행 가려면 또 열심히 아르바이트 해야겠네요.

대화 4

(1)
시민1: 서울의 부동산 값이 폭등을 했어요.
시민2: 올라도 너무 많이 올랐어요.
시민1: 그래서 정부와 여당에서 부동산 값을 안정시키기 위한 정책을 마련하고 있답니다.
시민2: 글쎄요. 무슨 묘안이 나올까요?
시민1: 두고 봐야지요. 여러 방안을 마련하고 있나 봐요.
시민2: 정부가 실효성 없는 이야기들만 잔뜩하니 우리 같은 일반 국민만 혼란스러워요.
시민1: 맞아요. 전에도 부동산 값을 잡는다고 세금제도를 바꿨는데 효과가 없었어요.
시민2: 이번에도 정책을 준비한다면서 의견은 많은 모양이던데. 이러다가 배가 산으로 가는 것은 아닐지 모르겠네요.

(2)
하나: 내일 학과 친구들 몇 명하고 시외로 놀러 가는 것 알고 있지?
준하: 응, 알고 있어. 어제 연락 받았어.
하나: 그런데 민혁이도 온대?
준하: 모르겠는데. 꼭 와야 하는데.
하나: 민혁이가 있어야 재미가 있어. 걔가 없으면 약방에 감초가 빠진 것 같아.
준하: 맞아, 민혁이는 항상 분위기를 재미있게 하지.
하나: 내가 전화해서 꼭 오라고 해야겠다.

(3)
친구1: 어느 팀이 우승할 거라고 보십니까?
친구2: 글쎄요. 실력이 막상막하라서 우열을 가리기가 힘든 시합이 될 것 같습니다.
친구1: 결국 오늘의 우승은 어느 팀이 실수하지 않느냐에 달려 있겠군요.
친구2: 네, 선수들이 긴장하지 않고 얼마나 자신의 실력을 발휘할 수 있느냐가 제일 중요하다고 봅니다.
친구1: 아, 지금 말씀 드리는 순간 김찬호 선수가 3점 슛을 성공시켜 동점이 되었습니다.
친구2: 대단합니다. 신인인데도 침착하게 시합을 잘 풀어나가고 있습니다.

(4)
학 생: 어떻게 효율적으로 공부해야 될까요?
선생님: 외국어를 잘하려면 다양한 분야의 어휘와 표현을 익혀 둬야 해. 지나치게 틀에 박힌 문장만 알고 있으면 조금만 어려운 주제가 나와도 꿀 먹은 벙어리가 되는 법이니까.

마당 2

내용 1
1) 어떤 일을 마음 먹고 하려는데 어떤 문제로 일이 계획대로 되지 않아 곤란을 겪다.
2) 내가 먼저 다른 사람에게 고운 말을 해야 다른 사람도 나에게 고운 말을 한다.
3) 일이나 상황이 갈수록 어려워진다.

4) 'ㄱ'자와 똑같이 생긴 낫을 들고도 'ㄱ'을 알지 못할 정도로 무식하다.
5) 상대방은 해 줄 생각도 않는데 저 혼자만 미리부터 기대한다.

내용 2
1) 복잡한 마음을 말하지 않아도 이해하는 사람이 있습니다.
2) 결심을 했지만 오래 가지 않고 포기하고 싶은 것을 말합니다.
3) 당황해서 말을 논리적으로 하지 못한 것을 말합니다.
4) 나쁜 일이 하루종일 계속 일어난 것을 말합니다.
5) 서로 도와 가며 일을 성공적으로 끝낸 것을 말합니다.

마당 3

꾀가 많은 여우가 어느 날 호랑이와 마주치자 살기 위해 머리를 썼다. "내가 이 세상에서 가장 힘이 세다는 것을 아느냐. 나를 따라와 보면 안다." 호랑이가 말했다.

"그럴 리가 있나? 한번 해 보자. 그래." 여우가 앞에 가고 호랑이가 뒤를 따랐다. 정말로 모든 짐승이 겁을 먹고 도망치고 있었다.

호랑이도 헷갈리기 시작했다. 여우는 한술 더 떠 호랑이와 살면 좋겠다고 생각했다. 호랑이 옆에 있으니 무서울 게 없으니까 온갖 여우 짓으로 호랑이를 꾀어 드디어 결혼하게 된다.

사실은 그동안 여우를 짝사랑했던 구름이 있었다. 바보같이 먼발에서 바라만 보고 있었다. 여우와 호랑이가 결혼하던 어느 맑은 날 구름은 애써 환한 미소를 지으며 눈물을 흘렸다.

'여우비'에 얽힌 이야기를 나름대로 재구성한 것이다. '여우비'란 볕이 나 있는 날 잠깐 오다 그치는 비를 말하며, 이런 날을 '여우 시집가는 날', '호랑이 장가가는 날'이라고도 한다.

'여우'는 잔꾀가 많아 매우 교활한 사람이나 하는 짓이 깜찍하고 영악한 계집아이를 비유적으로 일컫는 말이기도 하다. 여우 중에도 '불여우'가 가장 꾀가 많다고 한다.

마당 4

'금강산도 식후경'이라는 말이 있다. 뱃속이 든든해야 어떤 일이든 잘 할 수 있기 때문에 그 무엇보다 먹는 것이 중요하다는 말이다. 한국인에게는 물론 밥이 제일 가는 음식이지만 그에 못지 않게 중요한 음식이 바로 떡이다.

떡은 매일 먹는 밥과는 달리 특별한 날을 기념하기 위해 먹는다. 떡은 맛도 좋지만, 예전에는 농사가 잘 되었을 때만 먹을 수 있었기 때문에 풍요를 상징하는 음식이기도 하다. 떡에 관련된 속담이 많은 것은 이렇게 떡이 한국인에게 특별한 의미가 있기 때문이다.

예쁘게 장식된 음식이 더 맛있어 보인다는 뜻으로 '보기 좋은 떡이 먹기에도 좋다'는 속담이 있고, 아직 좋은 일이 생기지 않았는데 지나치게 큰 기대를 갖는 사람에게 쓰는 말로 '떡 줄 사람은 생각도 않는데 김칫국부터 마신다'가 있다.

또 우연히 얻은 기회를 잘 이용하는 경우에는 '떡 본 김에 제사 지낸다'는 속담을 쓴다. 예를 들어 좋은 술을 선물 받았을 때, 이것을 기회로 오랫동안 못 만난 친구를 집으로 초대하는 경우에 쓸 수 있다.

겉으로만 좋아하는 척한다는 의미의 '미운 아이 떡 하나 더 준다'라는 말도 있다. 이밖에 '그림의 떡'은 아무리 마음에 들어도 실제로 가질 수 없는 것을 가리킬 때 쓴다. 또 제삼자는 다른 사람의 문제에 너무 깊이 개입하면 안 된다는 의미로 '굿이나 보고 떡이나 먹자.' 라는 속담을 쓰기도 한다.

마당 5

견마지로(犬馬之勞, 힘쓸 勞)

옛날에 한 사람이 길을 가다가 병에 걸려 죽어 가는 강아지를 한 마리 보았답니다. 그 사람은 그 강아지가 너무도 불쌍해서 집으로 데려와 치료해 주고 잘 먹이고 잘 키워 커다란 개로 키웠지요. 그러던 어느 날 그 사람의 집에 도둑이 들고 도둑이 모든 재산을 훔쳐 도망가려는 순간 그 개와 맞닥뜨려 개는 사투를 벌여 도둑을 쫓고 재산을 지켰답니다. 개를 키워준 그 사람은 개 덕분에 재산을 보전할 수 있었지요.

그 사람은 개가 너무도 고마워 이렇게 얘기했답니다.

"개야 내가 네 덕분에 모든 재산을 잃을 뻔한 것을 지킬 수 있었구나!" "네 공이 크니 네게 큰 상을 주고 싶단다. 무엇을 바라느냐?" 라고 물었더니 개는 이렇게 대답했답니다.

"멍."

사람의 말로 옮기면 "주인님 제가 어려서 죽어가고 있을 때 저를 살려 주시고 이렇게 크게 키워 준 것은 다 주인님의 덕분입니다. 제가 도둑을 막아 공을 세운 것은 상을 받아야 할 일이 아니라 제가 주인님을 위해 당연히 해야 할 일이었을 뿐입니다."라고 대답했지요.

다른 이야기도 마찬가지로 길에서 죽어가고 있던 망아지를 훌륭한 말로 키우고 농사를 지을 때 말의 도움으로 밭 갈고 추수하여 농사를 편히 잘 지었지요.

말도 역시 수고를 주인에게의 보답으로 얘기하고 자신의 공을 낮추었답니다.

견마지로(犬馬之勞) 다시 말해 개와 말의 수고라는 뜻으로 큰 공을 세운 사람이나 수고를 한 사람이 자신의 공이나 수고를 겸손히 낮추어 얘기할 때 쓰는 말입니다.

제16과 뉴스(1)

마당 1
내용 1

정부 '6자 차원'대북 설비 정상 제공키로

조선이 핵 불능화 중단 조치를 내린 것에 대해, 정부는 과잉 반응을 할 필요가 없다며 6자 회담 틀에서 조선에 제공하던 경제, 에너지 지원을 계속 진행하기로 했습니다.

조선이 불능화 중단 조치를 통해 6자 회담 틀 자체를 깨려하기보다는 자신들에게 협상을 유리하게 이끌려고 한다는 판단 때문입니다.

내용 2

가구 61% "물가 올라 소비 줄였다"

국내 가구의 3분의 2 정도가 물가 상승으로 소비 지출을 줄인 것으로 조사됐습니다.

삼성경제연구소는 '유가 급등에 대한 가계의식 조사'를 실시한 결과 조사 대상 가구의 61%가 유가 상승으로 인해 소비-지출을 줄인 것으로 나타났다고 밝혔습니다.

소비 지출을 가장 많이 줄인 항목으로는 외식비와 교통비가 꼽혔고 이어 의류비와 식료품비, 교양오락비, 통신비 등의 순이었습니다.

교육비를 줄였다는 답변은 1.3%로 가장 낮았습니다.

자가용 운행과 관련해서는 67%가 고유가로 운행을 중지하거나 줄였다고 답했습니다.

이번 조사는 지역, 경제력, 인구분포 등을 감안해 무작위로 추출한 천 가구를 대상으로 전화 설문 방식으로 진행됐다고 연구소 측은 밝혔습니다.

내용 3

가로수 열매 딸 때 조심…'절도'로 처벌

요즘 열매를 맺는 나무를 가로수로 심은 곳에서는 탐스러운 열매를 맺은 나무를 흔히 볼 수 있습니다만, 열매를 따는 분들 조심하셔야겠습니다.

가로수 열매를 따는 행위는 물론 산림에서는 열매를 줍는 것 만으로도 처벌을 받을 수 있습니다.

이하늬 기자입니다.

<리포트>

거리를 노랗게 물들인 은행나무, 넘쳐나는 열매를 줍거나 나무에서 털어내기 위해 발로 차는 시

민들도 눈에 많이 띕니다.
〈녹취〉 시민 : "맛있고 몸에도 좋다고 하니까. 돌솥밥에 넣어 먹기도 하고…"
그러나 열매를 더 얻기 위해 무심코 나무를 건드렸다간 큰코를 다칠 수 있습니다.
지난 밤 대구에서는 은행나무를 흔들어서 5kg 정도의 열매를 딴 혐의로 51살 김모 씨가 경찰에 입건됐습니다.
이렇게 떨어진 것을 줍는 것이 아닌 은행을 직접 따는 모든 행위는 절도행위로 처벌받게 됩니다.
가로수를 장대로 털거나 돌을 던지다 적발되면 5년 이하 징역 또는 천5백만 원 이하의 벌금을 물게 됩니다.
다만 떨어진 열매를 줍는 것은 허용하고 있습니다.
〈인터뷰〉 김상희(대구시청 공원녹지과) : "가로수를 훼손할 수 있고 사고위험이 있어 열매를 인위적으로 따는 행위를 처벌하고 있습니다."
하지만 산림에 있는 밤이나 감 등 유실수는 따는 것 뿐아니라 떨어진 열매를 줍는 것도 절도죄에 해당됩니다.
특히 국립공원 등산로 주변에서 무심코 약초와 열매를 채취하다 적발되면 공원법에 따라 무거운 처벌을 받게 돼 각별히 주의해야 합니다. KBS 뉴스 이하늬입니다.

내용 4

중고품 천국 영국 카부트
지난 8월 26일 일요일 아침 영국 중부의 중소도시 중 하나인 로얄 레밍턴 스파(Royal Leamington Spa)의 럭비 구장. 새벽 6시가 지나면서 평일이면 이 지역 럭비 클럽의 연습장으로 쓰이는 넓찍한 잔디밭에 차들이 한두 대씩 모여들기 시작했다.
집에서 쓰던 중고물품들을 트렁크에 가득가득 실은 차들은 불과 한 시간 반 만에 300여 대로 불어났고, 럭비 구장은 순식간에 초대형 장터로 변해버렸다. 영국의 여름 풍경 중 빼놓을 수 없는 카부트(car boot) 세일이 시작된 것이다.
'부트(boot)'는 자동차 트렁크를 일컫는 영국식 표현이다. 더 이상 쓰지 않는 손때 묻은 생활용품을 자동차 트렁크에 가득 싣고 나와 내다파는 일종의 벼룩시장을 영국에서는 '카부트 세일'이라고 부른다.
미국에서도 '야드 세일'이나 '개라지 세일'이라는 이름으로 집집마다 미니 중고품 시장이 열린다. 그러나 영국의 카부트 세일은 가족 단위로 벌이는 미국의 중고품 세일과는 규모 면에서 비교가 되지 않는다. '야드 세일'의 '축구장 버전'이라고 보면 된다.

마당 2

김정일 국방위원장이 노 대통령의 숙소인 백화원 영빈관에 도착했습니다.
김정일 국방위원장은 3분 전부터 현관에서 기다리던 노 대통령과 반갑게 악수를 나눴습니다.
김 위원장이 먼저 "잘 주무셨습니까?" 라고 말했고 노 대통령은 "아주 잘 잤습니다. 숙소가 아주 좋습니다."라고 답했습니다.
노 대통령은 북측의 비 피해를 많이 걱정했는데 오면서 보니 잘 정리돼 있더라고 말했습니다.
두 정상은 이어 기념 촬영을 했습니다.
두 정상은 서로 가운데 서기를 사양하다가 번갈아 가며 중앙에 서서 촬영하기도 했습니다.
노 대통령은 이어 김정일 국방위원장을 위해 준비한 남측의 선물을 설명했습니다.
경남 통영시의 12장생도, 무궁화 다기와 접시, 제주도와 8도 명품차, 그리고 드라마와 다큐멘터리 등을 담은 DVD세트 등입니다. 남북 정상은 한반도 평화체제 구축과 화해협력, 경제협력방안등 다양한 의제에 대해 2시간 10여 분동안 깊이 있는 의견을 나눴습니다.

마당 3

곳곳 '환율 쇼크'…유학생 부모 발 동동

환율이 폭등하면서 유학생 자녀를 둔 부모들이 발을 동동 구르고 있습니다. 원자재를 수입하는 내수기업도 타격을 입고 있습니다. 박종훈 기자의 보도입니다.

고객이 은행 창구에서 1달러를 살 때 환율은 이미 1,100원을 넘어 섰습니다.

하루가 다르게 환율이 급등하면서 자녀를 해외로 유학 보낸 부모들의 걱정도 커지고 있습니다.

한해 3만 달러를 송금할 경우 환율이 1달러에 100원만 올라가도 3백만 원이 더 들어가게 됩니다.

<인터뷰> 최광순(유학생 부모) : "집에서 다른 걸 못쓰고 아이들한테만 보낸다거나 그런 정도로 많이 심적인 부담이 있어서 다시 돌아오는 것도 생각해야 될 정도로 그렇게 생각하고 있어요."

환율이 오르면서 물가에도 비상이 걸렸습니다.

실제로 환율이 1% 오를 때 소비자 물가가 0.08% 오르는 효과가 있기 때문입니다.

또 달러로 원유나 원자재를 사야 하는 철강 업계나 화학 업계도 환율이 오른 만큼 타격을 받을 수밖에 없습니다.

환율이 1달러에 10원 오를 경우 정유업체는 평균 200억 원 정도, 항공업체는 평균 150억 원 정도의 손실을 보게 됩니다.

<인터뷰> 이승열(항공업체 차장) : "항공유를 구매하는데 달러로 해야 되고 많은 해외지점을 운영하는 비용 등이 들기 때문에 달러 수입 대비 달러 지출이 많아 환율이 오를 경우에 상당히 피해를 보게 됩니다."

이에 비해 자동차 전자 등 수출업체들은 환율 상승으로 이익이 늘어날 것으로 보여 업종에 따라 희비가 엇갈리고 있습니다.

마당 4

앞으로는 소주 한잔을 마시고 운전을 하더라도 음주운전 단속대상에 포함된다. 또 술을 마시고 운전하다가 사고를 내면 유기징역을 받는 등 처벌기준도 대폭 강화된다.

24일 보험업계에 따르면 이상민 열린우리당 의원은 이 같은 내용을 골자로 하는 '도로교통법 일부개정안'과 '특정범죄가중처벌 등에 관한 법률 일부개정 법률안'(이하 특가법)을 이달 25일 입법 발의 할 예정이다.

우선 '도로교통법 일부개정안'을 보면 현행 음주운전 적발기준인 혈중알콜농도 0.05%를 0.03%로 낮추도록 했다.

음주운전 적발에 따른 처벌기준도 대폭 강화하도록 했다.

현재 음주운전으로 적발되면 2년 이하의 징역 또는 500만 원 이하의 벌금을 물리도록 돼 있다. 이번 법이 통과되면 5년 이하의 징역 또는 1000만 원 이하의 벌금을 물릴 수 있게 된다.

이와 함께 음주운전의 사고에 대한 경각심을 불러일으키기 위해 '음주운전치사상죄'를 신설, 특가법상 처벌기준을 새로 만들도록 했다.

현행법상 음주운전으로 인한 사망이나 상해의 경우, 형법상 '업무상 과실치사상죄'에 해당돼 5년이하의 금고나 2000만 원이하의 벌금으로 처벌되고 있다.

그러나 이 법이 시행되면 음주운전 상해는 10년 이하의 징역을, 사망은 1년 이상의 유기징역을 받아야 한다.

최근 전체 교통사고 발생건수는 감소하고 있으나 음주운전사고는 오히려 증가하고 있는 추세다. 손해보험협회 조사자료에 따르면 2002년 음주운전사고는 10.8%였으나 2003년 13.0%, 2004년 11.4%, 2005년 12.4%로 꾸준히 늘고 있다.

또 교통사고 사망자 중 음주운전으로 인한 사망자가 전체 사망자(2005년 기준 6376명)의 14.3%(910명)를 차지해 가장 높게 나타났다. 연간 2000억원의 보험금이 음주운전사고로 인해 지급되고 있어 사회적 비용이 낭비되는 것으로 분석됐다.

이재구 손보협회 공익사업부 팀장은 "음주운전의 감소를 위해서는 음주운전에 대한 처벌을 강화하는 법·제도 개선이 필요한 상황"이라며 "이를 통해 일반 국민의 경각심을 제고할 필요가 있다"고 말했다.

마당 5
[뉴스해설] 한·중, 전면적 협력 기틀 마련

이명박 대통령과 후진타오 중국 국가 주석이 어제 정상회담을 가졌습니다. 후진타오 주석은 이 대통령 취임 후 처음으로 우리나라를 국빈 방문한 외국 정상입니다. 특히 후 주석이 올림픽 폐막식 다음날 첫 해외 순방으로 우리나라를 찾은 것은 한중 관계가 뗄 수 없는 관계로 발전하고 있음을 상징적으로 보여주고 있습니다.

두 나라 정상은 어제 채택한 공동 성명에서 정치와 군사는 물론 남북 문제, 경제 통상 문제 등 다양한 분야에서 협력을 구체화했습니다.

우선 지난 5월 정상 회담에서 합의한 전략적 협력 동반자 관계를 발전시키기 위해 올해 안에 양국 외교부 간 제1차 고위급 전략 회의를 열기로 했습니다.

또 국방 당국간 고위급 상호 방문을 활성화하고 연락 체계를 강화하기로 함으로써 군사 직통전화 개통에 한걸음 다가선 것으로 평가할 수 있습니다. 상생과 공영의 남북 관계를 지향하는 우리 정부의 대북 정책에 대한 중국의 지지를 확인한 것도 수확으로 꼽을 만합니다.

경제적으로는 한중 자유무역 협정을 적극 검토하기로 했고, 2010년 상하이 세계 박람회와 2012년 여수 세계 박람회 간의 협조 체제도 구축했습니다. 양국 관계의 장기적이고 안정적인 발전을 위해 해양 경계 확정 문제를 조속히 해결한다는 항목도 포함됐습니다. 양국 관계의 진전을 위해 이어도 문제 등 걸림돌이 될 수 있는 부분은 모두 해결하고 가야 한다는 양국 정상의 의지가 읽히는 대목입니다.

제17과 뉴스 (2)

마당 1
내용 1

KBS뉴스/스포츠를 이용해 주시는 누리꾼 여러분들께 보다 원활한 서비스를 제공하기 위한 서비스 점검 작업을 실시합니다. 아래 작업 시간 동안 동영상 서비스가 정상적으로 이루어지지 않을 수 있습니다. 나은 서비스를 위한 작업이 오니 많은 양해 부탁 드립니다.

작업 시간 및 작업 내용
-1월 9일(화) 새벽 01:00~05:00

작업시간은 시스템 상황에 따라 지연될 수도 있습니다. 빠른 시간 내에 서버 점검 작업을 마치도록 최선을 다해 노력하겠습니다.

내용 2

비싼 운동화나 싼 운동화나 품질은 마찬가지라는 조사 결과가 나왔다고 영국 일간 텔레그래프 신문이 11일 보도했다.

영국 스코틀랜드 던디에 있는 운동분석조사연구소의 라비 아부드 박사는 40파운드(약 7만5천 원)부터 75파운드(약 14만 원)까지 가격이 다른 달리기용 운동화 9개 제품을 대상으로 조사한 결과 전반적인 신발의 편안함 정도에서 싼 신발이나 비싼 신발이나 마찬가지였다고 밝혔다.

박사는 "비싼 운동화일수록 좋은 운동화라는 통념은 과학적 증거로 뒷받침되지 않는다"며 "패션 디자인과 브랜드의 값, 광고 및 선전비 등으로 인해 어떤 운동화는 더 비싼 값에 팔리는 것"이라고 지적했다.

아부드 박사는 "이 연구로 볼 때 최고의 충고는 가격표를 따지지 말고 자신에게 가장 잘 맞는 운동화를 사라는 것"이라고 말했다.

내용 3

커피를 마시는 사람들이 커피를 끊은 사람들보다 2형 당뇨에 걸릴 잠재 위험이 낮은 것으로 나타났다. 캘리포니아 대학의 스미스 박사는 커피의 이 같은 놀라운 보호 효과가 이전에 이미 커피 애호가들에게서 관찰돼 왔다고 말했다. 스미스 박사는 "커피의 어떤 성분이 이와 같은 효과를 내는지는 불확실 하지만 무카페인 커피에서도 이와 같은 효과가 있는 것으로 보아 카페인이 이와 같은 효과를 내는 것은 아닌 것으로 생각된다." 라고 말했다. 스미스 박사팀은 연구 시작 당시 당뇨를 앓지 않았던 50세 이상 910명의 남녀를 대상으로 연구를 진행했다. 8년 간의 추적 관찰 연구결과 과거 커피를 마셔왔고 현재 커피를 애호하는 사람들에게서 2형 당뇨 발병의 위험이 약 60% 감소된 것으로 나타났다. 커피의 이와 같은 당뇨병 예방 효과는 신체활동, 체중, 혈압, 흡연, 성별 등의 다른 인자를 보정한 후에도 여전히 관찰됐다.

또한 이와 같은 효과는 심지어 연구 시작 당시 당뇨의 조기 증후인 내당능 장애(impaired glucose tolerance)를 가진 사람에게서도 나타났다.

연구팀은 이와 같은 당뇨 예방 효과를 위해 하루에 얼마만큼 커피를 마셔야 하는지에 대해선 결론을 내지 못했으나 커피 중독처럼 과한 커피를 마실 필요는 없다고 말했다.

내용 4

많은 사람들이 하루 수 차례 양치질을 하면서도 혀에 대해서는 크게 관심을 갖지 않는다. 지금 잠깐 거울을 보며 '메롱'을 해 보자. 혹시 혀에 하얀 설태가 가득하진 않은지. 그것은 몸에 이상이 있다는 증거. 혀는 우리 몸의 내장기관과 밀접한 관계가 있어 혀의 모양과 색깔 등 혀의 상태를 보고 건강을 진단할 수 있다.

선홍색-건강, 갈색-위장병, 흑색-항생제 과다복용 등의 상징이다.

혀가 선홍색을 띠며 촉촉한 느낌이 든다면 건강하다는 증거이다. 혀를 쑥 내밀어 보면 발그레한 표면에 하얗게 이끼가 낀 것처럼 보이는 부분이 있는데, 이를 '설태'라고 한다. 설태는 가장 흔한 혀의 증상으로, 혀의 윗면에 회백색의 이끼와 같은 이물질이 생기는 것이다. 설태는 어느 정도 정상적인 구강 기능을 위해 필요하다. 하얀색 설태가 얇게 고루 덮여 있으면 건강한 상태이다.

그런데 만약 설태가 짙은 회색색을 띠면서 층이 두꺼워지면 이것은 몸의 컨디션이 좋지 않다는 신호다. 갈색 또는 암갈색의 이끼 같은 것이 달라붙으면 위장에 이상이 있다는 신호다. 항생제를 과다 복용하면 검은 설태, 즉 흑태(黑苔)가 나타나는데, 가끔 감기가 낫지 않는다는 이유로 항생제를 지속적으로 복용하면 흑태가 생길 수 있다.

또한 혀가 창백하면 빈혈, 청자색이면 선천성 심장기형을 의심할 수 있다. 혀에 통증이 지속되면 당뇨나 빈혈일 가능성이 있다.

마당 2

몸이 피곤하거나 컨디션이 개운치 않을 때 많은 사람들이 목욕이나 사우나로 몸에 쌓여 있는 스트레스를 푸는 경우가 많고, 날씨가 쌀쌀해지는 요즘 같은 때에는 더욱 사우나나 따뜻한 물이 생각나게 된다.

그러나 사람마다 특별히 조심해야 하는 경우도 있다.

◇ 저온 사우나는 심혈관 기능 향상에 효과

사우나는 피부 속에 있는 노폐물을 땀과 함께 밖으로 배출해 건강에 도움을 주며 습진, 여드름 등의 피부질환, 관절염 환자 등에 효과가 있을 것으로 알려져 있다.

사우나를 하게 되면 피부온도는 40℃정도로 급속히 올라가기 때문에 바로 땀이 나기 시작하고 15분 정도가 지나면 보통 0.5kg 정도까지의 땀이 배출된다.

이에 보통 때에 심장에서 몸으로 나가는 혈액량(심박출량)의 5~8%가 피하층으로 가는 것에 반해 사우나 시에는 심박출량의 50%~70% 정도까지도 피부로 몰리게 된다.

또 내장으로 들어가는 혈액량은 줄어들고 심장박동이 빨라지면서 심박출량이 증가하는 등 순간적으로 심혈관계나 호르몬의 변화를 일으키지만 대부분의 건강한 사람에서는 별 문제가 없다.

서울아산병원 스포츠건강의학센터 진영수 소장은 "건성이 심한 경우 두꺼워진 각질을 줄이는데 도움이 될 수도 있지만 일부 아토피 환자나 코린성 두드러기가 있는 경우 사우나를 하면 가려움증이 심해질 수 있다."고 충고한다.

무엇보다 전문가들은 사우나를 하면서 음주를 하는 것을 매우 경계한다.

술을 마시면 사우나에서 저혈압을 일으키거나 쓰러질 가능성이 높아지고 부정맥이나 급사, 고체온증의 확률이 높아지며 특히 관상동맥질환이 있는 사람인 경우 위험이 더 높기 때문이다.

노인의 경우는 사우나 직후 실신 가능성이 있으므로 조심해야 하고, 합병증이 있는 임신부는 사우나를 하지 않는 것이 좋으며 대부분의 고혈압 환자는 사우나를 해도 큰 탈은 없다고 전문가들은 설명한다.

한편, 올해 초 영동세브란스병원 가정의학과 이덕철 교수팀에 의해 저온 사우나가 특히 혈관 기능을 향상시켜 심혈관계 질환의 위험을 낮출 수 있다는 구체적인 연구 결과가 밝혀졌다.

연구팀은 40세 이상의 지원자 43명(남자 11명, 여자 32명)에게 15~20분 간 원적외선 방식의 60℃ 건식사우나에 머물게 한 후 상완-발목의 맥파 속도와 혈압의 변화를 조사해 본 결과 저온 사우나가 맥파 속도를 감소시켜 혈관 기능을 향상시키는 효과가 있음을 알 수 있었다고 발표했다.

더불어 연구팀은 "이미 혈관 기능이 저하된 사람들과 고지혈증 병력이 있는 사람들에게서 변화 폭이 큰 것으로 나타나 심혈관계 질환의 위험률이 높은 사람들에게서 저온 사우나가 더욱 효과적임을 알 수 있었다."고 밝혔다.

◇ 고혈압 환자는 미온욕을, 목욕 전에는 물이나 우유 한 컵~

따뜻한 물의 피부 전달은 신진대사 촉진, 말초혈관 확장 등의 효과로 이어지고 이러한 효과는 만성관절염, 근육통 등의 근골격계 질환을 가진 사람에게 좋다.

가톨릭대 대전성모병원 가정의학과 이강건 교수는 "뜨거운 물에 들어가 있으면 혈류속도가 빨라져서 맥박수가 증가하고 혈압도 올라간다" 며 "차가운 냉수욕도 피부혈관을 수축시키고 혈압을 상승시키므로 심장질환이 있거나 고혈압 환자, 노인 등은 36~38℃ 정도의 미온욕을 해야 하고, 고온욕이나 냉수욕은 피하는 것이 좋으며 입욕시간도 줄이는 것이 바람직하다"고 강조했다.

이어 이 교수는 "물의 온도가 체온보다 약간 높은 미온욕은 피부혈관을 확장해 혈액이 피부로 몰리게 하고, 내부 장기로 가는 혈류량은 상대적으로 줄어들어 혈압을 낮추고 심장의 부담을 줄여주는 효과가 있다"고 덧붙였다.

뿐만 아니라 뜨거운 물은 피부에 도움이 되기도 하지만 아토피를 가지고 있거나 피부가 건조한 사람들은 목욕을 자주 하게 되면 피부가 가렵고 붉어지거나 갈라지는 증상이 나타날 수 있기 때문에 미지근한 물로 가볍게 샤워만 하는 것이 좋다.

일반적인 목욕물의 온도는 섭씨 42도 정도이고, 이때 입욕시간은 10분 정도가 적당하며 20분을 넘어서는 안 된다.

전문가들은 "뜨거운 물 속에 너무 오래 들어가 있으면 산소 소비량이 늘고 에너지 소비도 증가해서 오히려 더 피곤해지기 때문"이라고 말한다.

더불어 배출되는 수분을 보충하고, 노폐물의 배출을 돕기 위해 목욕 전에 물이나 우유를 한 컵 마시는 것이 좋고 목욕은 식사를 마치고 적어도 1시간 정도 지난 후에 하는 것이 좋다.

마당 3

지구촌을 뜨겁게 달궜던 베이징 올림픽이 어제 밤 대단원의 막을 내렸습니다. 17일 동안 계속된 감동과 환희의 드라마는 인류의 위대한 전진과 희망의 씨앗을 뿌렸습니다. 유도 최민호의 첫 금메달로 시작해 태권도, 야구에서 대미를 장식한 우리나라는 금메달 13개를 따내며 올림픽 출전 사상 최고의 성과를 거뒀습니다. 세계 7위, 아시아 2위에 올라 우리의 역량과 저력을 전 세계에 떨쳤습니다.

동양인의 신체적 한계를 극복하고 수영 자유형에서 금메달을 거머쥔 박태환, 여자 헤라클레스로 등극한 장미란, 9전 전승의 퍼펙트 신화를 만든 야구 대표팀, 배드민턴 새별 이용대는 세계를 놀라게 한 영웅들이었습니다.

　금메달 못지않은, 동메달을 목에 건 선수들, 메달은 따지 못했지만 아름다운 투혼을 보여준 태극 전사들 모두가 대한민국의 자랑이었습니다. 태권도 영웅 문대성이 IOC선수 위원으로 선출된 것도 스포츠 외교의 금메달감이었습니다. 우리 선수들의 이 같은 선전은 온 국민에게 무한한 자긍심을 심어주고 국민을 하나로 묶는 삶의 활력소였습니다.

　이번 베이징 올림픽은 역대 가장 많은 신기록을 쏟아내며 성공적인 대회로 평가 받았습니다. 세계신기록 7개를 새로 쓰며 사상 최초로 8관왕에 오른 마이클 펠프스, 육상 100미터에서 9초70의 벽을 깨뜨린 우사인 볼트, 장대높이뛰기에서 24번째 세계 신기록을 이어간 이신바예바 선수는 과연 인간의 한계가 어디까지인지 경이의 물음표를 던졌습니다.

　주최국 중국은 미국을 제치고 종합 1위를 차지해 100년 중화민족의 꿈인 스포츠 최강국으로 도약했습니다.

　이제 4년 뒤 런던 올림픽에서 우리가 다시 국민적 감동을 누리기 위해서는 베이징의 성과에 안주해서는 안 될 것입니다. 다변화하는 경기 규칙에 대비한 치밀한 전략과 투자 없이는 결코 세계 정상을 지킬 수 없음을 이번 대회는 보여줬습니다.

　유망한 선수들을 끊임없이 조기에 발굴해 내고 과학적인 훈련과 체계적인 지원을 지속적으로 이뤄 나가야 할 것입니다.

마당 4

　안철수는 의대를 졸업했다. 의학박사 학위까지 갖고 있고, 의대 교수도 했다. 하지만 그는 아픈 사람을 고쳐주는 게 아니라, 바이러스에 감염돼 신음하는 컴퓨터를 고쳐주는 의사의 길을 걸어왔다.

　그는 서울대 대학원에서 의학을 공부하던 1980년대 후반, 낮에는 사람을 고치는 의학을 공부하고, 밤에는 컴퓨터 바이러스 퇴치에 필요한 백신프로그램을 개발했다. 컴퓨터 사용자라면 누구나 알고, 써 본 'V3'가 바로 그가 1988년부터 개발해 온 백신프로그램이다.

　1995년 그는 의사를 버리고, 컴퓨터보안 서비스를 제공하는 안철수연구소를 설립했다. 벤처기업 사장이 된 것이다. 전문 경영인이 되기 위해 미국 펜실베이니아대학과 와튼스쿨에서 기술경영학을 공부하고, 스탠포드대 벤처비즈니스 과정까지 밟았다.

　1990년대 후반 벤처 붐이 한창일 때, 안철수란 이름은 투자를 받는 보증수표였다. 투자자 이름에 안철수가 들어있으면, 투자하겠다는 사람들이 줄을 이었고, 덩달아 공모가가 몇 배씩 뛰었다.

　하지만 그가 벤처기업의 생존모델로 제시한 '바퀴살' 체제를 갖추는 데 필요한 몇 개 기업 외에는 눈길도 주지 않았다. 그의 '바퀴살'론은 각각 핵심기술을 갖고 있으면서 서로 보완관계를 갖는 벤처기업끼리 지분을 나눠 갖는 협력모델로, 한 업체가 잘되면 나머지 업체들의 자산가치도 높아지는 관계를 말한다.

　그는 특히 "정직한 자세는 손해를 보면서 지킬 때 더욱 가치가 있다." "이익은 사업의 결과이지 목표여서는 안 된다." "공익과 이윤추구를 병행할 수 있다." 등 기업의 사회적 책임을 유난히 강조해 왔다. 정보보호산업협회 회장을 역임했고, 동탑산업훈장을 받았다.

마당 5

　15년 가까이 지켜봐왔지만, 오늘처럼 행복한 표정은 처음인 것 같습니다.

　제대로 보셨습니다. 사람을 많이 만나는 것을 싫어하지도 않지만, 좋아하는 성격도 아닙니다. 그래서 의대에 가서도 실험실에서 일하는 것을 더 좋아했지요. 회사를 설립해 사장을 맡은 것도 한글과컴퓨터에 속아서였습니다. 제가 사장을 해야 투자를 하겠다고 했어요. 자신 없다고 했더니, 사장은 사람을 많이 만나지 않아도 된다고 했습니다. 곧 속았다는 것을 알았으나 이미 시작했으니 어쩌졌어요. 게다가 식구(직원)까지 달렸으니. 그러니 어찌 행복할 수가 있었겠습니까.

그래도 늘 웃는 모습이었는데요.

2003년이었을 겁니다. 매출이 갑자기 정체되기 시작했어요. 곧 다시 좋아질 것이라고 믿었지만 마음은 편치 않더라구요. 어느 날인가, 나도 모르게 회사에서 심각한 표정을 지었던 것 같습니다. 나갔다 들어오니, 사무실 분위기가 축 늘어져 있더라구요. 아차 싶었습니다. 한번은 회사 일과 관련한 고민거리 가운데 사소한 것 하나를 지나가는 말로 아내에게 얘기한 적이 있었는데요. 며칠 밤 잠까지 설치더라구요. 그러니 회사에서도, 집에서도 모두 잘되고 있다는 표정을 지을 수밖에요. 남들은 성공했다고 할지 모르나, 나는 늘 긴장 속에서 살았습니다.

아직 젊은데, 미련은 없습니까?

제 표정을 보면서도 그런 질문을 해요? 기업은 시스템에 따라 움직여져야 한다고 생각합니다. 초기부터 회사를 움직이는 시스템을 만들기 위해 노력해 왔고, 지난해 비로소 완성했어요. 이미 발표한 대로 안철수연구소는 지난해 좋은 실적을 냈습니다. 안철수연구소가 시스템으로 움직인 결과이지, 제가 이룬 게 아닙니다. 따라서 내가 물러난 것과 상관없이, 올해도, 내년에도 계속 좋은 실적을 낼 것이라고 믿습니다. 회사를 시스템에 따라 움직이게 만들어 놓고 보니까, 걸림돌이 하나 돌출되데요. 바로 나였어요. 내가 물러날 때가 됐다고 봤습니다."

이사회 의장으로서 투명한 지배구조를 만드는 일에 주력하겠다고 했는데요. 어떤 그림을 갖고 있나요?

고려대 장하성 교수에게서 기업의 지배구조에 대해 배웠습니다. 먼저 이사회 기능이 제대로 작동되도록 할 생각입니다. 회사 경영에 대한 책임과 권한은 모두 최고경영자가 갖고, 이사회는 전문가적 시각으로 회사의 장기 비전을 제시하고, 투명한 경영이 이뤄지도록 견제하는 그림을 생각하고 있습니다.

안철수가 물러났으니, 회사 이름을 바꿔야 하는 것 아니냐란 지적도 있는데요.

개인적으로 안연구소 정도로 바꾸는 것도 괜찮을 듯 싶습니다. 하지만 제가 물러났다고, 회사 이름에서 안철수를 빼야 한다는 지적에는 동의하지 않습니다. 외국의 유명기업 중에도 설립자 이름을 따 회사 이름을 지어 사용하는 곳이 많습니다.

문제는 이름이 아니라, 얼마나 합리적이고 투명한 경영체제를 가졌느냐라고 봅니다. 우리나라 대기업들은 회사 이름에 설립자 이름을 사용하지 않습니다. 하지만 실제로는 어떻습니까? 설립자 내지 설립자의 자식이란 지위를 내세워, 기업을 자기 개인의 사업체처럼 주무르고 있지 않습니까. 지분으로 보면 소액주주에 불과하면서도. 저는 이게 더 문제라고 봅니다.

정직하게 사업을 해도 성공할 수 있다는 것을 보여주겠다고 말해, 곱잖은 시선을 받기도 했는데요.

안철수연구소를 설립하면서 세 가지를 이루고자 노력해왔습니다. 첫째는 한국에서도 소프트웨어 사업으로 성공할 수 있다는 것을 보여주고 싶었습니다. 둘째는 정직하게 사업을 해도 성공할 수 있다는 것도 증명해 보이고 싶었습니다. 투명경영과 윤리경영이 장기적으로는 회사 경쟁력에 더 큰 보탬이 된다는 것을 직접 보여주고 싶었습니다. 공익과 이윤추구가 서로 상반된 게 아니라, 양립할 수 있다는 것 역시 내가 안철수연구소를 통해 이루고자 했던 목표입니다. 보는 사람에 따라 다르겠지만, 저는 생각했던 만큼은 이뤘다고 자부합니다.

제18과 뉴스 (3)

마당 1
내용 1

미국의 여자프로골프협회인 LPGA가 내년부터 영어 능력이 떨어지는 외국 선수들의 대회 출전을 막기로 해 논란이 일고 있습니다.

외국 선수중의 3분의 1 이상을 차지하는 한국 선수들을 겨냥한 조치로 보이는데 앞으로 우리 선수들 골프에 영어까지 적지 않은 부담이 될 것으로 보입니다.

내용 2

장마전선이 소강상태에 들면서 전국이 흐린 가운데 강원 일부 지역과 영남 지역에서 적은 양의 비가 내리고 있다. 장마전선은 이번 한 주 동안 오르락내리락하면서 지역에 따라 산발적으로 비가 내릴 전망이다. 당초 예보와는 달리 장마전선이 빠르게 남쪽으로 내려가면서 소강 국면에 접어들었다. 24일 오후 6시 현재 강릉과 동해 그리고 상주와 안동 등 일부 지역에만 약간의 비가 내리고 있다.

장마전선은 내일 25일인 화요일 오후에 다시 활성화되면서 전국에 한때 비가 조금 오겠지만 강우량은 5-10㎖로 많지 않을 전망이다. 기상청 관계자는 "내일 오후 장마전선은 다시 남해상으로 내려갔다가 목요일쯤 다시 북상하면서 전국적으로 비가 올 것으로 보인다. 26일인 화요일과 27일인 수요일은 가끔 구름만 많이 낄 전망"이라고 예보했다. 기상청은 장마가 끝나는 다음달 하순까지 비가 계속 내리기 보다는 장마전선이 오르락내리락 하면서 산발적으로 비를 뿌릴 것이라 내다봤다.

내용 3

온라인 취업사이트 '사람인이' 직장인 705명을 대상으로 추석 후유증 경험에 대해 설문한 결과, 여성의 72.5%, 남성의 49.6%가 '추석 연휴를 보낸 후 후유증을 겪었다'라 답했다고 12일 밝혔다.

후유증의 종류로는(복수 응답) '업무 의욕 저하'(61.2%)가 가장 많이 꼽혔으며, '누적된 피로'(51.1%), '과다지출로 인한 경제적 부담'(31.0%), '업무시간 중 졸음'(25.2%), '수면리듬 변화'(24.9%) 등이 있었다.

또한 후유증이 지속한 기간이 평균 3일인 것으로 집계됐다.

한편 '골든 홀리데이'라고 불릴 만큼 긴 연휴로 인해 후유증이 더 심했는지를 묻는 질문에는 '비슷했다'라는 응답이 66.2%로 가장 많았으며, '심한 편이다'(25.2%), '매우 심했다'(8.6%)라는 의견도 적지 않았다.

내용 4

절기로 찬 이슬이 맺힌다는 한로인 오늘 중부 지방의 아침 기온은 10도 아래로 뚝 떨어져 올가을 들어 가장 쌀쌀한 날씨를 보였습니다.

지역별 아침 최저기온은 대관령 1.9도, 철원 3.6도, 서울 7.9도, 대전도 8.3도까지 내려갔고, 남부 지방은 어제보다 최대 5도가량 더 떨어지는 등 전국 대부분 지역이 올 가을 최저기온을 기록했습니다.

기상청은 찬 대륙 고기압의 영향으로 앞으로 아침 기온이 조금씩 더 내려가겠고, 일교차가 큰 날씨가 이어지는 만큼 환절기 건강관리에 유의해 줄 것을 당부했습니다.

마당 2

따뜻한 봄은 나무를 심기에 적당한 계절입니다. 하지만 꽃이 피는 이 계절에 갑자기 겨울처럼 날씨가 추워지는 꽃샘추위가 찾아오기도 합니다. 최근에는 황사현상 때문에 황갈색 하늘 아래에서 눈앞을 보기도 힘들 때가 있습니다.

여름-장마와 삼복더위/여름은 고온다습하며 집중호우와 태풍의 영향을 받는 계절입니다. 집중호우의 원인이 되는 장마는 6월 하순 경에는 제주도에, 6월말 경에는 전국에 영향을 주어 큰 피해가 생기기도 합니다.

　　가을-천고마비, 독서, 단풍의 계절　가을은 맑은 날씨 덕분에 사람들이 활동하기에 가장 좋은 계절입니다. 하지만 기온이 점점 떨어지기 시작하고 일교차가 커집니다.

　　날씨가 정말 좋아서 높고 파란 하늘을 볼 수 있고 책를 읽을 때도 집중이 잘 됩니다. 오곡백과를 수확하는 이 계절에는 멋진 단풍도 구경할 수 있습니다.

　　겨울-한파와 삼한사온/날씨가 추워지고 강하며 매서운 바람이 부는 이 계절에 한국에서는 김장을 합니다. 서해안과 영동, 동해안 지방은 지형적 요소 때문에 눈이 많이 옵니다.

　　한파는 그 해에 가장 추운 날씨를 뜻하며, 삼한사온이란 3일 동안 아주 춥고 4일 동안은 다시 따뜻해지는 한국의 겨울 날씨를 말합니다.

마당 3

　　[앵커멘트]이번 주말에는 전국적으로 강풍과 천둥번개를 동반한 비가 내릴 것으로 보입니다. 특히 이번 비가 그치면 기온이 큰 폭으로 떨어지면서 때이른 겨울추위가 찾아온다고 합니다. 취재 기자 연결합니다. 김진두 기자!주말 날씨가 썩 좋지 않은데, 비가 언제부터 시작되나요? [리포트]이번 비는 오늘 밤 서해안지방부터 시작되겠습니다. 중부지방은 내일 오전부터, 남부지방은 오후부터 비가 내릴 것으로 보입니다. 우선 내일까지 예상되는 비의 양은 5밀리미터 정도로 많지는 않겠습니다. 하지만 이번 비가 일요일인 모레까지 이어질 것으로 예상되기 때문에 총강우량은 10밀리미터 안팎이 될 전망입니다. 기상청은 비의 양이 많지는 않지만 일부지역에는 천둥번개가 치고 돌풍이 부는 곳도 있겠다고 말하고 시설물과 농작물 피해가 없도록 주의해 달라고 당부했습니다. 이번 비는 일요일 오후 늦게부터 서서히 그칠 것으로 보입니다. [질문]그런데 이번 비가 그치면서 추위가 찾아온다구요? [답변]일요일 밤부터 바람이 강하게 불면서 기온이 큰 폭으로 떨어질 것으로 보입니다. 다음 주 월요일에는 서울의 아침 기온이 2도, 입동인 화요일에는 1도까지 내려가겠습니다. 올 가을 최저 기온으로 평년과 비교해도 5-6도 가량 낮은 11월 하순의 기온분포입니다. 이 같은 추위는 다음 주 내내 이어질 것으로 전망됩니다. 기상청은 예년보다 일찍 발달한 대륙 고기압이 우리나라에 영향을 주면서 다음 주에는 서울의 아침기온이 계속 5도 아래로 머물 것이라고 밝혔습니다. 특히 다음 주 월요일에는 중부지방으로 또 한차례 기압골이 통과할 것으로 예상돼 일부 지역에는 첫 눈이 내릴 가능성도 있습니다. 지금까지 YTN 김진두입니다.

마당 4

　　말도 많고 탈도 많았던 2009년이 가고 2010년 새해가 밝았습니다.

올해는 대통령선거가 예정돼 있는 만큼 그 어느해보다 많은 뉴스들이 쏟아질 것으로 예상되는데요.

　　2010년, 시민들은 어떤 뉴스를 희망하고 있는지 들어봤습니다.

　　<인터뷰> 김주민(초등학생) : "고학년 언니들이 저학년 아이들에게 돈을 갈취하거나 폭력을 행사하지 않는다는 뉴스가 나왔으면 좋겠어요."

　　<인터뷰> 이호봉(자영업) : "올해는 집값이 다 안정돼서 모든 국민들이 집 한 채씩 샀다는 뉴스가 나왔으면 좋겠고 경제는 모든 사람들이 발뻗고 처자식 걱정않고 잘 먹고 잘 산다는 뉴스, 정치는 이 나라를 잘 이끌어줄 수 있는 사람, 말이 아닌 행동을 보여줄 수 있는 사람이 나왔으면 좋겠습니다."

　　<인터뷰> 손현도(회사원) : "회사들 경우 침체기인데 많이 성장이 돼서 수출이 높아지는 얘기들 많이 나왔으면 좋겠고 날씨가 추운데 따뜻한 얘기들이 많이 나왔으면 좋겠습니다."

　　<인터뷰> 조동철(회사원) : "올해는 경제가 회복돼서 젊은 사람들 취업이 잘됐으면 좋겠습니다."

　　<인터뷰> 남지혜(주부) : "지금 전세를 살고 있는데 전세값이 너무 많이 올라요. 곧 우리 애기가 태어나는데 다음에 전세집 갈 일이 걱정되는데요. 정부에서 부동산 대책 잘 세워서 우리같은 서민들 잘 살 수 있게 해줬으면 좋겠어요."

<인터뷰> 최승룡(대학생) : "올해 대학 4학년인데요. 취업 걱정하게 되잖아요. 작년에는 불황이라 취업이 잘 안됐는데 올해는 고용창출 잘되고 경제 회복돼 취업이 잘됐으면 좋겠어요."

<인터뷰> 고영주(주부) : "올해는 통일이 됐다. 그런 뉴스가 나왔으면 하는 바람이구요. 왜냐하면 우리 엄마가 이북사람인데 통일이 돼서 손 잡고 갔으면 좋겠어요."

<인터뷰> 조소담(고등학생) : "2010년에는 KBS 뉴스에서 대학 시험이 폐지됐다 그런 뉴스가 나왔으면 좋겠어요."

<인터뷰> 임종남(택시운전사) : "택시업계가 너무 침체돼 있는데 활성화 됐으면 좋겠고 하루 속히 빨리 서민들이 잘 살 수 있는 세상이 왔으면 하는 바람입니다."

<인터뷰> 이성림(관광통역안내사) : "올해는 한국을 찾는 관광객이 많아져서 전 세계적으로 관광의 나라 1위로 뽑혔다는 뉴스가 나왔으면 좋겠습니다."

이렇듯 많은 시민들은 올해 희망뉴스로 정치와 경제의 안정을 꼽았습니다.

그러나 무엇보다 중요한 것은 모든 국민들이 행복하고 잘 살 수 있도록 하는 환경을 만드는 것이라고 당부했습니다.

KBS 뉴스 차정인입니다.

마당 5

"여러분 안녕하십니까? 금요일 밤 KBS 9시 뉴스입니다."

매일 저녁 9시면 어김없이 찾아와 하루를 마감하게 하던 또랑또랑한 목소리의 주인공, 정세진 아나운서가 2009년 12월 29일 방송을 끝으로 KBS <뉴스 9>를 떠납니다.

마지막 방송을 하루 앞두고 스튜디오에서 만난 그는 "성장하지 못하는, 정체되는 자신을 보는 것이 힘들어 바닥이 드러나기 전에 떠나는 것"이라며 "더 나아진 모습으로 돌아올 것"을 약속했습니다.

1999년 주말 9시 뉴스를 시작으로 2001년 11월, 평일 메인 앵커로 발탁돼 지금까지, 입사 후 10년 중 7년의 세월을 9시 뉴스와 함께 했던 그가 이제 잠시 시청자의 곁을 떠나 더 나은 모습으로 돌아올 채비를 시작합니다.

짧지 않은 시간 9시 뉴스와 함께 했던만큼 기억에 남는 순간들도 적지 않을 터.

"지역 순회 방송도 많았고, 전투기도 탔고… 행복했던 순간이 너무 많았다"는 그는 특히 온 국민을 살맛나게 했던 2002년 월드컵 당시를 잊을 수 없는 기억으로 꼽았습니다.

시마네현의 '독도의 날' 제정으로 여론이 들끓었던 2005년 3월엔 배를 타고 직접 독도로 들어가 생방송 마이크를 잡았고, 새만금 방조제 물막이 공사가 마무리된 지난 4월 지역 순회 방송 도중엔 갑작스러운 돌풍으로 방파제 옆에 마련한 임시 스튜디오 뒤로 파도가 들이치는 경험도 했습니다.

그러나 역시 가장 아찔한 건 방송 사고. 생방송 중 뉴스 원고를 찾지 못해 한참 동안을 이리저리 두리번거리기도 했다는 그는 "이 상황을 어떻게 해결하나"라는 생각밖엔 아무 것도 생각도 나지 않았다는 말로 당시의 기억을 떠올렸습니다.

스스로 충전이 필요하다고 밝힌 정세진 아나운서는 1월 중순 유학을 준비 중입니다.

평소 관심이 많았던 사회복지 분야 공부와 함께 미국 현지 방송 진행자들의 활동도 꼼꼼히 살펴보고 오겠다는 것이 그의 목표라 했습니다.

"이제는 40대를 준비해야 할 시간"이라는 그는, 지금까지의 방송 생활이 외부에서 만들어 준 틀 안에서 자신을 보여주는 시간들이었다면 앞으로는 '정세진'이라는 이름을 걸고 방송을 만들 수 있는 사람이 되고 싶다는 소망도 숨기지 않았습니다.

앵커 하차 소식 발표 후 잠시 사람들을 궁금하게 했던 결혼 이야기에 대해서도 그는 "현재로선 계획이 없다"며 "만약 하게 되면 숨기지 않고 이야기 하겠다"는 솔직한 답변을 전했습니다.

시청자와 네티즌에게 작별 인사를 전하며 잠시 눈시울이 붉어지던 정 아나운서는 "그동안 시청자 여러분 덕분에 많이 행복했고, 또 감사했다"며 "다시 돌아올 땐 더 나은 모습일 수 있도록 노력하겠다"는 인사를 전했습니다.

제19과 연예 소식

마당 1
대화 1

가: 3년 만에 국내 드라마로 복귀하는데 이 드라마를 선택한 이유는 무엇인가요?
나: 무엇보다 소재가 신선했고 그동안 맡았던 역할들과 차별화된 모습에 매력을 느꼈고, 하지만 익숙치 않은 배역이라 현장에서도 많이 고민하고 배우는 입장에서 촬영에 임하고 있습니다.
가: 일본에서의 드라마 현장느낌과 국내 복귀소감에 이야기해 보세요.
나: 저는 일본에서는 외국배우이기 때문에 대우가 좋았고, 시스템적으로도 촬영 여건이 너무 좋아 많이 부러웠습니다. 국내에서 3년만에 하는 드라마라 부담감이 많지만, 기대에 부응하는 연기 보여 드리겠습니다.

대화 2

남: 안녕하세요? 이해명역을 맡은 박해룡입니다. 반갑습니다.
여: 안녕하세요! 조남수역을 맡은 김해숙입니다.
남: 영화 속에서 이해명이란 청년은 여러분이 많이 들다시피 '모던 보이'라는 30년대 시대에 서양 문화를 가장 빨리 흡수하는 신세대라고 정의를 내리고 있고요. 현실적으로 이야기하자면 강남 부유층 집안에 명품을 입고 다니는 그런 청년으로 요약할 수 있습니다. 그리고 그 시대의 공무원 역할을 하고요.
여: 영화 속에서 조남수는요. 굉장히 그 시대에 가장 많은 재능을 가지고 있고 남다른 꿈과 신비스럽고 신비스러운 여자예요. 그리고 이야기를 전체를 이끌어가는 주인공은 이해명의 인생에 개입해서 인생을 좌지우지 하는 그런 매력적인 여자로 설정되어 있고요. 배우로서 굉장히 특별한 , 쉽게 주어지지 않은 역할이기 때문에 촬영내내 정말 즐겁게 촬영했습니다.
남: 가을날 좀 선선한 시기에 영화가 개봉되겠습니다. 많은 관심을 가져 주시기를 바랍니다.
여: 그 시대에 어떻게 변화하는가, 인간이 어떻게 변화하는가, 동시에 조남수의 미스터리는 어떻게 밝혀지는지 정말 재미있는 것 같습니다. 오랫동안 저희 영화에 끈기와 인내심 가지고 기대를 버리지 않으셔서 감사하고요. 영화 개봉 전까지 기대해 주세요.

내용 3

  KBS 한국 방송은 예비방송인 양성을 위한 방송체험의 장을 마련, 여름방학 기간인 7월에 대학생을 대상으로 한 방송기자, 비디오저널리스트(PD), 아나운서, 카메라, 영상편집, 음향편집 과정 총 6개 과정 "KBS 대학생 여름 방송캠프"를 실시합니다.
  캠프비용은 방송기자나 PD나 아나운서나 카메라과정은 1 인당 30만 원이고 숙박 및 식비, 장비 등 일체경비 포함됩니다. 영상편집이나 음향편집 같은 과정의 경우에는 1인당 40만 원이고 숙박 및 식비, 장비 등 일체 경비 포함됩니다. 장소는 KBS 연수원 본사 아나운서 교육장에서 진행될 것입니다. 신청은 2008년 6월 15일까지 KBS 홈페이지에서 온라인으로 해당과정 수강신청이 가능합니다. 21세기에 필요한 방송인재가 되기 위한 대학생들의 많은 참여를 바랍니다. 주의! 꼭 방송캠프에 참여하실 분만 신청하십시오.

내용 4

  KBS 2TV '연예가 중계'가 채모 씨의 전 남편 사진이 무단으로 방송된 데에 대해 사과했다. 생방송되는 '연예가 중계'는 23일 채모 씨의 이혼 소식을 전하는 가운데 전 남편 김모 씨의 얼굴이 담긴 장면을 방송했다.
  이에 MC 김제동은 '연예가 중계' 클로징 멘트를 통해 "사과의 말씀을 드린다. 채모 씨의 소식을 전하면서 전 남편의 사진이 잠시 나간 것에 대해 제작진을 대표해서 사과드린다"고 전했다. 한편 가수 출신 탤런트 채모 씨(30)는 결혼 1년 반 만에 파경을 맞았다.

채모 씨는 2005년 12월 김모 씨와 웨딩마치를 올렸지만 최근 이혼에 합의, 법적 절차를 마무리한 것으로 전해졌다.

결별 사유는 성격 차인 것으로 알려졌다. 두 사람 사이에 2세는 없는 상태다.

채모 씨는 이혼 후 주변에 이에 대해 심경을 털어놓지 않은 채 묵묵히 촬영장을 오가고 있다. 채모 씨는 MBC 드라마 '커피프린스 1호점' 촬영에 몰두하며 아픔의 상처를 치유하고 있다.

채모 씨는 지난 5월 '커피프린스 1호점'에 주연급 한유주 역으로 캐스팅돼 7월 첫 방송을 앞두고 있다. 가수로 데뷔한 채모 씨는 2003년 '저 푸른 초원 위에'를 통해 연기자로 보폭을 넓히며 2005년 드라마 '해신'에서 장보고 최수종의 상대역으로 열연해 인기를 누린 바 있다.

채모 씨는 26일 오후 3시 서울 여의도 CCMM빌딩 우봉홀에서 열리는 '커피 프린스 1호점'(주연 공유 윤은혜 이선균 채모 씨) 제작발표회를 통해 이혼 후 첫 공식석상에 모습을 드러낸다.

마당 2

<바람의 화원>이 9월 27일에 첫 방송됩니다. 조선시대 가장 유명한 풍속화가 김홍도와 신윤복!

김홍도는 '서당'과 '씨름' 등의 생동감 넘치는 풍속화뿐 아니라, 거대한 의궤, 수묵화, 그리고 자신의 노년을 사실적으로 그린 자화상에 이르기까지 다양한 그림을 남긴 역사상 가장 유명한 조선의 화가이다. 또한 세련된 필치로 남녀 간의 애정을 다룬 그림으로 유명한 신윤복은 그를 잘 모르는 사람들일지라도 그의 그림이 인쇄된 그림엽서나 달력 한번 보지 못한 사람이 없을 정도로 현대에까지 아니 현대에 와서 더욱 그 가치를 인정 받고 있다. 여기까지가 두 사람에 대해 알려져 있는 사실이다. 그런데 이 두 사람에게는 몇 가지 알려지지 않은 사실이 있다.

첫째, 두 사람은 도화서 화원 생활을 함께 했던 동시대인이며,

둘째, 두 사람이 똑같은 주제를 두고 그린 그림이 여러 장 발견되고 있으며,

셋째, 두 명의 천재 화가 중 김홍도에 대한 자료는 풍부하게 발견되고 있는 반면, 신윤복에 대한 자료는 거의 남아 있지 않다는 것이다.

김홍도는 영조, 정조, 순조 세 임금의 총애를 받으며 오랫동안 권세를 누려 왔지만 신윤복은 속된 그림을 그려 도화서에서 쫓겨났다는 풍문만을 남기고 역사 속에서 영원히 사라져버렸다. 도대체 이 두 사람에게 어떤 일이 있었던 것일까? 신윤복에 대한 기록은 왜 모조리 사라져 버린 것일까?

그러나 다행이다. 그의 기록은 사라졌으나 그림만은 온전히 남아 있다. 이제 그의 그림을 찬찬히 들여다 보자. 조용히 그림 속에서 목소리가 들리기 시작한다. 이 드라마는 바로 그 이야기이다. 그림 속에 은밀히 숨겨졌던 김홍도와 신윤복의 사랑 이야기다.

마당 3

한국의 TV 프로그램 편성에 가장 많은 양을 차지하는 것은, 다름 아닌 드라마이다. 이는 드라마가 시청자들의 다양한 욕구를 충족시켜주는 하나의 수단으로 작용해 왔기 때문이다. 고대 그리스의 제천의식으로부터 시작된 드라마라는 형식의 예술장르는 현대 한국 사회에서 다양한 형태로 사회를 반영하고 대중으로 하여금 그들의 삶의 고충들을 해소 시킬 수 있는 대리만족의 도구로 자리잡아오고 있다. 한 편의 드라마는 더 이상 고전이나 소설의 재현만을 목적으로 두지 않고 우리의 삶과 밀접한 이야기들을 화두로 내세우며 전 국민적인 공감대를 형성하는 중요한 미디어 형태로 자리매김하고 있다. 7~80년대에 한국 드라마는 경제성장에 힘입어 텔레비전이 널리 보급됨과 함께 우리의 안방을 차지해왔고, 80년대 중반에서 90년대 초반까지는 당대의 정치, 사회적 현실을 드라마 속에 담아내어 현실의 가감 없는 극적 포착을 통해 시청자들의 욕구를 충족시키고자 하였다. 즉, <제 3공화국>, <땅> 등과 같은 다큐멘터리형 드라마와 <여명의 눈동자>, <모래시계>와 같은 추악한 현실 속에서 당대 젊은이들의 욕망과 이상을 비극적 정조로 그려낸 드라마를 통해, 당시의 억압적 현실과 부조리를 드러내놓고, 같이 분노할 수 있게 하였다. 90년대에는 문민정부의 도입과 경제적 풍요로움을 기반으로 '질투'라는 신세대 젊은이들 계층을 겨냥한 트렌디드라마가 시작되었

고, 아줌마들을 위한 아침드라마와 온 가족을 위한 주말 드라마의 방영은 대중들에게 폭넓은 지지를 얻었다.

마당 4

안녕하세요. 미녀들의 수다를 재밌게 보고 있는 시청자입니다. 앞으로 더 발전하는 프로그램이 되길 바라며, 그 발전에 조금의 도움이 되도록 '미수다'에서 조금 더 신경을 써줬으면 하는 점을 말씀 드리겠습니다.

우선 프로그램을 보다가 자꾸 생각하게 되는 것인데요 MC 남희석 씨의 매끄럽지 못한 진행입니다. 미녀분들이 이야기를 하는 도중 중간에 내용을 끊거나, 전혀 상반되는 이야기로 분위기를 다운시키는 경향이 있습니다. 시청자의 입장으로 보는데도 제가 민망해지더라구요. 내가 너무 민감하게 반응하는가 싶어서 주위 사람들에게도 누차 물어보고 의견을 들어봤지만 모두가 저와 같은 생각을 가지고 있었습니다. 상반수가 그런 것을 느꼈다면, 미수다를 시청하는 시청자들 중에서도 저같은 경우가 있겠지요.

다음으로는, 패널분들이 미녀들의 얘기를 도중에 끊고, 자기 얘기를 하기 바쁘다는 것입니다. 물론, 자기 의견을 표명하는 것이 나쁘다는 것은 아닙니다. 하지만 적어도 상대편의 이야기가 모두 끝난 후 자기의 의견을 말하는 것이 양방향 의사소통에 있어서도 중요한 매너라고 생각하는데요. 저로서는 좋게 보이지가 않았습니다. 좀 더 나은 프로그램이 되기 위해서 지금보다 더 나은 매끄러운 진행과 미녀분들의 말을 존중하는 것이 필요할 것입니다. 미수다의 미녀분들 또한, 한국의 문화는 이런 게 이상하다라는 식의 발언을 조금 삼가 주셨으면 합니다. 각국의 문화차이라는 것도 있고, 그 문화가 생긴 역사적인 이유도 있으니까요. 특히 오늘은 좀 더 그랬던 것 같아요. 처음의 좋았던 취지에서 벗어나지 않았으면 하네요. 그리고 중간중간에 나오는 일본에 대한 패널분들의 발언이나 MC 남희석 씨의 발언도 조금 보기가 그렇더라구요.

오늘도 보면, 사유리 씨였나, 일본미녀분이 몸짱을 좋아한다는 내용이 나왔습니다. 이에 어떤 패널분이 "일본 여자는 다 몸짱을 좋아하는 건가요?" 라는 질문을 했고, MC분이 그 말을 정정해 드렸죠. 그 패널분은 지극히도 개인적인 생각으로 질문한 거겠지만, 그 말을 들은 사람이나, 보고 있는 시청자나 모두 그렇게 바람직하지는 않더라구요. 이러한 경우가 처음은 아니었던 걸로 기억합니다. 무슨 방송이 한국과 일본의 불화를 조장하는 것도 아니지 않습니까. 조금 더 열리고 개방된 생각으로 방송이 진행됐으면 하는 바람입니다.

이 글은 지극히도 개인적인 저의 입장이지만 저 또한 한 사람의 미수다를 즐겨보는 시청자로서 저의 의견이 조금이라도 반영이 되었으면 하는 바람입니다. 좀 더 발전하는, 최고의 프로그램이 되기를 바라겠습니다.

마당 5

미녀들의 수다를 아껴 주셔서 감사합니다.

여러분께서 참 좋은 의견 많이 남겨 주셨네요. 처음 홈페이지를 열고 나서 하루도 빠짐없이 올라오는 글을 모두 읽었습니다. 제가 많이 부족하다고 질책하시는 글이 많아서 항상 반성하고 있습니다. 열심히 하려고 노력하고 있습니다. 부족한 점이 많이 있지만 앞으로 고쳐 가도록 하겠습니다.

나름 준비한다고 해서 하는 프로그램 입니다만 역시 부족하지요. 미녀들의 수다를 아껴 주시는 분들께 감사 드리고요. 4시간 넘는 녹화와 22명의 출연자의 이야기를 압축하려니 원하시는 분들의 이야기가 길게 못 나와 아쉬워 하시는 것 같아 안타깝습니다. 제가 출연자들의 발언권 순서를 갖고 있는 것은 사실이지만 발언을 못하게 막는 일은 절대 없습니다. 녹화 현장의 상황을 말씀 드리자면 여성 출연자 열 여섯 명을 잡는 카메라는 실제로는 두 대의 카메라와 긴 막대기 달린 카메라가 한 대가 있습니다. 두 대 중 한 대는 큰 그림을 잡고 있어서 한 대만이 말 하는 사람을 잡게 됩니다. 또한 전 출연자의 오디오를 모두 열고 있으면 방송에 엄청난 소음이 들리게 됩니다. 그래서 제가 이름을 불러 주면 카메라와 오디오는 한 사람을 맞추어 줍니다. 물론 녹화 때는 발언을 원하는 출연자 전원에게 모두 말할 기회를 줍니다. 그러나 4시간 넘는 녹화분이 방송에 나갈 수는 없겠지요. 사실 한국어를 무척 잘 하는 여성들이지만 역시 어려운 말이고 거기다 겪은 일을 재미있고 조리있게 이야기 하려다 보니 엉키기도 하고 발언 도중에 포기하기도 하는 일이 있습니다. 그래서 미리 주제를 두고 인터뷰를 하고 녹화 전에 발언 내용에 대해 다시 한번 연습도 하고 녹화가 시작되기 전 작가님들이 간략히 적어 주기도 합니다. 발언권에 대해 진행자가 누군 예뻐하고 누군 미워해서 기회를 안 준다고 하는 부분은 사실이 아님을 말씀 드리고 싶습니다.

또한 말하는 여성의 말이 갑자기 끊기고 다음 사람으로 넘어가는 부분을 지적하시는 분들이 많으셔서 말씀 올립니다. 저도 방송 진행 경험이 없는 사람이 아닌데 말하는 여성을 두고 갑자기 다음 사람으로 콜을 넘기지는 않습니다. 또한 한 사람 말 끝나고 그 말에 대한 공감 멘트나 정리, 다음 사람 콜은 녹화장에서 모두 이루어집니다.

그러나 그게 모두 방송에 나올 필요는 없습니다. MC가 출연자를 배려하는 것은 보일 수 있지만 여성 한 분마다 그런 제 리액션을 보여주다간 방송 내내 남희석만 나오게 되거든요. 그래서 여성 발언이 끝나면 다음 출연자 발언이 곧바로 이어지게 됩니다. 그러나 그것도 방금 말씀한 여성 다음 사람이 되거나 몇 명 건넌 사람이 되거나 하는 경우가 대부분이겠지요? 그러다보니 여러분께서 남희석이 갑자기 말을 끊어 버리니 방금 말한 여성은 황당해 얼굴이 굳어 있더라 하시는 경우가 많습니다.

또한 저 역시 잘못한 부분이 있는 것도 사실이므로 이 역시 발전시키도록 노력하겠습니다. 이곳에 진행 관련 아쉬움을 올리신 글이 많으신데 죄송합니다. 그 많은 경험을 갖고 있는데 아직도 부족하니 끝없이 공부해야겠다는 생각을 합니다. 제작진 모두 열심히 할 테니 많은 응원 부탁 드립니다. 암튼! 열심히 하겠습니다!

제20과 선거 이야기

마당 1
대화 1
재 석: 거의 대부분의 나라에서 정치인들이 국민의 기대 수준을 따라 가지 못해 욕을 먹어요.
제임스: 맞는 말씀이에요. 그리고 정치인들이 사회의 부정부패의 근원지로 지탄을 받아요.
재 석: 한국의 정치인들도 국민들이 원하는 것을 충족시키기 위해 정치를 개혁하고 정당 제도를 고치기 위한 시도를 하고 있지만요.
제임스: 사실은 정치인들은 자신을 위한 시도는 아예 손도 대지 않고 있지요?
재 석: 제임스 씨는 어떻게 알았어요?
제임스: 저희 나라도 이전에는 그랬어요. 민주주의도 어느 정도의 단계를 겪으면 좋아질 거예요.

대화 2
여자: 우리 학과는 과대표를 정말 좋은 사람을 뽑은 것 같아.
남자: 뽑았으니까 일단은 일을 잘 하는지 두고 봐야지.
여자: 다른 학과는 아직 과대표를 뽑지 못했다고 하더라.
남자: 학과 대표를 선출하는 데 뭐 그렇게 말이 많은지 모르겠다.
여자: 다른 학과 과대표를 뽑는 일은 그 학과 구성원들의 일이니 남의 잔치에 감 놔라 배 놔라 한다고 하지 말고, 우리 학과 일이 잘 되게 과대표를 도와 주자.

대화 3
시민1: 국회의원 선거철이 다가오는군요.
시민2: 예, 그래요. 국회의원 후보들이 선거운동을 벌써 시작했어요.
시민1: 정말로 나라와 국민을 위한 사람을 국회의원으로 선출해야 한다고 말들은 많이 하는데, 그렇게 되지 않더군요.
시민2: 맞아요. 정치인이 국민의 의식을 따라가지 못한다고 말만 하지 말고, 그러한 사람들은 국회 의원으로 뽑는 사람들의 생각이 먼저 변해야 할 것 같습니다.
시민1: 후보들의 선거 공약을 냉정히 판단해, 정파를 떠나 부패하지 않고 정직한 사람을 뽑아야겠지요.
시민2: 우리가 이렇게 말은 하지만, 일반 시민들과 정치인들의 의식을 개혁하는 일은 정말로 달걀로 바위치기예요.

마당 2

요즘 우리 정부의 경제정책이 너무 많은 사공 때문에 우왕좌왕하고 있다. '사공이 많으면 배가 산으로 올라간다'는 속담도 있듯이 이쪽에서 이 말하고 저쪽에서 저 말하는 바람에 국민들은 과연 어느 장단에 춤을 춰야 할지 혼란스럽기만 하다. 정부가 오늘 말하면 그 이튿날 청와대가 뒤집고, 당이 '이렇다'하면 정부가 '아니다'라고 맞받아치고 있으니 도무지 갈피를 잡을 수가 없다.

마당 3

'대한민국 선거 이야기'는 선거의 역사를 중심으로 대한민국의 근현대사를 훑어 알기 쉽게 강의로 풀어 설명해주고 있는 책이다. 역사에 대해서는 나름대로 이러저러한 책을 읽으며 조금은 알고 있다고 생각했었는데 선거를 중심으로 역사를 이야기하는 책을 읽다 보니 또 다른 관점에서 역사를 바라보게 되었다.

역사에는 '만약에'라는 것이 있을 수 없다는 말처럼, 과거의 역사는 바꿀 수 없는 것이다. 그렇다면 우리의 과거를 바라보며 한탄만 하거나 부정적으로만 바라 볼 것이 아니라 그 안에서 미래를 향한 희망을 볼 수 있어야 하는 것 아니겠는가.

그런 의미에서 이 책은 쉽고 재미있게 이야기를 듣듯이 대한민국의 근현대사를 쓰윽 훑을 수 있을 뿐만 아니라 선거를 통한 긍정적인 모습도 찾을 수 있으니 여러 사람들에게 추천하고 싶은 책이다.

마당 4

이번 선거는 자기 고장을 위해 일할 지방 차기 단체장과 지방의회 의원을 뽑는 중요한 선거이다. 하지만 요즘 젊은이들은 현실 문제에 관심이 별로 없는 것 같다. 선거 당일날은 '휴일'이라는 생각으로 놀러 가고 쉬는 경우가 많으니까 말이다. 하지만 지방선거는 풀뿌리 민주주의라고 일컬어지듯 기초가 튼튼해야 하고 우선은 자기가 살고 있는 지역에 관한 문제부터 관심을 가져야 한다고 생각한다. 이번에 우리 고장에도 후보들이 여러 가지 공약을 내걸었는데 그 중 기호 1번 후보자는 낙후된 지역을 적극적으로 개발하겠다고 했다. 우리 지역이 다른 지역보다 좀 낙후되어서 적극적으로 지역개발이 필요하다는 것이 그의 공약이었다. 한편 기호 2번 후보자는 우리 지역에 공원을 만들고 여기저기 녹지를 조성하겠다고 한다. 편리하게 사는 것도 중요하지만 환경을 생각하는 자세가 더욱 중요하다는 것이 그의 공약이었다. 환경을 보존하는 것은 삶의 질을 높일 뿐 아니라, 우리 후손들에게 더더욱 중요하고 생존의 문제로 직결된다. 개발 역시 우리 지역 주민을 위해서도 필요하고 두 가지를 모두 접목시켜 개발하되 항상 환경을 생각하고 또한 한 지역을 위해 열심히 일하는 후보자가 당선되어야 할 것이다. 우리 역시 선거에 보다 많은 관심을 가지고 참여해야 함은 물론이다.

마당 5

지난 2월 25일 월요일 여의도 국회의사당 앞에서 제 17 대 이명박 대통령 취임식이 거행되었다. 이날 취임식에는 각국 정부에서 찾아온 귀빈들은 물론 일반 국민과 외국인 관광객 등 5만 여명이 새 정부의 출발을 함께 축하하였다.

그리고 이명박 대통령은 '선진화의 길, 다 함께 열어갑시다'라는 제목의 취임사에서 2008년을 대한민국 선진화의 원년으로 선포하였다.

이명박 대통령은 가난한 집안에서 태어나 학업을 마친 뒤 중소기업 사원으로 입사했으며 이후 마침내 '현대건설'이라는 대기업의 회장에 올랐다. 또 서울시장에 당선된 후에는 청계천 복원으로 대한민국의 수도를 쾌적한 도시로 만들어 세계의 관심을 모으기도 하였다. 이제 대통령이 된 그는 자신을 '경제 CEO'라 부르며, 한국의 선진화를 위한 혁신적인 계획을 내놓았다.

이것을 위해 정부 조직을 '작지만 능률적인 조직'으로 개편하고 경제활동을 막는 여러 규제를 찾아 고치고 수정하여 경제성장을 위한 분위기를 만들어 나가겠다고 하였다.

또한 '보다 안전한 한반도, 보다 풍요롭고 정의로운 세계질서'를 만들기 위해 세계 여러 나라들과의 긴밀한 협력을 다짐하였다. 미국, 중국, 일본, 러시아 등 주변 나라들과의 관계를 더욱 튼튼히 하여 동북아시아 지역의 안정을 정착시키고 전 세계와 적극적인 외교를 펼쳐 해외 기업들의 투자를 유도하는 동시에 국내 기업들의 해외진출을 돕겠다고 밝혔다. 이명박 대통령은 앞으로 5년의 임기동안 이 같은 노력을 통해 세계와 함께 발전하는 대한민국을 만들어 나가겠다고 밝혔다.

한편 분단된 대한민국의 현실에서 가장 중요한 문제는 남북관계일 것이다. 이명박 대통령은 앞으로 남북 모두에게 이익이 되는 실용주의 노선의 정책을 펼칠 것이라고 강조하였다. 특히 '비핵 개방 3천'이라는 새 정부의 대북정책은 조선이 비핵화를 적극적으로 실천하면 국제사회와 함께 조선의 개발을 지원하여 10년 안에 1인당 국민소득이 3천 달러 이상이 되게 하겠다는 것이다. 이명박 대통령은 민주적인 선거를 거쳐 정권 교체에 성공했고 더구나 지금까지의 대한민국 대통령 선거 사상 최대의 표차로 당선되었다. 지금 대한민국 국민들은 새로운 정부 출범을 놓고 관심과 기대를 가지고 지켜보고 있다.

제21과 한복

마당1

1. 한국의 전통 의상입니다. 여성은 짧은 저고리와 넉넉한 치마로 우아한 멋을 풍겼으며, 남성은 바지 저고리를 기본으로 조끼와 마고자로 멋을 냈습니다. 백의민족답게 기본색은 흰색이었으며 계절에 따라, 신분에 따라 입는 예법이나 소재, 색상이 모두 달랐습니다.
2. 한국에는 고유한 말과 문자가 있습니다. 1443년 세종대왕은 고유의 문자가 없어 백성들이 뜻을 제대로 펴지 못하는 것을 안타깝게 여겨 "훈민정음"을 창제하였습니다.
3. 한국 사람은 그것이 없으면 못 사는 민족입니다. 그것의 종류는 크게 배추, 깍두기, 동치미, 오이소박이 등으로 나뉘는데, 지방, 계절에 따라 수없이 많습니다.
4. 세계에 널리 알려진 한국의 대표음식입니다. 서양 사람의 입맛에도 맞아 한국을 찾는 관광객한테도 인기가 그만입니다. 테이블에서 직접 구워 먹는 것도 색다른 재미입니다.
5. 몸과 마음을 수련하여 인격을 닦는 무술로서 남을 공격하는 것이 아니라 자기를 방어하는 고차원적 무술입니다.

마당2

마고자는 성인 남자, 성인 여자, 남자용으로 구분된다. 마고자의 주된 형태와 명칭은 다음과 같다.

남성용 마고자는 원래 만주족의 의복이었으나 대원군이 중국에서 유거 생활에서 풀려 나와 귀국할 때 입고 돌아오면서 널리 착용되었다고 한다. 한국에서는 조선시대 말기 이후에 특수계층의 집안에서 방한을 겸한 사치복으로 등장했다.

마고자는 일명 덧저고리라고도 불리며 용도에 따라 재봉법이 다르고 방한용으로 남녀가 같이 널리 착용하고 있으며 남자에 있어서 저고리 위에 조끼를 입고 그 위에 덧입는 옷이므로 모양을 갖추기 위해서 입기도 한다.

여성용 마고자는 실내에서 방한용으로 입는 덧저고리였는데 요즘은 외출용으로 쌀쌀한 늦봄과 이른 가을에 입으므로 치마 저고리의 감과 색이 잘 어울리는 것을 선택해야 한다. 형태는 저고리와 같으나 깃과 섶 옷고름이 없다.

마당3

한국의 전통 의상은 한복입니다. 바쁘게 살아가는 현대에는 어울리지 않는 불편한 옷이지만 한복은 한국인들의 심성을 대표하는 옷이라고 할 수 있지요. 특히 여자들의 한복이 더 그렇지요. 요즘 우리가 볼 수 있는 전통적인 한복은 사실 일상생활에서는 잘 입지 않던 옷입니다. 주로 결혼할 때, 명절을 지낼 때 입는 일종의 파티복 같은 것입니다.

여자들의 한복은 상체는 짧고 하체는 폭이 넓고 긴 치마였는데, 치마는 열두 폭이나 되는 큼지막한 것이었습니다. 이렇게 입으면 안정되면서 우아한 아름다움을 나타냈고, 걸어 다닐 때에는 율동적인 아름다움까지 나타냈지요.

'폭'은 사람의 가슴 넓이를 가리키는 단위인데 여자들의 치마가 열두 폭이나 되었으니 얼마나 넓은지 아시겠지요? 이것은 서두르지 않고 여유 있게 살아가고자 한 한국인들의 삶의 자세가 들어 있는 것입니다. 이렇게 큰 치마를 그대로 펼쳐서 입을 수는 없었겠지요? 그래서 치마는 폭마다 곡선으로 처리하여 그 부피를 줄였는데 곡선은 한국을 나타내는 대표적인 선입니다. 한국의 국보 1호인 숭례문의 추녀가 보여주는 곡선, 버선코의 곡선이 치마의 곡선과 같고, 이것은 바로 한국의 자연이 보여주는 곡선과 같다고 합니다. 한국의 산은 높고 뾰족한 봉우리를 가진 것이 별로 없습니다. 대개는 부드러운 곡선으로 되어 있지요. 바로 이 곡선이 한복 치마의 곡선과 같습니다.

열두 폭이나 되는 풍성한 치마만큼 여유롭고, 세상을 포용하면서 살아가고자 했던 옛 사람들의 삶의 자세는 '빨리 빨리'를 외치며 허둥지둥 살아가는 현대의 우리들에게 많은 가르침을 주고 있습니다.

마당4

한복이란 간단히 말해서 한국 고유의 옷을 뜻합니다. 한복은 직선과 부드러운 곡선이 조화를 이룬 한국의 전통 의상입니다. 여성은 짧은 저고리와 넉넉한 치마로 우아한 멋을 풍겼으며, 남성은 바지 저고리를 기본으로 조끼와 마고자로 멋을 냈습니다. 백의민족답게 기본색은 흰색이었으며 계절에 따라, 신분에 따라 입는 예법이나 소재, 색상이 모두 달랐습니다. 결혼과 같은 특별한 예식에는 평민들도 귀족이 입는 화려한 빛깔의 옷과 장신구로 한껏 멋을 냈습니다. 최근 국내에는 한복의 장점에 실용성을 가미한 개량 한복이 자리 잡아가고 있습니다.

한복의 역사는 고구려, 백제, 신라의 삼국시대로부터 시작되었습니다. 처음 한복의 흔적을 발견한 것은 고구려 시대의 왕과 귀족들의 무덤 속에서였습니다. 고구려는 중국 당나라시대의 의상과 불교의 영향을 받았습니다. 그 후 한국의 왕과 몽골족 공주와의 혼사로 중국 용안시대의 옷이 한국에 들어왔고, 그것이 한복의 시초가 된 것으로 보입니다. 그 오랫동안 한복은 시대에 따라 저고리 길이, 소매통 넓이, 치마폭이 약간씩 달라질 뿐, 큰 변화는 없었습니다. 즉 한복은 둥글고, 조용하고, 한국의 얼을 담고 있습니다. 실크나 면, 모시로 주로 만들어졌으며, 고름의 색상이나 소매통 색상이 여자의 신분을 나타냅니다. 또한 나이와 사회적 지위, 계절에 따라 색상에 변화를 줄 뿐, 옷의 모양은 안동의 시골 아낙이나 대통령 부인이나 모두 똑같습니다. 18m의 원단에도 불구하고 가볍고, 입기 쉬운 점이 한복의 장점입니다. 명절이나 결혼식 같은 특별한 날에 주로 입습니다.

마당5

일주일 앞으로 다가온 추석은 한복을 챙겨 입을 수 있는 몇 안 되는 명절 중 하나다. 한복도 간소해지는 것이 추세여서 단아한 멋을 살려 자연스럽게 입는 것이 중요하다. 한복 디자이너 박술녀 씨는 "예전 한복은 치마 자락이 땅에 끌리도록 길고 지나치게 부풀려 입었다면, 요즘엔 '몸에 착 감기도록' 꼭 맞게 입는다"며 "좋은 날에 입는 옷이니 밝은 색이 좋지만 화려한 원색보다는 단아한 파스텔색이 더 어울린다"고 말했다. 특히 남자 한복의 경우 흰색에 가까운 하늘색 등으로 옛 사람들이 입던 옷에 가까워졌다. 전체적으로 저고리 기장이 길어지고 섶과 동정이 넓어졌으며 배래는 좁아졌다. 또 고름도 짧고 좁아졌으며, 치마 길이도 신발이 살짝 보일 정도로 짧게 입는 것이 좋다. 박술녀 씨는 "저고리가 뒤로 넘어가게 입으면 제 멋을 발휘할 수 없다"며 "한복을 입을 때 가장 중요한 것은 동정이 목에 달라붙게 입는 것"이라고 조언했다. 저고리를 앞으로 숙어지게 입고, 어깨 부분에서 접히는 골선도 앞으로 넘어와야 한다. 고름은 얼기설기 엮듯 하지 말고 정갈하게 정리해 준다.

한복은 시작과 끝이 제대로 갖춰져야 제 멋이 산다. 속바지와 속치마 등 속옷을 꼼꼼하게 챙겨 입어야 맵시가 나고, 신발을 갖춰 신어야 제대로 마무리되는 것이다. 양말 대신 버선을 신는 것이 품격을 살린다. 남성의 경우 옅은 색의 양말에 단정한 구두는 괜찮지만 운동화를 신는 것은 피해야 한다. 여성은 한복색과 어울리는 당혜(꽃신)를 신는 것이 가장 좋다. 헤어스타일과 메이크업도 멋스런 한복을 완성하는 중요한 요소이다. 무엇보다 긴 머리를 늘어뜨리는 것만은 삼가야 한다. 긴 머리는 비녀를 이용해 쪽을 지는 것이 가장 잘 어울린다. 깔끔하게 빗어 넘겨 하나로 묶거나 올림 머리를 해 최대한 단정하게 마무리한다. 댕기나 비녀, 뒤꽂이 등으로 장식하면 포인트가 된다. 피부화장은 평소보다 밝고 화사한 것이 좋다. 눈썹은 한복과 어울리도록 아치형으로 우아하게 그려주고, 눈 화장은 저고리 색에 맞춰 은은하게 표현한다. 한복의 멋은 단아함에서 오는 만큼 과한 장식품은 어울리지 않는다. 특히 목선을 살려주는 것이 좋기 때문에 목걸이는 피하고 작은 귀고리나 반지 등을 활용한다.

제22과 사람을 감동시키는 글 (1)

마당 1

20년 전의 인형
"소현아, 미현아…아빠 왔다."
"야아, 아빠다."
그리고 돌아오실 때는 초콜릿이며 학용품, 인형 같은 선물을 한아름 사 오셨습니다.
"자 이건 미현이 꺼, 이건 소현이 꺼."
유난히 초콜릿을 좋아했던 나는 언제나 내 몫을 할당 받자마자 그 자리에서 모조리 먹어 치워내렸습니다. 하지만 동생은 서랍 가득 아빠의 선물들을 모아 놓고 지독하다 싶을 만큼 아꼈습니다.
나는 마지막 사탕 한 알까지 다 먹어 치운 뒤 필통이나 샤프, 펜슬 같은 선물을 동생의 초콜릿과 바꿔 먹곤 했습니다.
"자, 필통 여기 있어."
"여기 있어…나중에 딴말하기 없기다."
그렇게 필통이 장난감이 수첩이 동생 손으로 넘어갔습니다.
그런데 어느 날 또 다시 출장에서 돌아오신 아버지는 내 생일 선물로 아주 특별한 것을 사오셨습니다.
"자, 우리 큰 공주님 생일이 내일모레지?"
"와! 아빠, 고맙습니다."
빨간 상자 속에 든 생일 선물. 그것은 내 어린 눈에 세상에서 가장 예쁜 인형이었습니다.
"우와! 헤헤."
나는 너무 좋았습니다. 초콜릿이 아무리 먹고 싶어도 인형만은 절대로 바꾸지 않을 참이었습니다.
하지만 그 결심은 오래가지 않았습니다. 끝내 달콤한 유혹을 이기지 못하고 동생과 또 한번 물물교환을 해 버린 것입니다.
"자, 사탕도 줬다."
그리고는 얼마나 깊이깊이 후회를 했던지…
초콜릿에 반해 아무도 못 말리던 어린 시절이 그렇게 지나갔습니다.

그런데 결혼식을 앞둔 날 저녁 동생이 내 방으로 찾아왔습니다. 결혼 선물이라며 동생이 건넨 것은 20년 전 내가 초콜릿과 바꿨던 바로 그 인형이었습니다.
"이거 나 주고 언니 잠도 못 잤지?"
아버지가 돌아가신 뒤 기억 속에 가장 큰 아쉬움으로 남아 있던 아버지의 생일선물.
동생이 내게 돌려준 건 그냥 인형이 아니라 20년 간 차곡차곡 쌓아온 사랑이었습니다.

마당 2

마지막 거짓말
아들은 어머니께 했던 거짓말이 가슴에 가시처럼 걸려 엉엉 울었습니다. 죽음의 그림자가 어머니를 덮친 것은 석 달 전이었습니다.
"엄마, 왜 그래요? 엄마?"
속이 안 좋아 찾아갔던 병원에서 위염이라며 약을 지어 줬는데 차도가 있기는커녕 통증이 점점 심해졌습니다. 정밀검사를 한 결과 어머니의 병명은 위암, 그것도 말기라는 청천벽력같은 진단이었습니다.
"엄마…"
그날부터 자식들이 모두 나서 밤샘간호를 하고 세상천지 좋다는 명약은 다 구해 드렸지만 정성도 아랑곳없이 어머니는 하루가 다르게 기력을 잃어갔습니다.
"아무래도 마음의 준비를 하셔야겠습니다."
의사는 가족들을 불러 말했습니다.
돌아가시기 사흘 전 어머니는 의사가 보는 앞에서 가족들을 다 모아 놓고 힘없는 입술을 움직였습니다.
"가기 전에 좋은 일이라도 하고 싶다. 나 죽거든 내 장기를 죽어가는 사람들을 살리는 데 쓰거라."
순간 의사는 당황했습니다.
위암 말기로 속이 썩을 대로 썩은 분이 장기를 기증하겠다니…의사가 뭔가 말하려 하자 아들이 얼른 가로막았습니다.
"예, 엄마, 엄마 말씀대로 할게요."
의사가 당황한 표정으로 아들을 바라봤고 아들은 한쪽 눈을 찡긋해 보였습니다.
갑작스런 죽음 앞에 땅이 꺼지고 하늘이 무너질 어머니께 장기조차 쓸모없게 됐다는 걸 차마 알려 드릴 수 없었던 아들.
아들은 그 마지막 거짓말이 죄스러워 어머니의 영정을 볼 수가 없었습니다.

마당 3

파스 한 장
하나뿐인 딸을 도시로 보내고 죽어도 고향 언덕을 지키겠노라 남은 어머니.
"콜록 콜록…"
바쁘다는 핑계로 발걸음이 뜸한 딸을 이제나 저제나 기다리다 허해진 어머니가 그 무심한 딸 목소리라도 듣고 싶어 전화를 걸었습니다.
"엄마, 왜 무슨 일 있어?"
"일은 무슨 일, 어디 아픈 데는 없고?"
"아플 새도 없네…엄마는?"
"그냥 그려. 바쁜데 그럼 그만 끊자."
모녀의 통화는 늘 그런 식이었습니다.
어머니의 쓸쓸한 가을이 그렇게 흘러가고 딸의 치열한 겨울이 또 그렇게 지나갔습니다.
그리고 찾아온 봄날, 어머니는 무심한 딸을 꾸짖기라도 하듯 온다간다 말 한 마디 없이 세상을 뜨셨습니다.
 참 황망한 영결 끝에 돌아와 가슴을 짓찧던 딸이 흐느끼다 설핏 든 잠 속으로 어머니가 찾아왔습니다.
 그리고 가랑잎처럼 마른 가슴을 문질렀습니다.
 "막내야…여기가 아프구나. 파스 좀 붙여주렴."
 딸은 허둥지둥 파스를 찾았지만 어머니는 이번에도 기다려 주지 않았습니다.
 "엄마, 안돼, 가지 마. 엄…마야, 흑흑흑."
 죄책감과 그리움이 뒤범벅된 꿈.
 꿈결의 그 파스 사건이 명치를 짓눌러 내내 죽을 맛이던 딸은 파스 한 장을 사들고 어머니의 무덤을 찾았습니다.
 그리고 잔디 숭숭 난 무덤에 그 파스를 붙여 드렸습니다.

마당 4

 양심 판매대
 사무실 한 쪽 귀퉁이에 어느 날부턴가 주인없는 문구판매대가 차려졌습니다. 볼펜이며 노트, 지우개 따위가 자지런히 진열된 문구 판매대는 지키는 사람이 없었습니다.
 대신 '양심함'이라고 쓰여진 나무통 하나가 진열대 한가운데 놓여 있고 판매대 옆에는 '양심거울'이라는 이름의 전신 거울이 달려 있었습니다.
 학생들은 양심거울에 자신의 모습을 비춰보며 양심함에 물건값을 넣고 거스름돈을 거슬러 갔습니다.
 "자, 볼펜 하나 가져가고 돈은 이렇게 넣으면……됐지?"
 학생들은 물론 선생님들과 교장선생님도 양심문구점의 양심바른 단골손님이었습니다.
양심판매대의 결산책임자는 3학년 영주입니다. 아직 한번도 나간 물건과 들어온 돈이 일치하지 않은 적은 없었습니다.
 그런데……
 "어? 그럴 리가 없는데……이상하다. 디스켓 한 통 볼펜이 두 개."
 그 날은 예외였습니다. 있어야 할 돈에서 2천 원이 비는 것이었습니다.
 영주는 걱정하던 일이 일어나기 시작했구나 싶어 화가 나고 속상했지만 하는 수 없이 결산결과를 게시판에 붙였습니다.
 다음 날 영주는 불안한 마음으로 결산을 시작했습니다. 그런데 이상한 일이었습니다.
없어진 물건값보다는 통 속의 돈이 더 많은 것이었습니다.
 "어? 2천 원이 남네. 어떻게 된 거지? 어……이상하네……아하! 맞다 맞아!"
 남은 2천 원, 그것은 돈이 없어 물건을 그냥 가져갔던 누군가가 갚은 외상값이었던 것입니다.

마당 5

 눈물의 결혼반지
 말 그대로 늦둥이인 나를 부모님은 끔찍이도 아끼셨습니다.
 "아이구, 이놈 커서 장가갈 때까지는 살아야 할 텐데……"
 하지만 다 늙어 얻은 아들 업어주랴 안아주랴, 논밭에 엎드려 허리 휘도록 일하랴, 늘 허덕이던 부모님은 내가 고등학교를 졸업하기도 전에 차례로 세상을 뜨셨습니다.
 그때부터는 늦둥이 뒷바라지는 큰형님 내외의 차지가 돼버렸습니다.
 큰형 내외는 시장 모퉁이에 있는 손바닥 만한 가게에서 야채를 팔고 꽁보리밥과 국수로 끼니를 때우며 나를 대학공부까지 시키셨습니다.
 대학을 졸업하고 장교로 입대한 나는 결혼을 약속한 사람과 함께 큰형님 내외를 찾아갔습니다.
 "나한테는 부모님 같은 분들이야. 인사 드려."
 어렵게 공부를 시켰으니 이제 조카들 등록금쯤은 책임져야 마땅한 동생이 결혼을 하겠다니 실망이 크셨을 테지만 두 분은 사랑에 눈먼 동생의 앞길을 그저 축하해 주셨습니다.
　전방 근무중이라 이런저런 준비를 할 새도 없이 맞이한 결혼식날.
　큰 형님 내외와 전투복을 입은 채 달려온 전우들의 축복 속에 식이 시작되고 굳은 서약의 징표로 반지를 나눠 낀 뒤 주례사가 이어졌습니다.
　"예, 방금 신랑신부가 나눠 낀 사랑의 반지는 어려운 가운데서도 동생을 훌륭하게 키워 낸 큰형님 부부의 결혼반지를 녹여 만든 것입니다."
　가난한 시동생을 위해 어버이보다 더 깊은 사랑을 베푼 형과 형수 이야기가 흘러 나오는 동안 결혼식장은 눈물바다가 되고 말았습니다.
　그때 나는 눈물을 삼키며 다짐했습니다.
　결혼반지를 녹여 다시 굳혀낸 형님과 형수님의 그 뜨거운 사랑을 죽어도 죽어도 잊지 않겠다고 말입니다.

제23과　사람을 감동시키는 글 (2)

마당 1

　윗집 아랫집
　얼마 전에 강남의 새 아파트로 이사를 했습니다. 이리저리 많이 옮겨 다녀서 이력이 났다고는 해도 이사란 늘 힘든 일입니다.
　"휴, 힘들다."
　식구는 단순하지만 제 또래 다른 아이들보다 덩치가 두 배는 큰 먹보 아들과 온 동네 소문이 자자한 왈가닥 딸.
　"아야!"
　"야휴…저게!"
　둘이 모이면 노는 게 거의 전쟁이라 이사만 하면 아랫집과의 관계가 무엇보다 걱정이었습니다.
　"우와, 운동장 같다! 헤헤헤."
　"에잇, 내 새총을 받아라. 이얍!"
　"아유 좀! 조용히 좀 해라! 아랫집에서 올라오면 어쩌려고…"
　이사한 아파트는 12층 꼭대기. 아이들은 짐을 옮기기도 전에 전쟁을 시작했고 무슨 불똥이 튈지 몰라 걱정하던 나는 그 날로 떡쟁반을 들고 아랫층을 찾아갔습니다.
　"누구세요?"
　"네, 윗층에 새로 이사온 사람이에요. 안녕하세요?"
　그리고는 아주 어렵게 입을 뗐습니다.
　"애들이 어려서 막무가내로 뛰어다녀요. 시끄러우면 바로 말씀해 주세요."
　부탁을 하긴 했지만 시부모까지 모시고 산다는 말에 한숨이 절로 나왔습니다. 그런 불안함도 모른 채 아이들은 벌써 소파에서 식탁으로 식탁에서 바닥으로 점프를 해대며 난장판을 만들었고 주의를 줘도 그때뿐이었습니다.
　며칠 후 저녁 무렵 그 날도 어김없이 한바탕 벌어졌는데 초인종이 울렸습니다.
　"올 것이 왔구나…"
　무슨 소리를 들어도 그저 미안하다고 해야지라 생각한 나는 문을 열자, 아들 또래의 아랫층 남자애가 서 있었습니다.
　"엄마가요…윗집애하고 친구라고 해서 왔어요."
　"그, 그래? 엄마가? 어서 들어오너라."
　"야…간다…!"

나는 시끄럽다고 핀잔하는 대신 아들을 올려 보내 친구 삼게 한 아랫집 사람들의 배려에 깊은 감사를 전했고 윗집 아랫집 두 아들은 일 주일도 안 돼 둘도 없는 친구가 되었습니다.

마당 2

어떤 우정

현정이와 연지는 같은 아파트 아래윗집에 사는 단짝 친구입니다.
연지네 집은 101호, 연지는 엄마아빠가 돌아가신 뒤 할머니와 단 둘이 살고 있습니다.
"다녀왔습니다."
"그려…또 윗층 가게?"
할머니가 밥 주랴 물을 새도 없이 연지는 가방을 방에 겨우 던져 놓고 윗층 현정이네로 쪼르르 달려갔습니다.
"어서들 와라."
"엄마, 우리 배고파."
"그래, 오늘은 엄마가 연지 좋아하는 새우볶음밥을 했지."
현정엄마는 연지가 집에 놀러 올 때마다 김이 모락모락 나는 밥에 계란말이며 새우볶음밥 같은 반찬을 항상 가득 차려 놓고 연지의 점심을 챙겨 줍니다. 샘을 낼 법도 한데 현정이는 오히려 한 술 더 떠, 연지 밥숟가락 위에 맛난 반찬을 골라 얹어 줄 정도입니다.
"연지야, 많이 먹어."
"헤…너도 많이 먹어."
현정이와 연지 두 친구는 공부를 할 때도 놀 때도 그림자처럼 붙어 다녔습니다.
그러던 어느날 현정이가 지독한 감기에 걸렸습니다. 현정이는 학교에서 조퇴를 하고 엄마 등에 업힌 채 집에 돌아왔습니다.
"현정이, 많이 아파요?"
연지는 현정이가 제일 좋아하는 막대사탕 하나를 들고 문병을 온 것입니다.
"현정아, 연지 왔는데 들어오라고 할까?"
"그냥 가라고 그래."
얼마나 아프면 친구도 귀찮을까? 딱해 하며 연지를 그냥 돌려 보냈습니다.
"현정이 깨면 부를게."
"네에…그럼, 이거 현정이 주세요…"
"그래…고맙다."
연지를 돌려 보낸 뒤, 현정이에게 물었습니다.
"너희들 싸웠니?"
"아니…연지에게 내 감기를 옮기면 안 되잖아. 연지는 간호해 줄 엄마도 없는데…"
아이의 그 속 깊은 말에 엄마는 콧등이 시큰해졌습니다.

마당 3

수술비 백원

집안에 가장 노릇을 하며 살아가는 작은 소녀가 있었습니다. 엄마가 계시지만 중병으로 앓아 누운 지 오래였고 어린 동생을 둘이나 품에 안고 살아가야 했습니다.
그러던 어느 날 얼굴이 사색이 된 동생이 부엌에 있던 누나에게 달려왔습니다.
"누 누나…엄마가, 엄마가…"
"엄마가? 엄마가 뭐?"
소녀의 엄마한테 큰 고비가 닥쳤습니다.
"엄마, 왜 그래? 엄마 눈 좀 떠 봐, 엄마?"
"엄마…으앙…"

엄마는 소녀의 외침에도 철부지 어린 동생들의 울음 소리도 듣지 못하시는지 신음 소리만 내셨습니다. 다행히 옆방 아저씨가 소란한 소리를 듣고 달려와 구급차를 불러 병원까지 가게 됐습니다.
진찰을 한 의사 선생님과 보호자 면담까지 하고 나오신 아저씨의 얼굴이 어두웠습니다.
"아저씨, 우리 엄마 죽어요?"
"으응, 그게…저…수술을 하면 낫는다는데 돈이 많이 든다는구나."
수술비가 문제였습니다.
"괜찮아요. 아저씨. 나 돈 많아, 내가 가져올게요."
"뭐? 얘 얘?"
놀랍게도 아이는 수술비쯤은 아무 문제가 되지 않는다는 듯 집으로 달려갔고 한참 뒤 헐레벌떡 달려온 아이의 손에는 돼지 저금통이 들려 있었습니다.
"여기요, 선생님, 여기…돈 많아요. 그러니까 우리 엄마 살려 주세요."
보기에도 묵직한 돼지 저금통에는 십 원짜리, 백 원짜리 동전이 꽉 차 있었습니다.
"이거 봐요. 거짓말 아니죠?"
아이는 수술비를 낼테니 엄마를 살려 달라고 매달렸습니다.
"우리 엄마 수술 받게 해 줄 거죠?"
아이가 기대에 찬 눈으로 의사를 올려다봤지만 그는 고개를 무겁게 내저었습니다.
"안된다. 얘야."
"예? 왜요?"
"왜냐하면 말이지. 그게 …너무 많아서 말이야. 이것만 있으면 된단다."
의사는 놀란 아이의 눈 앞에 백 원짜리 은전 하나만을 들어 보였습니다.
"네? 정말요?"
수술비 백원, 그것은 엄마를 살리고 싶은 아이의 간절한 소망이며 그 소망이 낳은 기적이었습니다.

마당 4

듣지 못한 대답
그는 뇌질환으로 수술을 앞두고 있는 중환자였습니다.
나는 회진할 때마다 그에게 몇 가지 간단한 질문을 던져 그의 기억이 아직 살아 있음을 확인하곤 했습니다.
"자…다음 질문, 여기 이분이 누구죠?"
이 대목에서 그의 대답은 언제나 한결같았습니다.
"내가 지옥에 가서도 알아볼 유일한 사람이죠. 내 사랑하는 아내."
그 말을 들으면 나는 마음이 턱 놓였고 그의 아내도 여왕처럼 환한 미소를 보이며 행복해 했습니다.
"딩동댕! 하하하 정답입니다. 오늘 컨디션이 아주 좋으시네요."
그렇게 한 달이 가고 두 달이 흘렀습니다.
하지만 그의 병세는 나아지기는커녕 점점 악화되어 갔습니다.
어떤 날은 거의 종일이라고 할 만큼 긴 잠에 빠져 깨어날 줄을 몰랐고 어떤 날은 숨을 헐떡이며 고통스러워했습니다.
나는 그때마다 환자의 상태를 알아보기 위해 똑같은 질문을 던지곤 했습니다.
"여기…이분이 누구죠?"
환자는 퀭한 눈을 깜박이며 가쁜 숨소리를 내고 있었습니다.
"내가 지옥에서도 알아볼 유일한 사람…"
그 다정한 한 마디를 듣고 싶은 아내의 목 타는 기대에도 불구하고 그는 퀭한 눈을 자꾸만 깜박일 뿐, 끝내 대답을 찾지 못했습니다.

"여보…여보 여보."
나는 여자의 그 비명 같은 울음소리를 위로하고 깊은 죄책감을 안은 채 병실로 나왔습니다. 이럴 줄 알았으면 물어보지 말 걸, 얼마나 후회가 컸던지…
그날 밤 그는 중환자실로 옮겨졌고 그 뒤 다시는 그 부부를 볼 수 없었습니다.

마당 5

바로 지금 하세요
미국 유학 시절의 일입니다. 교양 과목중 하나인 심리학을 들을 때였습니다. 영어에 익숙하지 않은 탓에 전공 과목을 듣기만도 벅찼지만 금발의 아름다운 여교수 제니 선생님에게 반했던 나는 머리를 쥐어짜가며 공부했습니다.
여름 방학을 앞둔 화창한 여름날 제니 선생님이 칠판에 강의 내용을 적었습니다.
"만일 3일 후에 죽는다면"
우리가 만일 사흘 후에 죽게 된다면 당장 하고 싶은 일이 뭔지 생각해 보자는 것이었습니다.
"세 가지만 순서대로 대보세요. 자! 누가 먼저?"
질문이 끝나기가 무섭게 평소 말 많은 친구 마이크가 입을 열었습니다.
"에, 일단 부모님께 전화하고 애인이랑 여행가고 …아, 작년에 싸워서 연락이 끊어진 친구한테 편지 쓰고 그럼 사흘이 다 가겠죠?"
학생들도 저마다 웅성웅성 주절주절 하고 싶은 일을 떠들어댔고 나도 고민을 시작했습니다.
"글쎄, 나라면 음…우선 부모님과 마지막 여행을 간다. 그 다음엔…꼭 한번 들어가 보고 싶었던 고급 식당에서 비싼 음식을 먹는다. 그리고는…그 동안의 사람을 정리하는 마지막 일기를 쓴다."
20분쯤 지난 뒤 교수님이 몇몇 학생들의 대답을 듣기 시작했습니다.
그런데 죽음을 맞이한 사람의 세 가지 소망은 뜻밖에도 다들 평범했습니다. 여행을 하겠다. 기막히게 맛있는 걸 먹겠다. 싸우고 토라진 친구와 화해하겠다. 고향에 계신 부모님께 전화하겠다…
바로 그때 제니 교수님이 칠판으로 가다가 단 한 마디를 썼습니다.
'DO IT NOW!'
들뜨고 어수선했던 강의실은 찬물을 끼얹은 듯 조용해졌습니다.
"바로 지금 하세요!"
DO IT NOW! 죽음이 눈앞에 닥칠 때까지 미루지 말고 지금 당장 그 모든 일을 실천하며 살라!
그 한 마디야말로 내가 유학중에 배우고 익힌 그 어떤 학문이나 지식보다도 값진 가르침이었습니다.

제24과 한국의 경제

마당1

대화 1

이 사장님: 오래간만입니다.
정　　욱: 이 사장님, 아니 안색이 안 좋아 보이는데 무슨 문제라도 있습니까?
이 사장님: 네, 실은 장기금리가 상승해서 회사가 어려워요.
정　　욱: 역시 IMF 영향이 심각하나 보죠.

대화 2

이 사장님: 그런데 왜 요즘 출장 안 오셨어요?
정　　욱: 회사가 경비절약을 위해서 해외 출장을 줄였어요.
이 사장님: 옛날에는 접대비로 강남에도 많이 갔는데.
정　　욱: 그래서 경리부가 출장비를 삭감한 거예요.
이 사장님: 정욱 씨네 회사가 인원 감축한다는 소식 들었어요.

정   욱: 구조개혁의 일환이에요. 그래서 우리 회사도 요새 어수선해요.
이 사장님: 하지만 나진종합프로젝트 입찰에는 성공했다면서요?
정   욱: 네, 조선(북한) 정부 쪽의 전략을 잘 예측했어요.

대화3

이 사장님: 그런데 납품 건 말인데요. 지난 번에 합의한 대로지요?
정   욱: 미안하지만 전반기보다 삼십 페센트 줄이게 되었어요.
이 사장님: 벌써 생산에 들어갔는데 이제 와서 그러시면 곤란합니다.
정   욱: 관세율이 상승해서 한국 생산의 이점이 적어졌어요.
이 사장님: 경상수지도 적자인데 엎친 데 덮친 격이로군요.
정   욱: 경제기획원 발표에 의하면 내년 후반기부터는 경기도 회복된다고 했어요.
이 사장님: 그 전에 우리 회사는 망하고 말 거예요.
정   욱: 엄살 부리지 말고 어디 가서 식사라도 하면서 얘기합시다.

마당 2

국제 금융위기가 최악의 상황으로 치달았던 '악몽의 10월'이 끝났다.

세계 증시의 폭락과 자금시장의 금리 급등 등으로 전세계를 혼란에 빠뜨렸던 금융위기는 각국의 금리 인하와 달러 유동성 공급 등으로 월 후반에 들어 다소 진정되면서 한숨을 돌리게 했지만 미 뉴욕 증시와 원자재시장, 외환시장 등에서는 지수나 가격의 폭락과 폭등이 겹치면서 각종 기록을 양산했다.

미 뉴욕증시 14~18% 급락 = 뉴욕증시는 10월의 마지막 날인 31일 상승세로 마감하면서 주간 성적으로도 30여 년만에 가장 좋은 기록을 냈지만 10월 전체로는 근래 최악의 하락률을 보였다. 이 기간에 증시는 폭락과 폭등도 반복했다.

마당 3

로또 247회 행운의 주인공 1등 6명 … 당첨금은 16억7천만원씩
247회 로또당첨번호 6개 당첨번호는 12, 15, 28, 36, 39, 40
8월 마지막주 로또 행운의 주인공은 누가 될까?

국민은행은 25일 제247회차 로또복권 추첨결과 1등 당첨자가 6명으로 16억6천931만3천900원의 당첨금을 받게 됐다고 밝혔다.

6개 당첨번호는 12, 15, 28, 36, 39, 40으로 이들 숫자를 맞힌 6명이 1등 총 당첨금 100억1천588만3천400원을 나눠 갖게 됐다.

6개 숫자 중 5개와 보너스 숫자 13를 맞힌 2등은 모두 29명으로 이들에게는 각각 5천756만2천549원의 당첨금이 지급된다.

3등은 1천19명(당첨금 163만8천189원), 4개 숫자를 맞힌 4등은 5만2천284명(당첨금 6만3천856원)으로 집계됐다.

5등은 88만4천542명이다.

마당 4

경기 둔화 본격화…생산·소비 '꽁꽁'

금융 불안 속에 지난달 소비와 광공업 생산이 전달에 비해 동반 감소한 것으로 나타났습니다. 앞으로의 전망도 어둡습니다.

<리포트>

통계청이 발표한 지난달 산업활동동향에 따르면 광공업 생산은 석 달째 감소세가 이어졌습니다.

지난달 자동차 생산은 1년 전보다 5.1% 줄었고, 섬유제품은 3.8%, 식료품도 0.5%나 생산이 줄었습니다.

이에 따라 지난달 조업일수를 감안한 광공업 생산 증가율은 7년 만에 처음으로 마이너스를 기록

했습니다.
　생산이 줄고 있는 것은 소비자들이 지갑을 닫고 있기 때문입니다.
　지난달 대형마트 판매액은 7.6%, 백화점이 5.1%, 전문상품 소매점이 4% 줄면서 소비재 판매는 3년 8개월 만에 최대폭인 2% 감소했습니다.
　이에 따라 현재 경기상황을 나타내는 경기동행지수 순환변동치와 앞으로의 전망인 경기선행지수 전년동월비가 사상 처음으로 8개월 연속 동반 하락했습니다.
　<인터뷰> 송태정(LG 경제연구원) : "실물경제 침체가 본격화되면서 내년에는 경제 상황이 더 어려워질 것으로 보입니다."
　금융위기가 생산과 소비 감소로 이어지면서, 경기 침체의 악순환이 이어지지 않을까 우려됩니다.

마당 5
　시청자 여러분, 안녕하십니까?
　미국발 금융위기가 유럽으로 확산되고 세계 경제의 동반침체 조짐이 가시화되고 있는 가운데 국내도 경제타격이 우려되고 있습니다. 미 정부의 7000억달러 구제금융과 7개 선진국 중앙은행들이 금리인하 카드까지 내놨지만 금융시장의 패닉상태는 계속되고 있습니다. 한국은행도 전격적으로 기준금리 인하조치를 내렸지만 시장은 여전히 불안한 상황이고 내수부진 등 실물경제 위기로 전이되는 양상이 현실화되고 있습니다. 미국발 금융위기가 몰고 온 한국경제의 파장 어디까지 갈 것인지 경제위기를 극복하기 위한 근본적인 해법은 무엇인지 집중 토론해 보겠습니다.
　나오신 분들 소개해 드리겠습니다. 먼저 현정택 한국개발연구원 원장 나오셨습니다.
　-안녕하세요?
　-김주현 현대경제연구원 원장 나오셨습니다.
　-안녕하세요?
　-김기원 방송통신대 경제학과 교수 나오셨습니다.
　-안녕하세요?
　-먼저 현 원장님께 좀 여쭙겠습니다. 미국의 구제금융 법안이 통과된 후에 7개 중앙은행이 금리를 인하하지 않았습니까? 그래서 지난주 한국은행도 0.25% 금리인하 조치를 내렸는데요. 이러한 금리인하 조치가 우리 시장안정에 어느 정도 도움이 될 거라고 생각하십니까?
　-먼저 한국은행의 금리인하가 왜 나왔는가를 주목할 필요가 있는 것은 이게 우리 독자적으로 결정을 했지만 기본적으로 선진국 6개국들이 먼저 금리인하를 하고 그리고 우리나라를 비롯한 아시아의 다른나라도 같이 했거든요. 그래서 제가 파이낸셜타임스 1면에 우리 한은 총재 사진이 나온 걸 봤는데 그런 의미에서 보면 국제적인 공조에 우리가 동참했다 하는 그런 게 의의가 있고요. 아시다시피 0.25% 내린 것 자체가 얼마만한 효과가 있겠느냐, 또 한편으로는 금리를 내리면 물가나 환율에 약간 조금이라도 반대 영향도 줄 수가 있는데 그런 측면에서 보면 앞으로 당장의 효과보다는 추이를 지켜봐야 될 것 같고요. 특히 우리뿐만 아니라 선진국도 지금 여러 금융기관들이 같이 약속은 했지만 이게 과연 신뢰회복에 얼마나 더 도움이 될 것인가 하는 앞으로의 추이를 지켜봐야 될 것으로 생각합니다.

제25과 한국의 역사 인물과 옛날 이야기

마당 1
대화 1
왕미: 지연 씨, 임꺽정이란 조선 시대의 의적에 대해서 잘 아세요?
지연: 그럼요. 임꺽정에 대해 모르는 한국 사람은 한 명도 없을 걸요.
왕미: 어떤 사람인지 정말 궁금해요.
지연: 그는 원래 백정 출신이었는데 아주 힘이 세고 정의로운 사람이었다고 해요.

왕미: 그런데 어떻게 해서 도둑이 되었어요?
지연: 가난한 사람들을 돕기 위해서 도둑이 되었다고 해요.
왕미: 어떻게 도와 주었는데요?
지연: 부자들의 물건들을 훔쳐다가 가난한 사람들에게 나누어 주었대요.
왕미: 정부에 잡히지 않았어요?
지연: 몇 번이나 잡혀서 죽을 뻔했는데 백성의 도움으로 살아났대요. 그런데 결국은 잡혀서 사형을 당하고 말았어요.

내용 2

'종이 있는 거리'를 뜻하는 종로는 광화문에서 동대문까지 연결되어 있는 서울의 중심 도로이다. 조선시대에 아침에는 인정, 저녁에는 파루를 쳐서 도성의 8대문(숭례문. 돈의문. 숙정문. 홍인문의 4개 대문과 소덕문. 창의문. 홍화문. 광희문의 4개 소문)을 여닫게 하던 종루가 동서대로와 남부대로가 만나는 지점에 세워진 뒤, 종루에서 4대문으로 통하는 길을 '종이 있는 길'이라는 뜻으로 종로라 칭하였다.

내용 3

옛날 하늘나라의 옥황상제에게 옷감을 잘 짜는 공주가 있었다. 너무나 옷감을 잘 짜기 때문에 직녀라 했다. 사위를 찾는 중에 소를 잘 먹이는 청년을 찾았다. 그는 소를 잘 먹이기 때문에 견우라 했다.

둘은 결혼을 했는데 옥황상제의 뜻을 거슬러 옥황상제는 견우를 동쪽에, 직녀를 서쪽으로 유배를 보내 은하수를 사이에 두고 1년에 한번씩 만나도록 했다. 그러나 견우와 직녀가 이를 어기자 옥황상제는 은하수 다리를 끊어버려 둘은 왕래하고 만날 수가 없어 사랑의 회포를 풀 길이 없어졌다. 견우와 직녀의 딱한 사정을 전해 들은 까치와 까마귀는 해마다 7월 7일이 되면 하늘로 올라가 은하수에 다리를 놓아주기로 결정을 하였다. 이렇게 하여 견우와 직녀는 까치와 까마귀가 놓아준 다리를 건너 1년에 한번씩 만나 사랑의 기쁨을 나눌 수 있게 되었다.

그러나 사랑의 회포도 풀기 전에 새벽에 닭이 울고 동쪽 하늘이 밝기 시작하면 두 사람은 다시 이별을 해 견우와 직녀는 또 다시 1년을 기다리며 베를 짜고 소를 키우며 외롭게 기다려야만 했다. 7월 7일 즉 칠석 날엔 지상에 있는 모든 까치와 까마귀는 견우와 직녀를 돕고자 하늘로 올라가는데 어쩌다 남아 있는 것은 병들어 하늘에 가지 못한 것이라고 한다. 또 까치와 까마귀가 다리를 놓았기 때문에 견우와 직녀가 만나는 이 다리를 오작교라 불렀으며, 칠석 날 저녁에 비가 내리면 사람들은 견우와 직녀가 상봉해서 흘리는 기쁨에 눈물이라 말하고, 이튿날 새벽에 비가 오면 사람들은 이별의 눈물이라 했다.

내용 4

숭례문은 1962년 12월 20일 국보 제 1 호로 지정되었다. 정면 5 칸, 측면 2 칸이고 서울 도성의 남쪽 정문이라서 통칭 남대문이라고 불린다. 1395년에 짓기 시작하여 1398년에 완성되었고 1447년에 개축하였다. 그러나 1961~1963년에 있었던 해체, 수리에 의한 조사에서 1479년에도 비교적 대규모의 보수공사가 있었던 것이 밝혀졌다. 이 문은 중앙부에 홍예문을 낸 거대한 석축기관 위에 섰으며 현존하는 한국 성문 건물로서는 가장 규모가 크다.

이 건물은 특수한 목적을 가진 성문이기 때문에 천장을 가설할 필요가 없어 연등천장으로 되어 있다. 특이한 것은 이 건물의 지붕 형태가 어느 시기에 변경된 것인지 뚜렷하지 않으나 당초에는 평양 대동문 또는 개성 남대문과 같은 팔작지붕이었다는 것이 해체, 수리 때의 조사에서 드러났다. 2008년 2월 10일에 발생한 화재로 2 층짜리 목조 누각이 대부분 타버렸으며 석축만 남았다.

마당 2

용왕이 병이 나자 도사가 나타나 육지에 있는 토끼의 간을 먹으면 낫는다고 한다. 용왕은 수궁의 대신을 모아 놓고 육지에 나갈 사자를 고르는데 서로 다투기만 할 뿐 결정을 하지 못한다.

이 때 별주부 자라가 나타나 자원하여 허락을 받는다. 토끼화상을 가지고 육지에 이른 자라는 동물들의 모임에서 토끼를 만나 수궁에 가면 높은 벼슬을 준다고 유혹하면서 지상의 어려움을 말한다.

이에 속은 토끼는 자라를 따라 용궁에 이른다. 간을 내라는 용왕 앞에서 속은 것을 안 토끼는 꾀를 내어 간을 육지에 두고 왔다고 한다. 이에 용왕은 크게 토끼를 환대하면서 다시 육지에 가서 간을 가져오라고 한다.

자라와 함께 육지에 이른 토끼는 어떻게 간을 내놓고 다니느냐고 자라에게 욕을 하면서 숲 속으로 도망가 버린다. 어이없는 자라는 육지에서 죽거나 빈손으로 수궁으로 돌아간다.

마당 3

전라도와 경상도 사이에 위치한 마을에 악하고 사나운 형 놀부와 순하고 착한 아우 흥부가 살았다. 형인 놀부는 부모의 유산을 독차지하고 동생 흥부를 내쫓았다. 아내와 많은 자식과 함께 쫓겨난 흥부는 할 수 없이 언덕에 움집을 짓고 살지만 먹을 것이 없었다.

하루는 놀부의 집으로 쌀을 구하러 갔으나 매만 맞고 돌아왔다. 여러가지 품팔이를 다 해 봐도 먹고 살길이 없어 대신 매를 맞아주는 품팔이를 가나, 그것도 안 되었다.

어느 해 봄 제비가 돌아와 집을 짓고 사는데 어린 새 한 마리가 땅에 떨어져 다리가 부러졌다. 흥부가 불쌍히 여겨 다리를 매어주니, 고맙다고 날아가 그 이듬해 봄에 돌아올 때 박 씨 하나를 물어다 주었다. 흥부는 그 박 씨를 심어 가을에 큰 박을 많이 땄는데, 그 속에서 금은보화가 나와 큰 부자가 되었다.

놀부가 이 소식을 듣고 어린 제비의 다리를 일부러 부러뜨려 날려 보냈다. 이듬해 봄에 제비가 가져다 준 박 씨를 심어 많은 박을 땄는데 그 속에서 온갖 몹쓸 것이 나와 집안이 망하게 되었다. 흥부는 이 소식을 듣고 놀부에게 재물을 나누어 주었다. 그 뒤 놀부도 잘못을 뉘우치고 착한 사람이 되었으며 형제가 화목하게 살게 되었다.

마당 4

옛날에 마음씨 착한 한 부부가 살고 있었어요. 이 부부에겐 콩쥐라는 예쁜 딸이 사랑을 받으며 살고 있었어요. 그러던 어느 날 콩쥐 엄마가 병에 걸려 돌아가셨어요.

"쯧쯧! 아이고, 거엾어라. 이렇게 예쁜 것을 두고 가다니". 사람들이 콩쥐를 불쌍히 여겼어요. 어머니가 돌아가시자 콩쥐를 돌볼 사람이 없었어요.

"하는 수 없지, 새엄마를 맞아야겠군."

새엄마는 팥쥐라는 딸과 같이 집에 들어왔어요. 새엄마는 아버지가 계실 때는 콩쥐를 예뻐하다가 아버지가 없으면 콩쥐를 구박했어요. 팥쥐까지도 "내 옷 깨끗이 놔!" 하며 콩쥐를 구박했어요. 콩쥐는 하루 종일 밤 늦게까지 일을 했어요.

"엄마, 엄마 왜 저 혼자 두고 세상을 떠나셨어요?"

콩쥐는 어머니가 그리우면 소리없이 울었어요.

"콩쥐는 얼굴도 예쁘고 일도 잘해."

마음 사람들이 콩쥐를 칭찬하자 새어머니는 화가 났어요.

어느날 새어머니는 콩쥐에게 "내가 돌아올 때까지 이 독에 물을 가득 채워라."라고 했어요. 콩쥐는 계속해서 물을 부었지만 독에 물이 차지 않았어요. 독의 밑바닥에는 커다란 구멍이 나 있었어요. 어찌할 바를 몰라 울고 있는 콩쥐 앞에 두꺼비가 나타났어요.

"걱정하지 말아요. 내가 구멍을 막아줄게요."

두꺼비가 구멍을 몸으로 막아 줘서 물이 금방 찼어요. 집에 돌아온 새어머니는 깜짝 놀랐어요.

"이상하네. 어떻게 채웠지?"

"넓은 채소밭의 풀을 오늘 밤까지 뽑아라!"

콩쥐는 열심히 일했지만 밭이 너무나 넓어 풀을 반도 뽑을 수가 없었어요.
"콩쥐야, 비켜, 내가 풀을 뽑아 줄게."
황소 한 마리가 나타나 눈 깜짝할 사이에 풀을 다 뽑아 주었어요.
새어머니는 "오늘은 일을 다 못했겠지? 혼내줘야지."라고 생각했어요. 그러나 이게 웬일입니까? 채소밭의 풀이 다 뽑아져 있었어요.
그런데 어느날 동네에 큰 잔치가 열렸어요.
"콩쥐야, 너는 그 벼 석 섬을 다 찧고 오너라."
새어머니와 팥쥐는 예쁜 옷을 입고 먼저 잔칫집에 갔어요.
"어떻게 이 많은 걸 다 하고 잔칫집에 가지?"
콩쥐가 눈물을 흘리고 있자 하늘에서 수많은 참새가 날아왔어요.
"콩쥐야, 울지 마. 우리가 찧어 줄게."
참새들은 빠르게 벼를 쪼아 모조리 껍질을 벗겼어요.
"빨리 잔칫집에 가 보렴."
"그런데 입고 갈 옷이 없어."
그 말은 들은 쥐들이 예쁜 옷과 꽃신을 물고 왔어요.
"콩쥐야, 이것들을 입고 빨리 잔칫집에 가."
길에서 콩쥐는 원님의 행차를 만나자 급히 비키다가 꽃신 한 짝을 잃어버렸어요. 콩쥐는 한 쪽 발을 벗은 채로 잔칫집에 갔어요.
"애들아, 저 꽃신의 주인을 찾아라."
원님이 명령했어요.
"예!"
콩쥐는 겁이 나서 몰래 바라보고만 있었어요. 그때 팥쥐가 혹시 상이나 받을 까 해서 "내 신이에요."라고 했어요. 그러나 발이 너무 커 반도 들어가지 않았어요. 그러던 중 포졸 한 명이 꽃신 한 짝만 신고 있는 콩쥐를 보았어요.
"어! 아이구, 꽃신의 주인이 저기에 있구나!"
콩쥐가 신발을 신어 보니 꼭 맞았어요. 콩쥐는 원님에게 지금까지 있었던 일들을 얘기해 주었어요.
"그대는 참으로 마음씨가 아름답구려. 나의 부인이 되어 주길 바라오."
그래서 콩쥐는 원님과 결혼해 행복하게 잘 살았어요.

마당 5

황주 도화동에 심학규라는 사람이 살고 있었다. 그는 우연히 눈이 멀어 장님이 되었는데, 장님이 된 지 얼마 후 그의 부인 곽 씨는 딸을 출산하고 그만 죽게 되었다. 심학규는 딸의 이름을 청이라 짓고 혼자서 기르게 되었다. 그는 가난하여 유모를 둘 수 없어 눈먼 몸으로 심청을 업고 이집저집 돌아다니며 젖동냥을 하고, 음식을 얻어 먹이며 딸을 키웠다. 심청은 어질고 착하게 자랐다. 그녀가 열다섯 살이 되자 아버지를 대신하여 걸식하여 지극히 아버지를 봉양하였다. 그리고 틈나는 대로 공부를 하고 바느질을 익혔다. 이러한 심청의 좋은 소문이 인근에 나돌자 무릉동이라는 곳에 사는 장승상이 양녀를 삼겠다고 하였다. 그러나 심청은 자신이 양녀로 가게 되면, 외롭게 살아갈 아버지를 걱정하여 이를 거절하였다. 하루는 몽운사의 주지가 공양미를 얻으러 왔다가 심봉사를 보고 '공양미 삼백 석을 부처님께 바치면 눈들 뜨리라'고 하였다. 눈을 뜰 수 있다는 말에 앞뒤를 생각하지 못하고 심봉사는 선뜻 공양미를 받치겠다고 약속하고 말았다. 그러나 빌어먹고 사는 자신의 처지에 삼백 석을 구할 길은 없어 근심을 하게 된다. 아버지의 이와 같은 사정을 알게 된 심청은 부친의 눈을 뜨게 해줄 수 있는 방법을 찾는다. 때마침 중국의 상인들이 15세 된 처녀를 사기 위해 다니고 있었다. 그들이 가야 하는 뱃길에 인당수라는 곳이 있는데, 용왕의 심술에 배가 지나가기에 아주 위험한 곳이었다. 위험에서 피하기 위해서는 용왕에게 15세의 처녀를 산채로 제물로 바쳐야 한다는 것이었다. 심청은 그 상인들을 만나 자기 몸을 팔아 공양미 삼백 석을 바쳐 아버지의 눈을 뜨게 하기로 하였다. 심청은 상인들과 같이 떠나는 날이 되자 아버지와 고통스러운 이별을 하고, 인당수에 이르러 제물로 몸을 던지게 되었다. 이 때 옥황상제는 심청의 지극한 효성에 감동을 받아 용왕에게 명하여 심청을 옥련화에 싸서 물위에 띄우게 하였다. 상인들이 돌아가는 길에 인당수 위에 떠 있는 지금껏 보지 못한 큰 연꽃을 발견하고 그것을 건져 가지고 자기네 나라로 돌아와 왕에게 바친다. 왕이 오무라든 연꽃을 펴게 하니, 그 속에서 아릿따운 여인이 나왔으니, 곧 심청이었다. 왕은 심청을 왕후로 삼는다. 왕후가 된 심청은 아버지가 보고 싶어서 왕에게 간청하여 장님 잔치를 열고, 세상의 모든 장님들을 초대한다. 한편 심봉사도 장님을 위한 잔치가 있다는 말에 그곳에 가기 위해 어렵게 노비를 마련하였다. 그러나 그 돈을 후처로 얻은 뺑덕어미가 훔쳐 달아나고 말았다. 심봉사는 하는 수 없이 거지 생활을 하면서 잔치가 열리는 곳을 찾아갔다. 심청은 장님 잔치를 열고 혹시나 자기 아버지가 왔는가 여러 날을 찾았지만, 보이지 않자 실망한다. 잔치가 막바지에 이르렀을 때, 드디어 가장 끝자리에 앉아 있던 심봉사를 발견하였다. 심청이 감격 끝에 '아버지'를 부르자, 깜짝 놀란 심봉사는 눈을 뜨게 되었다. 이에 부녀는 서로 끌어안고 감격의 눈물을 흘렸다.

답안 正确答案

제1과 한국의 풍습

마당 1

대화 1 1. 왕진은 장학금을 탔기 때문이다.

대화 2 1. 3)   **대화 3** 1. 2)   2. 한 살이다.

대화 4 1. 금처럼 변함없이 건강하라는 의미에서 주는 뜻이다. 또 금은 돈으로 쉽게 바꿀 수 있으니까 필요할 때 바꿔 쓰라는 의미도 있다.

마당 2

내용 1 1. 찹쌀떡과 엿
2. 교문에 엿을 붙이고 자식의 합격을 기원하는 어머니의 모습을 자주 볼 수 있다.

내용 2 1. 휴지는 문제를 잘 풀라는 뜻이고 포크와 도끼는 모르는 문제를 잘 찍으라는 뜻이다. 시험에 꼭 붙으라는 뜻이다.
2. 시험 전에 선물한다. 시험을 잘 보라는 의미이다.

내용 3 1. 조왕이란 부엌을 맡은 신을 말하며 부엌의 모든 길흉을 관장한다고 한다.
2. 길일이라고 한다.
3. 흰시루떡

내용 4 1. 화이트데이 날 받고 싶어서 선물했다.
2. 달력에 크게 동그라미 쳐 놓고 매일 남편 머리에 입력시켰다.

마당 3

1.

나라 \ 내용	선물	금기 선물
중국	———————	시계, 배, 손수건, 우산, 거북이
일본	김치, 김, 건어물식품, 도자기, 카드	속옷, 칼
한국	꽃다발, 손수건, 우산	———————

2. 2)   3. 축의금과 선물은 짝수로 부의금은 홀수의 금액을 줘야 한다.

마당 4 1. 1) 왼손을 위로 하여 두 손을 잡는다.   2) 잡을 두 손을 가슴까지 올리고 왼발을 뒤로 뺀다.
3) 허리를 굽혀 손을 바닥에 짚는다.   4) 왼쪽 무릎을 먼저 꿇고 오른쪽 무릎을 꿇는다.
5) 이마를 두 손 위에 댄다.   6) 오른쪽 무릎을 먼저 세우고 일어선다.
7) 반절을 한다.

2. 1) 오른손을 위로 하여 두 손을 잡는다.
2) 잡은 두 손을 눈까지 올린다.
3) 왼쪽 무릎을 먼저 꿇고 오른쪽 무릎을 꿇는다.

4) 허리를 45도 굽혀 절한다.
5) 오른쪽 무릎을 먼저 세우고 일어선다.   6) 반절을 한다.

마당 5 1. 생략   2. 4)
3. 예단을 받는 시댁에서는 작은 탁자에 붉은 탁자보를 깐 후 신부가 예단을 가지고 그 위로 예단을 받으면 된다. 이 때에도 예단은 직접 손으로 건네 받는 것이 아니라 예탁보 위에 받쳐 받는다.

제2과 한식

마당 1
대화 1 1. 국은 국물이 많은 것이고 찌개는 건더기가 많고 맛이 짠 것입니다.
2. 단백질이 풍부한 콩으로 만든 된장, 고추장과 두부를 많이 먹었습니다.

대화 2 1. 내일 태국에서 친구가 오는데 맛있는 한국 음식을 대접하고 싶으나 뭐가 좋을지 고민하고 있다.
2. 한정식에는 여러 가지 반찬이 나와서 다양한 음식을 맛볼 수 있다.
3. 작은 양념 하나하나에도 자극적인 화학 조미료는 사용하지 않고 고급스러운 맛을 내기 위해 천연 양념만 사용한다. 음식뿐만 아니라 인테리어에도 고풍적인 한국 전통의 미를 강조해 세련미를 더했다.

내용 3 1. 3)
2. 게장이 정말 맛이 있어서 밥을 먹는 사람이 밥을 어느 순간에 먹는지도 못 느낄 정도로 게 눈 감추듯이 빨리 먹게 되기 때문입니다.
3. 음식을 순간적으로 먹어치우는것을 말한다.

내용 4 1. ○   2. ✕   3. ○   4. ✕

마당 2 1. 4)   2. 4)   3. 2)

마당 3
1. 1) ✕   2) ○   3) ○   4) ○
2. 4)   3. 1)
4.

효과	사람 별로
여자	여성들에겐 저칼로리 다이어트 음식
노인	노인들에겐 노화방지 및 골다공증 예방 음식으로 좋다. 또한 함께 넣는 우거지가 대장활동도 원활하게 해주고 숙취를 제거하여 좋다고 한다.
어린이	어린이들의 성장기 발육에 큰 도움이 된다.

마당 4 1. 생략
2. 1) 다진, 섞어 2) 벗긴, 담갔다가, 빼고, 붓고, 놓은, 넣어 3) 담고, 끓이세요, 부어
   4) 맞추세요
3. 생략

마당 5 1. 1) ○   2) ○   3) ○   4) ✕
2. 2)
3. 상대편의 속도 모르고 지레짐작으로 그렇게 될 것으로 믿고 행동함을 비유적으로 이르는 말.

제3과 한국의 민속

마당 1 1. 5) 2) 1) 4) 3) 6)
       2. 1) 농악   2) 탈춤   3) 줄타기   4) 팽이치기

마당 2 1. 1) 윷놀이   2) 널뛰기, 그네뛰기, 놋다리놀이, 연날리기, 씨름   3) 점치기   4) 애향심
          5) 농악, 신앙
2.
1) 여성의 놀이는 널뛰기, 그네타기, 놋다리놀이들이 있고 남성놀이에는 연날리기, 씨름 등이 있어요. 또한 남녀노소 함께 즐기는 대표적인 놀이가 있는데 윷놀이라고 한다.
2) 윷놀이는 주로 명절에 가족들이 한데 어울려서 하는 놀이지만 다른 놀이들은 주로 수확이 끝난 한가한 늦가을에서부터 봄 사이에 많이 한다.
3) 편을 짜서 하는 것이다.

마당 3 1. 1) ○   2) ×   3) ○   4) ○   5) ○
2.
1) 꾸미는 방식에서 크게 차이가 있다.
2) 한옥은 구들과 마루로 구조된 집이다. 일본집에는 마루와 다다미를 깐 방은 있으나 구들 놓은 온돌방은 없다. 구들 시설과 마루를 설비한 한옥과는 다르다. 중국 중원 지방의 살림방에는 구들도 없고 마루도 없다.
3) 백성들은 지독한 추위를 견디기 위하여 땅을 파고 들어가 지하에 움집을 지었다. 지하 1미터에서 1.5미터 가량의 깊이였다. 지열을 이용하려는 생각이었다. 그러나 지열만으로는 추위를 면하기 어려워서 움집 바닥에 고래를 켜고 구들을 들였다. 그 구들에 불을 지펴 난방하였던 것이다.

마당 4 1. 3)   2. 4)

마당 5 1. 1)
       2. 집은 개인의 휴식을 위한 공간이면서 여러 세대가 함께 살아가는 생활 공간이었고 혼례와 잔치, 장례들을 치르는 사회 공간이기도 했다. 방은 개인을 위한 공간으로 대청은 가족을 위한 공간으로 마당은 큰일을 치르는 공간으로 쓰였다.
       3. 안채는 여성들이 사용하는 공간으로 주택의 안쪽에 위치하였다. 사랑채는 남성들의 공간으로 글공부를 하거나 친구들과 함께 이야기를 나누던 공간이었다.
       4. 4)
       5. 1) 돌   2) 나무   3) 흙   4) 한지

제4과 지리와 관광

마당 1

대화 1 1. 4)
       2. 전혀 예상 밖의 일이나 절대로 있을 수 없는 희한한 일을 하려고 하거나 하였을 경우를 비유적으로 이르는 말.

대화 2 1. 4)

대화 3 1. 3)

대화 4 1. 2)   2. 4)

마당 2 1. 압록강, 두만강, 맞닿아, 둘러싸여   2. 호랑이
       3. '코리아(korea)'는 고려를 옮긴 말이고, 이 말은 '산이 높고 물이 아름답다'는 뜻입니다.

마당 3 1. 봄-꽃샘추위, 황사   여름-열대야, 불볕더위, 장마
            가을-쾌적하다   겨울-삼한사온

마당 4

1.

	북쪽	남쪽
김치의 맛	국물이 많고 아주 싱겁다	맵고 짜다
집	남향집	
옷	동물의 가죽으로 지은 옷, 솜옷	
신발		나막신

2. 북쪽의 김치는 국물이 많고 아주 싱거운데 이는 겨울이 추워서 김치가 쉽게 상하지 않기 때문이며, 남부지방의 김치는 국물이 별로 없고 맵고 짠데 이는 날씨가 따뜻하고 여름이 길어서 김치가 쉽게 시어지는 것을 방지하기 위해 젓갈과 고추를 많이 넣기 때문이다.

마당 5 1. 생략   2. 4)   3. 물이 돈다는 뜻이다.

제5과 한국의 문화

마당 1 1. 1) 배추, 미나리, 쪽파, 생강, 고춧가루 (등)
2) 쌀, 애호박, 도라지, 고사리, 쇠고기 (등)
3) 녹두, 돼지고기, 양파, 김치, 숙주 (등)
4) 당면, 쇠고기, 표고버섯, 목이버섯, 양파(등)

마당 2 1. '잔치', '축전' 이라고도 할 수 있다.
2. 서울드럼 페스티벌과 세계불꽃놀이축제가 유명하다.
3. 바닷가에 설치된 대형 화면으로 영화도 보고 유명한 감독과 배우들을 만날 수 있는 축제다.
4. 태권도뿐만 아니라 여러나라 무술도 함께 볼 수 있고 전 세계 무술인들도 만날 수 있는 축제다. 무술 시연과 전통 무술 체험, 세계 민속 공연 등 다채로운 행사가 있다.
5. 머드왕 선발대회, 머드 미끄럼 타기 등 볼거리가 있습니다.

마당 3 1) 어머니의 야무진 재봉 솜씨를 물려 받았고 1989년에 김예진한복을 창립했다.
2) 1998년 내한 방문한 앤터니 퀸에게 한복을 만들어 주고부터 주문수가 기하급수적으로 불어났다.
3) 일하고 있을 때 친구들에게 전화가 오면 '놀이터'에 있다고 하고 손님들과의 만남을 '데이트'라고 한다. 신체 사이즈를 재면서 많은 사람과 포옹도 해 보고, 유명 인사를 직접 만날 수 있으니 재미있는 일은 또 없을 것이라고 했다.
4) 세계인이 일생에 꼭 하나쯤 가지고 싶은 옷으로 한복을 뽑게 되는 것이다.

마당 4 1. 2)   2. 2)   3. 1)   4. 2)

마당 5 1.

이름	설명
도	한 개가 젖혀지고 세 개가 엎어질 경우 말을 한 칸 전진시킨다.
개	두 개가 엎어지고 두 개가 젖혀질 경우 말을 두 칸 전진시킨다.
걸	한 개가 엎어지고 세 개가 젖혀질 경우 말을 세 칸 전진시킨다.
윷	네 개가 다 젖혀질 경우 말을 네 칸 전진시키며, 윷을 다시 한 번 던질 수 있다.
모	네 개가 다 엎어질 경우 말을 다섯 칸 전진시키며, 윷을 다시 한 번 던질 수 있다.

2. 4)
3. 윷놀이는 원래, 정월 무렵에 농민들이 그 해 농사가 높은 지대에 잘 될까 낮은 지대에 잘 될까를 점치던 옛날 풍습의 하나였는데 오늘날에는 단순한 오락으로서 계절에 관계없이 일년내내 즐기는 놀이가 됐다.
4. 윷놀이는 보통 네 사람이 두 편으로 갈라 윷을 번갈아 던지며 논다. 윷가락을 던져서 네 개가 다 엎어진 것을 '모'요, 네 개가 다 젖혀진 것을 '윷', 한 개가 엎어지고 세 개가 젖혀진 것은 '걸', 두 개가 엎어지고 두 개가 잦혀진 것은 '개', 한 개가 젖혀지고 세 개가 엎어진 것은 '도'라고 한다. 윷이 가는 말을 보면, 도는 한 발, 개는 두 발, 걸은 세 발, 윷은 네 발, 모는 다섯 발을 간다. 앞서 가는 상대편의 말을 잡을 수도 있다. 상대편 말을 잡거나, 윷 또는 모가 나오면 다시 한번 던질 수 있는 기회가 주어진다. 이렇게 하여 네 개의 말이 상대편보다 먼저 말판을 들어오는 편이 승리를 하게 된다.

제6과 경제와 생활

마당 1

대화 1
1. 다음 주 월요일에 어학당 졸업식이 있는데 뭘 입고 가야 할지 고민하고 있다.
2. 한복을 빌리면 유행하는 한복을 많은 돈을 들이지 않고 골라 입을 수도 있다고 제의했습니다.
3. 국내는 물론, 외국에서도 인터넷이나 전화로 주문이 가능하다.

대화 2
1. 같이 일하던 회사 동료하고 개인 사업을 시작했는데 그 회사 동료가 그를 속이고는 회사돈을 가지고 외국으로 도망을 쳤다.
2. 지금은 뒷정리 다 하고 사업이 잘 굴러가고 있다.
3. 잘 아는 일이라도 세심하게 주의를 하라는 말.
4. 물의 깊이는 잴 수 있으나 사람의 마음은 측량하기 어렵다는 말.

대화 3
1. 그는 어제 친구들 만나서 술을 좀 마시고 집에 늦게 들어갔다. 그리고 다음날 아침에 늦잠을 잤기 때문에 어머니는 그렇게 대학시절을 허송세월로 보내다가 어떻게 좋은 회사에 취직하겠냐고 하면서 아들을 혼냈다.
2. 잔소리 좀 하지 마시라고며 하여 대들었다.
3. 좋은 약은 입에 쓰나 병에 이롭다는 뜻으로, 충언(忠言)은 귀에 거슬리나 자신에게 이롭다는 뜻입니다.

대화 4
1. 주머니가 약간 찢어져 있어서 교환하러 갔다.
2. 영수증

대화 5 1. 3)
       2. 배터리와 휴대폰 접촉이 잘 안 된다.
       3. 무상으로 수리해 드리려고 했다.
       4. 바꾸기로 했다.

마당 2 1. 3)
       2. 1) ✗   2) ✗   3) ○   4) ○
       3. 생략

마당 3 1. 제품의 판매를 늘리는 데 날씨를 활용하는 것을 날씨 마케팅이라고 한다.
       2. 1)
       3.

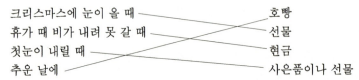

       4. 생략

마당 4 1. 4)　　　2. 1)　　　3. 1)
4. 날씨 마케팅에서 기본이 되는 것은 단시간에 효과를 기대하는 것보다는 장기간 꾸준히 실천해서 소비자의 신뢰를 얻는 것이 중요한 것이다.
5. 생략

마당 5 1. 임산부의 날
2. 자녀가 세 명이 되면 1년 반치 국민연금을 더 낸 것으로 간주해 주는 출산 크레디트제도다.
3. 3)

4.

혜택　　　지역	서울 시	목포
혜택	국민임대주택에 대한 우선 입주권도 주어진다. 매달 전기요금의 30% 가량을 깎아 준다. 출산지원금 지급한다. 교육자의 경우에는 원하는 학교에 우선적으로 배치해 준다. 국민연금을 더 낸 것으로 간주해 준다.	셋째를 낳을 경우 목포 시는 6백만 원을 지급한다.

제7과 직장 생활

마당 1
대화 1 1. 4)　　**대화 2** 1. 3)　　　2. 생략
대화 3 1. 비에 젖어 질척거리던 흙도 마르면서 단단하게 굳어진다는 뜻으로, 어떤 시련을 겪은 뒤에 더 강해짐을 비유적으로 이르는 말.
대화 4 1. 4)　　　2. 3)
대화 5 1. 한 젊은이가 회사에 들어간 지 2년도 채 안 돼서 부장이 됐다는 것이다.
2. 경영 능력도 웬만큼 있으면 사장이 될 것이라고 생각한다.

마당 2
내용 1 1) 회사 생활을 시작한 지 2년이 지났는데 일이 적성에 안 맞아서 회사를 옮기려고 해요.
2) 저는 회사 일이 너무 많아서 야근하는 날도 많고 주말에도 출근해야 할 때가 있어요. 제 여자 친구는 데이트 할 시간을 거의 못 내는 저에게 요즘 그만 만나자는 말을 자주 해요.
3) 석 달 전 새로 옮긴 회사에서 미국 지사에서 일할 생각이 없냐는 제안을 받았습니다. 일을 시작한 지 얼마 안 되고 가족 없이 혼자 3년 간 일해야 한다는 것이 걱정이 됩니다.
4) 얼마 전 외국계 은행의 경력사원 면접시험에 합격했습니다. 그래서 5년 간 일해 온 은행을 그만두려고 하는데 올해부터 제 연봉을 크게 올려 준다고 합니다.
5) 내가 다니는 회사에서 올해 가을부터는 영어 시험 성적이 좋은 점원들에게 외국 유학이나 어학연수의 기회도 주겠다고 한다. 하지만 나는 최근에 본 토익 점수가 나쁘게 나왔다.

내용 2 1.
1) 나는 잘 모르겠는데 좀 도와줄래?
2) 오늘 내가 한잔 살게.
3) 수고했어, 역시 자네가 최고야!
4) 이번 일은 자네 덕분에 잘 끝났어.
5) 조금만 더 참고 고생합시다.
6) 내가 뭐 도와 줄 건 없니?

7) 괜찮아! 실수 할 수도 있지.
8) 자네를 믿네.

1) 내가 사원일 때는 더 심한 일도 했어.
2) 시키는 대로 해!
3) 이번 실수는 두고두고 기억하겠어.
4) 요새 한가하지? 일 좀 줄까?
5) 내일 아침까지 해 놔.
6) 야, 이리 와.
7) 이거 확실해? 근거 자료를 가져와 봐.
8) 이렇게 해서 월급 받겠어?

2. 생략

내용 3 1. 2)   **내용 4** 1. 3)

마당 3 1. 2)   2. 1) ✗   2) ○   3) ✗   4) ○

3. 울며 겨자 먹기로 졸업을 미뤘다.
　　졸업생이라는 타이틀이 취업의 발목을 잡지 않을까 하는 우려에서다. 기업들이 졸업한 지 2년이상 된 지원자보다 대학을 갓 졸업했거나 졸업예정자를 선호하는 현실에서 불가피한 선택이다. 직장을 구하기 전에 졸업하면 말 그대로 '백수' 신세를 면치 못한다는 현실도 부담스럽다.
4. 대학교를 졸업하지 않고 5학년을 다니는 학생을 '대5생'이라고 한다.
5. 김 씨의 마음은 여전히 무겁다. 얼마나 더 취직 준비를 해야 입사통지서를 손에 쥘 수 있을지 알 수 없다. 30을 앞두고 여전히 부모님께 매달 용돈을 받아쓰기도 미안하고 부끄럽다.

마당 4

1. 1. 이태백   5. 장미족
　　2. 사오정   6. 오육도
　　3. 88만 원 세대   7. 공시족
　　4. 삼팔선   8. 취집

2.

유행어	뜻
① 이태백	① 20대 태반의 백수
② 사오정	② 45세 정년퇴직
③ 88만 원 세대	③ 88만 원 월급 받는 20대
④ 삼팔선	④ 38살에 은퇴
⑤ 장미족	⑤ 장기간 미취업족
⑥ 오육도	⑥ 56세까지 있으면 도둑
⑦ 공시족	⑦ 공무원시험 준비족
⑧ 토페인	⑧ 토익 공부에서 못 벗어나는 사람
⑨ NG족	⑨ 졸업 유예족
⑩ 취집	⑩ 취업대신 시집가기

마당 5 1. 1위가 꿈을 빼앗는 회사, 옮기고 싶다는 것이다.
2위는 더 좋은 조건에서 일하고 싶다는 것이다.
3위는 나를 괴롭히는 상사·동료들, 피하고 싶다는 것이다.
2. 2)　　3. 3)　　4. 4)

제8과 바른 말, 고운 말(1)

마당 1
내용 1 1. 1) ✗　　2) ○　　3) ✗

2.

단어		단어	
가시량(○)	가시양(✗)	구름량(✗)	구름양(○)
거래량(○)	거래양(✗)	감소량(○)	감소양(✗)
작업량(○)	작업양(✗)	벡터량(✗)	벡터양(○)
노동량(○)	노동양(✗)	허파숨량(✗)	허파숨양(○)

내용 2 1. 1) ✗　　2) ✗　　3) ✗

2.

단어		단어	
투고란(○)	투고난(✗)	인사란(○)	인사난(✗)
취업란(○)	취업난(✗)	부고란(○)	부고난(✗)
사람란(✗)	사람난(○)	알림란(✗)	알림난(○)

내용 3 1. 1) ✗　　2) ✗　　3) ✗

2.

단어		단어	
생존율(○)	생존률(✗)	환율(○)	환률(✗)
출산율(○)	출산률(✗)	생산율(○)	생산률(✗)
지분율(○)	지분률(✗)	교환율(○)	교환률(✗)
수익율(✗)	수익률(○)	성장율(✗)	성장률(○)
손실율(✗)	손실률(○)	부담율(✗)	부담률(○)
응답율(✗)	응답률(○)	연체율(○)	연체률(✗)
이자율(○)	이자률(✗)	연소율(○)	연소률(✗)
감세율(○)	감세률(✗)	야투율(○)	야투률(✗)

3. 1) 앞말에 'ㄴ' 받침이 올 때는 '율'로 적는다.
2) 'ㄴ' 외의 받침이 있는 말 뒤에서는 모두 '률'로 표기한다.
3) 받침이 없는 경우에는 당연히 '률'이다.

내용 4 1. 1) ○　　2) ○　　3) ✗

2.

문장	문장
다섯째 사람(○)	다섯 번째 사람(✗)
미국을 네째 다녀오신 아버지(✗)	미국을 네 번째 다녀오신 아버지(○)
올림픽의 첫째 경기(✗)	올림픽의 첫 번째 경기(○)
전교에서 첫째(○)	전교에서 첫 번째(✗)
장한 둘째 아들(○)	장한 두 번째 아들(✗)

3. 생략

마당 2 1. 1) 헬기, 분주하다　　2) 우왕좌왕하, 눈에 띈다
　　　　　　 3) 미묘하　　　　　　4) 대목에 이르, 시원스러운
　　　2. 3)
　　　3.

시간	단어 기쁘다/즐겁다
운동장에서 친구들과 뛰어 노는 가을	즐겁다
이산가족이 수십 년만에 만났을 때	기쁘다
단풍과 푸른 하늘이 고운 가을 소풍	즐겁다
잃어버린 물건을 찾았을 때	기쁘다
낯선 사람과 만나는 설렘이 가득한 주말여행	즐겁다
맛있는 음식이 차려진 점심 식사를 할 때	즐겁다

　　　4. 생략

마당 3 1. 1) 수도세, 전기세, 훌쩍　2) 세금, 설문조사　3) 수돗물, 적합하
　　　2. 3)
　　　3.

단어		단어	
택시세(✗)	택시 요금(○)	소비 요금(✗)	소비세(○)
목욕세(✗)	목욕 요금(○)	관 요금(✗)	과세(○)
공항이용세(✗)	공항이용 요금(○)	재산 요금(✗)	재산세(○)
전화세(✗)	전화 요금(○)	기본 요금(○)	기본세(✗)
전기세(✗)	전기 요금(○)	자동차 요금(✗)	자동차세(○)
수도세(✗)	수도 요금(○)	수입 요금(✗)	수입세(○)
부가가치세(○)	부가가치 요금(✗)	토지 요금(✗)	토지세(○)
근로소득세(○)	근로소득 요금(✗)	담배 요금(✗)	담배세(○)

　　　4. 생략

마당 4 1. 3)
　　　2. 1) 시시콜콜한　　2) 도련님, 서방님　　3) 아주버님, 형님　　4) 동서
　　　3. 2)　　　　　　　　4. 생략

마당 5 1. 1) 침울해진다　　2) 떠어쓰기, 달라지　　3) 고약하　　4) 도전정신
　　　2. 1) ○　　　　　2) ✗　　　　　3) ○　　　　　4) ○

제9과 바른 말, 고운 말(2)

마당 1

내용 1 1. 2)　　2. 1) ○　　2) ○　　3) ✗　　4) ✗
3. 작은 '터지다', '튀기다, 볶다' 라는 뜻이고 장은 된장, 간장 등 발효식품을 말한다. 면은 밀가루, 메밀가루 등으로 만든 국수를 통틀어 일컫는다.

내용 2 1. 1) ✗　　2) ○　　3) ○　　4) ○
2. 3)　　3. 3)

내용 3, 4 1. 1) 신토불이, 플래카드　　2) 홍보하는, 어원　　3) 헤아리기　　4) 뗄수 없는 것
2. 1) ✗　　2) ✗　　3) ○　　4) ○
3. 사찰에 들어가는 세 문 중 '해탈의 경지에 드는 마지막 문'이다.
4. 身土不二

마당 2 1. 1) 프로바둑기사, 프로 도박사, 숱한　　2) 오르골, 관광명소
　　　　3) 다 걸기　　　　　　　　　　　　　4) 빈둥거리, 주색잡기
2. 4)　　3. 음악을 담당하는 신
4. 미국 갱 영화에서 흔히 볼 수 있는 폭력 범죄를 행하는 강도단을 일컫는 영어 갱과 행동을 같이 하는 무리를 뜻하는 패가 합쳐진 말이다.

마당 3 1. 2)　　2. 1) ○　　2) ✗　　3) ○　　4) ○
3.

불어	한국어
바캉스	피서, 여름 휴가, 해수욕
바캉스 여행	피서 여행
바캉스 다이어트	피서 다이어트

4. 2)

마당 4 1. 1)
2. 1) 보급률　　　　　　　　2) 경쟁력을 갖추, 효자 노릇, 선풍적
　　3) 적절하다　　　　　　　4) 핸드폰, 엉터리, 바람직하다
3. 4)
4. 셀룰러폰은 개인용 이동통신 회사들이 서비스 대상 지역을 여러 개의 셀로 나누고 이들 각각에 하나씩의 기지국을 설치하는 식의 전파 전달 방식을 채택한 데서 유래한 것이고, 모바일폰은 움직이면서 사용할 수 있다는 뜻에서 나온 말로 이동전화 정도로 볼 수 있다.
5. 어설프기는 마찬가지라고 생각한다.

마당 5 1. 1)　　2. 1)　　3. 4)　　4. 중요 사안을 일컫는 말이다.

제10과 아름다운 글

마당 1

내용 1 1. 말이란 깊이 생각하여서 신중하게 하여야 한다는 말.
2.

아내가 힘들어 할 때	안아 주며 '여보, 힘들지?'
남편이 사업상의 어려움이 있을 때	남편의 손을 잡으며 '여보, 힘들지요? 내가 당신을 위해 기도하고 있어요.'라고 말한다.
학교 시험에서 떨어지거나 일에 실패해서 괴로워 하는 자녀들이 있으면	안아 주며 '난 너를 사랑한단다.'라고 말한다.

내용 2 1. 시계를 보지 말라는 것은 어떤 일을 할 때는 그만큼 다른 데 신경을 쓰지 말고 최선을 다해 몰입하라는 뜻이다.
2. 4)

내용 3 1. 생략 (녹음대본 참고)　　　**내용 4** 1. 3)
2. 너무너무 실망감이 크고 또 너무 잔인하다고 생각한다.

마당 2 1. 3)

마당 3 1. 4)
2. 난 어렸을 적에 새벽 5시 30분쯤 일어나서 TV를 켰다. 그리고 그때부터 TV에서 자막이 나오면 그것을 보며 글자를 배웠다.
동생은 '가나다라마……하'까지 외우고, 또 외우고 하면서 좀 알았다 싶으면 그냥 종이에 써 보고는 했다.
3. 4)

마당 4 1. '한글'의 '한'이 한국의 '한'과 동일어라고 보는 나머지 한글은 한국 글자를 뜻한다고 보기 때문이다.
2. 창제 기념일에는 갖가지 문화 행사와 비교적 성대한 기념 행사를 치르고 특히 매 5년이 되는 해에는 더욱 성대한 문화 행사를 벌인다고 한다.
3. 10월 9일을 한글날로 정했다.

마당 5 1. 3)
2. 아버지가 남루한 옷차림에 술에 취한 모습이 너무 부끄러워서 아버지를 부르지 않았다.
3. 다시 시간을 그때로 되돌릴 수만 있더라면 그렇게 하지 않았을 것이다.

제11과 연애와 결혼 이야기

마당 1

대화 1 1. 4)　　　2. 아무 까닭 없이 그런 결과가 있을 수 없다는 말.

대화 2 1. 4)　　　2. 2)

대화 3 1. 서울대 출신의 인품이 좋은 남자라고 들었다.
2. 첫인상은 좋았다.
3. 1) 말이 많거나 아는 일을 함부로 옮기다.
2) 남을 지나치게 칭찬하거나 높이 추어올려 주다.
3) 아무리 마음에 들어도 이용할 수 없거나 차지할 수 없는 경우를 이르는 말.
4) 주로 아내가 남편에게 생활의 어려움에서 오는 불평과 잔소리를 심하게 하다.
5) 몹시 애타게 오랫동안 기다리다.
4. 1) ✗　　2) ✗　　3) ○　　4) ○

대화 4 1. 4)　　　2. 4)

대화 5 1. 이효리처럼 섹시한 여자
2. 현빈이나 장동건처럼 생긴 남자
3. 1) ○　　2) ✗　　3) ○　　4) ○

마당 2 1.

이름	김범수	권명호	이영택
나이	28살	25살	22살
직업		야구 선수	대학생
가족	막내아들	장남 집이 시골에 있다. 하숙을 한다.	외아들 시부모님과 같이 살아야 한다.
성격	친절하고 부드러운 성격	활동적이다. 술, 담배를 좋아한다.	자기 마음대로 한다.
기타	부자 2년 전에 이혼 1살 된 아이가 있다.	여자들에게 인기가 있고 여자 친구가 많다.	한번도 연애 경험이 없다.

2. 생략

마당 3 1. 희선이의 영향을 받아서 결정하게 되었다.
2. 여러 종류의 배달업체들이 민정이의 독신생활을 도와 주고 있다.
3. 2)　　　　　　4. 생략

마당 4 1. 결혼하는 남녀의 생각이나 감정과는 상관없이 양가 부모나 어른들의 결정에 따라 배우자가 선택되었기 때문에 결혼은 중매인의 소개로 하는 중매결혼이 대부분이었다.
2. 4)

마당 5 1. 1) 함　　　　2) 예단　　　　3) 이바지 음식　　　　4) 폐백 음식
2. 4)　　　　　3. 1)　　　　4. 4)
5. 상수 또는 봉송 돌린다는 용어가 이바지 음식으로 변했다고 할 수 있다. 이바지는 잔치를 뜻하는 '이바디'에서 변한 말인 뜻한다. 힘들여서 음식 등을 보내 주는 일과 그 음식을 뜻하기도 한다.
6.

지역 \ 종류	쓰는 시기	이바지 음식
제주도	혼례 때	돼지, 닭, 두부 또는 두부 만들 콩, 쌀, 술, 등
경상도	혼례 전날 또는 당일	백설기, 각색 인절미, 절편, 조과, 정과, 과일, 편육

7. 보통 신부의 집에서 혼례를 치르고 나서 1~3일이 지난 후 시댁으로 가 친정어머니가 싸 준 대추, 밤, 마른 안주, 포 등을 차려 놓고 시부모 시댁 식구들에게 처음으로 인사를 드리는 예식을 폐백이라고 한다.

제12과 한국의 드라마(1)

마당 1
명장면 1 1. 인영　　　　2. 쌍방과실
3. 기준모는 어떤 재수없는 여편네가 너 같은 며느리 얻을려나 걱정된다.
　　인영은 어떤 재수없는 아가씨가 아줌마 같은 시어머니를 만날지 걱정된다.

명장면 2 1.

	특징	방법
A	인내심이 강하고 내성적이다.	청소하는 아줌마가 올 때까지 기다린다.
B	자기애가 강하다.	단 두 개의 그걸로 해결한다.
AB	합리적이다.	쓰레기통을 뒤져 남이 쓰다 버린 휴지로 해결한다.
O	사소한 것에 신경 쓰지 않는다.	그냥 나온다.

 2. 양말　　　　3. A 형일 것입니다.

마당 2
명장면 1 1. 두 사람의 결혼 반지니까.
 2. 계약 결혼을 약속했다.
 3. 돈을 주고 시키는 대로 청소하고 밥을 하는 사람이다.

명장면 2 1. 컴퓨터를 고장나게 해서 미안하고 조류작가라고 한 점과 컴퓨터를 고장나게 한 점에 대해 사과했다.
 2. 색 중에서는 초록색을 좋아하고 꽃 중에서는 장미꽃을 제일 좋아한다.
 3. 지은아…사랑해…야, 온 우주가 폭발할 만큼, 세상 바닷물이 모두 말라버릴 만큼, 또 내 영혼이 다 타서 흩어져도 좋을 만큼 …아주 많이 널 사랑해…너 한지은 사랑한다고 했다.

마당 3
명장면 1 1. 신과 효린의 사진을 보고 충격을 받아서 말다툼을 했다.
 2. 차갑고 못되게 대했다.
 3. 19살

명장면 2 1. 위로
 2. 자기 맘대로 행동하고 진심으로 채경을 대하지 않는 신의 행동 때문이다.

마당 4
명장면 1 1. 남자가 발로 차 사이드미러가 떨어졌다.
 2. 바퀴
 3. 단풍이 백호한테 나중에 견적서를 뽑아서 보내 달라고 했고 백호는 보상하겠다고 했다.
 4. 핸드폰 꺼 놓거나 피할 생각 같은 건 아예 하자 말라는 뜻으로 사진을 찍었다.

명장면 2 1. 잊으려고 노력했지만 잊을 수가 없어서 다시 찾아왔습니다.
 2. 한번도 선재를 제대로 사랑해 본 적 없고 제대로 믿었던 적도 없어서.
 3. 수아는 신발을 벗었다.

마당 5
명장면 1 1. 갑자기 노래 자랑 코너에 참여하기로 한 청취자 분이 펑크를 내서 새벽이 하게 되었다.
 2. 3년 전 폭죽 이벤트 아르바이트를 하다가 사고로 두 눈을 잃었다.
 얼마 전 새벽에게 각막을 준 덕분에 다시 세상을 보게 되었다.
 3. 남자 화장실에 잘못 들어갔었기 때문이다.

명장면 2 1. 서로 피하려다가 넘어져 엉덩방아를 찧었다.
 2. 아니요. 부르지 않았다.

제13과 한국의 드라마(2)

마당 1

대화 1 1. 드라마를 보다가 감동되어 울었다.
2. 아니요. 처음에는 슬픈 장면이 너무 많은 것이 싫었다.

대화 2 1. 남녀 간의 사랑
2. 가족 중심 사회를 배경으로 드라마를 통해서 가족 간의 관계도 다루고 있다.
3. 처음에는 가족들이 서로 갈등하다가 결말에 이르러 화해하는 이야기이다.

대화 3 1. 그 드라마가 너무 야하기 때문이다.
2. 중립적인 입장이다.
3. 본 드라마의 저질여부를 판단하기 힘들기 때문이다.

대화 4 1. 나영이랑 태풍이는 쌍둥이고 그 두 사람과 호세는 초중고 동창이었다.
2. 네, 싸운 적이 있었다. 태풍이 호세를 때려 호세의 코뼈가 부러진 적이 있다.

마당 2

내용 1 1. 1)　　　　　2. 4)

내용 2 1. 3)
2. 모 방송국에서 요즘 방영되는 인기 드라마에서는 5회부터 매회 평균 세 차례에 걸쳐 남주인공이 자장면을 맛있게 먹는 장면이 나왔다. 자장면을 먹는 남주인공의 맛깔스러운 연기가 강한 인상을 남기면서 시청자들이 자장면을 주문하거나 배달시키게 된 것이다.

내용 3 1. 3)
2. 이는 무엇보다 현실의 정치와 문화를 과거에 비유해서 오히려 극적인 현실감을 준다는 데에서 그 이유를 찾을 수 있다.

마당 3

명장면 1 1. 각서를 찢으라고 그랬다.　　2. 최여사를 원망했다.
3. 서로 용서하고 화해했다.

명장면 2 1. 자신도 어머님도 임신을 했다고 했다.
2. 많은 나이에 아이를 졌기에 부끄러워 하실 거라 생각했다.
3. 놀라서 말을 잃은 표정이었다.

마당 4 1. 천천히 흘러가는 드라마는 자기가 잃어버렸던 것들을 떠오르게 하는 게 인기의 비결이다.
2. 홍대 근처의 젊은이의 문화공간과 연계해 외국관광객을 유치하기 위해.
3. 남자 주인공 배용준.

마당 5 1. MBC————— 에덴의 동쪽 ————— 이미숙
　　　MBC————— 베토벤 바이러스 ————— 김명민
　　　SBS —————— 바람의 화원 —————— 문근영

2. 시청률 너머의 의미를 담보하고 있고 화제나 폭발력이 있기 때문이다.
3. 드라마에 대한 시청자 반응, 드라마의 완성도, 스타의 연기력 등.
4. 이미숙의 연기는 시청자의 마음에 쉽게 각인되기 때문이다.

제14과 한자성어

마당 1

내용 1 1. 5)→2)→3)→1)→4)

내용 2 1. 2)→3)→4)→1)   2. 1)
3. 나의 계획은 아침 6시에 일어나고 외국어 공부를 하루에 5시간 이상 하고 담배를 끊는 것이었다.
4. 끈기가 없기 때문이다.   5. 생략

내용 3 1. 변화가 많아서 인생의 길흉화복을 예측하기가 어렵다는 말이다.   2. 2)

내용 4 1. 4)   2. 3)   3. 집들이를 하기 때문이다.
4. 한국에 와서 이런 진수성찬은 처음 보았다. 그리고 음식도 맛있었다.

마당 2 1. 3)   2. 4)→2)→3)→1)   3. 축구와 줄다리기를 했다.

마당 3 1. 공항   2. 4)   3. 3)   4. 얼굴도 목소리도 성격도 부전자전이라고 하기 때문이다.

마당 4 1. 3)   2. 1)   3. '팔방미인'은 여러가지를 아주 잘하는 사람을 말한다.   4. 2)

마당 5 1. 4)   2. 어머니는 나의 취미 생활을 이해하지 못하신다.   3. 1)

제15과 속담

마당 1 1. 1)   2. 3)   3. 3)   4. 3)
2.
1) 약방의 감초(한약에 감초를 넣는 경우가 많아 한약방에 감초가 반드시 있다는 데서, 어떤 일에나 빠짐없이 끼어드는 사람 또는 꼭 있어야 할 물건을 비유적으로 이르는 말.)
2) 막상막하(더 낫고 더 못함의 차이가 거의 없음.)
3) 꿀 먹은 벙어리(속에 있는 생각을 나타내지 못하는 사람을 비유적으로 이르는 말.)

마당 2 내용1 1. 1) ④   2) ①   3) ②   4) ③   5) ⑤
내용2 1. 1) ⑤   2) ②   3) ①   4) ③   5) ④

마당 3 1. 모든 짐승이 겁을 먹고 도망치었다. 2. 구름이 그동안 여우를 짝사랑했다. 3. 호가호위 4. 4)

마당 4 1.
1) 금강산도 식후경   2) 보기 좋은 떡이 먹기에도 좋다
3) 떡 본 김에 제사 지낸다   4) 미운 아이 떡 하나 준다
5) 그림의 떡   6) 굿이나 보고 떡이나 먹자
7) 떡을 줄 사람은 생각도 않는데 김칫국부터 마신다
2. 4)
3. 1) 우연히 운 좋은 기회에, 하려던 일을 해치운다는 말.
2) 아무리 재미있는 일이라도 배가 불러야 흥이 나지 배가 고파서는 아무 일도 할 수 없음을 비유적으로 이르는 말.

마당 5 1. 1) 도둑이 들고 맞닥뜨려   2) 재산을 잃을 뻔한
3) 도둑을 막아   4) 견마지로
2. 1) ○   2) ✕   3) ✕   4) ○
3. 길을 가다가 병에 걸려 죽어 가는 강아지를 한 마리 보았다.
4. 개를 키워준 그 사람은 개의 덕분에 재산을 보전할 수 있었다.

답안　正确答案　**273**

제16과　뉴스 (1)

마당 1

내용 1 1. 조선이 핵 불능화 중단 조치를 내린다.
2. 조선이 불능화 중단 조치를 통해 6자 회담를 자체를 깨려하기보다는 자신들에게 협상을 유리하게 이끌려고 한다는 판단 때문이다.

내용 2 1. 1)　　　　　　2. 유가 상승으로 인해서 소비 지출은 많이 줄였다.
3. 물가 상승으로 소비 지출을 줄인 것으로.
　　조사 대상 가구의 61%가 유가 상승으로 인해 소비-지출을 줄인 것으로.
4. 4)

내용 3 1. 3)　2. 3)　　　3. 1) ×　　2) ○　　3) ○　　4) ×

내용 4 1. 1) 한국-벼룩시장　　　2) 영국-부트
　　3) 미국- 야드세일/개라지 세일　4) 영국 로열 레밍턴 스파-럭비
2. 1) ×　　2) ○　　3) ○　　4) ×

마당 2 1. 4)　　　　2. 2)
3. 한반도 평화체제 구축과 화해협력, 경제협력 방안 등 다양한 의제에 대해 깊이 있는 의견을 나눴다.

마당 3 1. 3)
2. 1) 폭등하면서 동동　　　2) 비상이 걸렸습니다
3) 200억 원정도, 150억 원정도, 손실을 보게　4) 수출업체들은, 업종, 엇갈리고
3. 항공유를 구매하는 데 달러로 해야 되고 많은 해외지점을 운영하는 비용 들이 들기 때문에 달러 수입 대비 달러 지출이 많아 환율이 오를 경우에 상당히 피해를 보게 된다.

마당 4 1. 4)　　　　2. 4)　　　3. 4)
4.

음주 운전의 상황	현재	새법령
소주 한 잔		대폭 강화
음주 운전 적발 기준인 혈중 알콜농도	0.05%	0.03%
음주운전으로 적발될 경우(징역)	2년 이하의 징역 또는	5년 이하의 징역
음주운전으로 적발 될 경우(벌금)	500만 원 이하의 벌금	1000만 원 이하의 벌금
음주운전으로 인한 사망이나 상해의 경우	5년 이하의 금고나 2000만 원 이하의 벌금	10년 이하의 징역을, 사망은 1년 이상의 유기징역

마당 5 1. 1) ×　　2) ○　　3) ×　　4) ○　　2. 생략

제17과　뉴스 (2)

마당 1

내용 1 1. 3)　2. 3)

내용 2 1. 1) ○　　2) ×　　3) ×　　4) ○　　2. 4)

내용 3 1. 1) ×　　2) ×　　3) ×　　4) ×　　2. 3)

내용 4 1. 1) 흑색, 2) 갈색, 3) 청자색, 4) 선홍색   2. 2)

마당 2 1. 2)   2. 4)   3. 3)

마당 3

1.

선수 이름이나 항목	운동 항목이나 선수이름
수영 자유형	박태환
여자 헤라클래스	장미란
유도	최민호
우사인 볼트	육상 100 미터
이신바예바	장대높이뛰기
마이클 펠프	수영
배드민턴	이용대

2. 4)   3. 문대성, 태권도

4. 유망한 선수들을 끊임없이 조기에 발굴해 내고 과학적인 훈련과 체계적인 지원을 지속적으로 이뤄 나가야 할 것이다.

마당 4 1. 3)   2. 4)
3. 1) 벤처 붐이   2) 바이러스 백신프로그램
   3) 덩달아 공모자   4) 바이러스 신음하는
4. 바퀴살론이다. 그리고 바퀴살론은 각각 핵심기술을 갖고 있으면서 서로 보완관계를 갖는 벤처기업끼리 지분을 나눠 갖는 협력모델로 한 업체가 잘되면 나머지 업체들의 자산가치도 높아지는 관계를 말한다.

마당 5 1. 2)   2. 3)
3. 먼저 이사회 기능이 제대로 작동되도록 할 생각이다. 회사 경영에 대한 책임과 권한은 모두 최고 경영자가 갖고 이사회는 전문가적 시각으로 회사의 장기 비전을 제시하고 투명한 경영이 이뤄지도록 견제하는 그림을 생각하고 있다.
4. 첫째는 한국에서도 소프트웨어 사업으로 성공할 수 있다는 것이고 둘째는 정직하게 사업을 해도 성공할 수 있다는 것이고 셋째는 투명 경영과 윤리경영이 장기적으로는 회사 경쟁력이 더 큰 보탬이 된다는 것이다.

제18과 뉴스 (3)

마당 1

대화 1 1. 3)   2. 4)

내용 2 1. 1)   2. 생략   3. 생략

내용 3 1. 1) 직장인 705명, 추석 후유증 경험, 여성의 72.5%, 남성의 49.6%가 추석 연휴를 보낸 후 후유증을 겪었다.
   2) 업무 의욕 저하, 누적된 피로, 과다지출로 인한 경제적 부담, 업무시간 중 졸음, 수면리듬 변화
   3) 평균 3일인
2. 4)

내용 4 1. 3)   2. 1)   3. 1) ✗   2) ○   3) ○   4) ○

답안 正确答案

마당 2 1. 봄 꽃샘추위와 황사현상   여름 장마와 삼복더위
              가을 천고마비   겨울 한파와 삼한사온
         2. 봄 심목   여름 피서
              가을 독서   겨울 김장
         3. 3)   4. 1)
         5. 한파는 그해에 가장 추운 날씨를 뜻한다.
         6. 삼한사온이란 3일 동안 아주 춥고 4일 동안은 다시 따뜻해지는 한국의 겨울 날씨를 말한다.

마당 3 1. 1) 강풍, 천둥번개   2) 큰 폭으로 떨어지 때이른 겨울추위   3) 연결합니다
         2. 1) ○   2) ✕   3) ○   4) ✕   3. 4)
         4. 오늘 밤 서해안지방부터 시작되겠다.
         5. 일요일 밤부터 바람이 강하게 불면서 기온이 큰 폭으로 떨어진 것으로 보인다.
         6. 1 주내내 추위가 계속 이어질 것이다.

마당 4 1. 1) 초등학생   2) 가정주부   3) 대학생   4) 고등학생
         2. 2)   3. 1)
         4.

직업	내년의 희망
초등학생	고학년 언니들이 저학년 아이들에게 돈을 갈취하거나 폭력을 행사하지 않는다는 뉴스가 나왔으면 좋겠어요.
고등학생	2010년에는 KBS 뉴스에서 대학 시험이 폐지됐다 그런 뉴스가 나왔으면 좋겠어요.
대학생	올해 대학 4학년인데요. 취업 걱정하게 되잖아요. 작년에는 불황이라 취업이 잘 안됐는데 올해는 고용창출 잘되고 경제 회복돼 취업이 잘됐으면 좋겠어요.
주부	지금 전세를 살고 있는데 전세값이 너무 많이 올라요. 곧 우리 애기가 태어나는데 다음에 전세집 갈 일이 걱정되는데요. 정부에서 부동산 대책 잘 세워서 우리 같은 서민들 잘 살 수 있게 해줬으면 좋겠어요.
이산가족	올해는 통일이 됐으면 좋겠다. 그런 뉴스가 나왔으면 하는 바람이구요. 왜냐하면 우리 엄마가 이북사람인데 통일이 돼서 손 잡고 갔으면 좋겠다.
택시운전사	택시업계가 너무 침체돼 있는데 활성화 됐으면 좋겠고 하루속히 빨리 서민들이 잘 살 수 있는 세상이 왔으면 하는 바람이다.
관광통역안내사	올해는 한국을 찾는 관광객이 많아져서 전 세계적으로 관광의 나라 1위로 뽑혔다는 뉴스가 나왔으면 좋겠다.

마당 5 1. 1) 어김없이 마감하게 또랑또랑한   2) 앵커 발탁돼 시청자 채비를
         3) 순회 전투기   4) 돌풍 들이치는
         2. 4)   3. 2)
         4. 1) ✕   2) ○   3) ○   4) ✕

제19과 연예 소식

마당 1
대화 1 1. 1) 복귀하   2) 소재, 매력을   3) 배역   4) 복귀소감
         2. 무엇보다 소재가 신선했고 그동안 맡았던 역할들과 차별화된 모습에 매력을 느꼈기 때문이다.
         3. 일본에서는 외국배우이기 때문에 한국보다 대우가 좋았고, 시스템적으로도 촬영여건이 너무 좋았다.

대화 2 1. 1)　　　　　2. 2)
3. 30년대 시대에 서양문화를 가장 빨리 흡수하는 신세대사람이었다.
4. 그 시대에 가장 많은 재능을 가지고 있는 여자다.

내용 3 1. 대학생을 대상으로 한 방송기자, 비디오저널리스트, 아나운서, 카메라, 영상편집, 음향편집 과정 총 6 개 과정 "MBC대학생 여름방송캠프"를 실시한다.
2. 방송기자나 비디오저널리스트나 아나운서나 카메라과정 1 인당 30만 원이고 숙박 및 식비, 장비 등 일체 경비가 포함된다. 영상편집이나 음향편집 같은 과정의 경우에는 1 인당 40만 원이고 숙박 및 식비, 장비 등 일체 경비가 포함된다.
3. 신청은 2008년 6월 15일까지 http://www.mbc.co.kr 사이트에서 온라인 해당 과정 수강신청이 가능하다.

내용 4 1. 방송 중에 채모 씨의 전 남편 사진이 무단으로 방송한 것에 대해 사과했다.
2. 성격 차인 것으로 알려졌다.
3. 2005년
4. 가수로 데뷔한 채모 씨는 2003년 '저 푸른 초원위에'를 통해 연기자로 보폭을 넓히며 2005년 드라마 '해신'에서 장보고 최수종의 상대역으로 열연해 지난 5월 '커피프린스 1호점'에 주연급 한유주 역으로 캐스팅 되어 드라마를 촬영했다.

마당 2 1. 조선시대 가장 유명한 풍속화가 김홍도와 신윤복이다.
2. 4)
3. 첫째, 두 사람은 도화서 화원 생활을 함께 했던 동시대인이며, 둘째, 두 사람이 똑같은 주제를 두고 그린 그림이 여러 장 발견되고 있으며, 셋째, 두 명의 천재화가 중 김홍도에 대한 자료는 풍부하게 발견되고 있는 반면, 신윤복에 대한 자료는 거의 남아 있지 않다는 것이다.
4. 김홍도는 영조, 정조, 순조 세 임금의 총애를 받으며 오랫동안 권세를 누려왔지만 신윤복은 '속된 그림을 그려 도화서에서 쫓겨났다'는 풍문만을 남기고 역사 속에서 영원히 사라져 버렸다.

마당 3 1. 드라마가 시청자들의 다양한 욕구를 충족시켜 주는 하나의 수단이기 때문이다.
2. 1)
3. 당대의 정치, 사회적 현실을 드라마 속에 담아 내어 현실의 가감 없는 극적 포착을 통해 시청자들의 욕구를 충족시키고자 하였다.
4. 3)

마당 4 1. 시청자가 MC한테 보낸 메일이다.
2. MC의 진행이 매끄럽지 못하다. 미녀분들이 이야기를 하는 도중 중간에 내용을 끊거나 전혀 상반되는 이야기로 분위기를 다운되게 하는 경향이 있다. 다음으로는 패널분들이 미녀들의 얘기를 도중에 끊고 자기 얘기를 하기 바쁘다는 것이다. 물론, 자기 의견을 표명하는 것이 나쁘다는 것은 아니다.
3. 방송이 한국과 일본의 불화를 조장하는 것 같다고 생각한다.
4. 생략

마당 5 1. 프로그램의 MC가 시청자에게 쓴 글이다.
2. 제가 많이 부족하다고 질책하시는 글이 많아서 항상 반성하고 있습니다. 열심히 하려고 노력하고 있습니다. 부족한 점이 많이 있지만 앞으로 고쳐 가도록 하겠습니다.

3.

답변 문제	시청자들이 지적한 문제점	MC의 답변
1	출연자의 이야기가 길게 못 나와 자라 버린다.	물론 녹화 때는 발언을 원하는 출연자 전원에게 모두 말할 기회를 줍니다. 그러나 4시간 넘는 녹화분이 방송에 나갈 수는 없겠지요.
2	발언을 못하게 막는 일이 있었다고 한다.	제가 출연자들의 발언권 순서를 갖고 있는 것은 사실이지만 발언을 못하게 막는 일은 절대 없습니다. 녹화 현장의 상황을 말씀 드리면 여성 출연자 열 여섯명을 잡는 카메라는 실제는 두대 긴 막대기 달린 카메라가 한 대가 있습니다. 두 대 중에 한 대는 큰 그림을 잡고 있어서 한 대만이 말 하는 사람을 잡게 됩니다. 또한 전 출연자의 오디오를 모두 열고 있으면 방송에 엄청난 소음이 들리게 됩니다. 그래서 제가 이름을 불러 주면 카메라와 오디오가 한 사람을 맞추어 주게 됩니다.
3	발언권에 대해 진행자가 누군 이뻐하고 누군 미워해서 기회를 안 준다.	발언권에 대해 진행자가 누군 이뻐하고 누군 미워해서 기회를 안 준다고 하는 부분은 사실이 아님을 말씀 드리고 싶습니다.
4	말하는 여성의 말이 갑자기 끊기고 다음 사람으로 넘어가는 경우가 있다.	저도 방송 진행 경험이 없는 사람이 아닌데 말하는 여성 갑자기 두고 다음 사람으로 콜을 넘기지는 않습니다. 또한 한 사람 말 끝나고 그 말에 대한 공감 멘트나 정리 다음 사람 콜은 녹화장에서 모두 이루어집니다.

제20과 선거이야기

마당 1

대화 1 1. 1)   2. 좋아질 것이라고 생각한다.

대화 2 1. 1)   2. 자기와는 아무런 상관이 없음을 비유적으로 이르는 말.

대화 3 1. 후보들의 선거 공약을 냉정히 판단해 정파를 떠나 부패하지 않고 정직한 사람을 뽑아야 한다고 생각한다.

2. 달걀로 바위치기처럼 고치기가 그렇게 쉽지 않다고 생각한다.

마당 2 1. 여러 사람이 저마다 제 주장대로 배를 몰려고 하면 결국에는 배가 물로 못 가고 산으로 올라간다는 뜻으로, 주관하는 사람 없이 여러 사람이 자기주장만 내세우면 일이 제대로 되기 어려움을 비유적으로 이르는 말.

2. 우왕좌왕

마당 3 1. '대한민국 선거이야기'는 선거의 역사를 중심으로 대한민국의 근현대사를 훑어 알기 쉽게 강의로 풀어 설명해 주고 있는 책이다.

2. 한국의 근현대사를 쓰윽 훑을 수 있을뿐만 아니라 선거를 통한 긍정적인 모습도 찾을 수 있기 때문이다.

마당 4 1. 4)

2.

후보자	주장	공략
기호 1 번 후보자	낙후된 지역을 적극적으로 개발하겠다.	우리 지역이 다른 지역보다 좀 낙후되어서 적극적으로 지역개발이 필요하다는 것이기 때문입니다.
기호 2번 후보자	우리 지역에 공원을 만들고 여기저기 녹지를 조성하겠다.	편리하게 사는 것도 중요하지만 환경을 생각하는 자세가 더욱 중요하다는 것이기 때문입니다.

3. 환경을 보존하는 것은 삶의 질을 높일 뿐 아니라 우리 후손들에게 더더욱 중요하고 생존의 문제로 직결된다.

마당 5 1. 이명박 대통령은 '선진화의 길, 다 함께 열어갑시다' 라는 제목의 취임사에서 2008년을 대한민국 선진화의 원년으로 선포하였다.
2. 이명박 대통령은 가난한 집안에서 태어나 학업을 마친 뒤 중소기업의 사원으로 입사했으며, 이후 마침내 '현대건설' 이라는 대기업의 회장에 올랐다. 또 서울시장에 당선된 후에는 청계천 복원으로 대한민국의 수도를 쾌적한 도시로 만들어 세계의 관심을 모으기도 하였다.
3. 정부 조직을 '작지만 능률적으로 조직' 으로 개편하고 경제활동을 막는 여러 규제를 찾아 고치고 수정하여 경제성장을 위한 분위기를 만들어 나가겠다고 하였다.
4. '비핵 개방 3천' 이라는 새 정부의 대북정책은 조선이 비핵화를 적극적으로 실천하면 국제사회와 함께 조선의 개방을 지원하여 10년 안에 1 인당 국민소득이 3천 달러 이상이 되게 하겠다는 것이다.
5. 생략

제21과 한복

마당1 1. 한복   2. 한글   3. 김치   4. 불고기   5. 태권도
마당 2 3. 1) 여성용   2) 남성용   2. 1) ✕   2) ✕   3) ○   4) ○
마당 3 1. 3)   2. 4)
3. 열두 폭의 치마는 폭마다 곡선으로 처리하여 그 부피를 줄였는데 이것이 바로 한복이 갖는 '곡선의 아름다움' 입니다.
4. 1) ✕   2) ○   3) ✕   4) ○
마당 4 4. 1) ✕   2) ✕   3) ○   4) ✕   5) ✕   6) ○
2. 1) 저고리, 조끼, 마고자   2) 백의민족, 흰색, 예법
   3) 개량   4) 고구려, 백제, 신라
5) 실크, 면, 모시, 나이, 사회적 지위, 계절
3. 1) 여성은 짧은 저고리와 넉넉한 치마로 우아한 멋을 풍겼으며 남성은 바지 저고리를 기본으로 조끼와 마고자로 멋을 냈습니다.
   2) 백의민족
   3) 삼국시대
   4) 가볍고 입기 쉬운 점이 한복의 장점이다.
마당 5 1. 2)   2. 3)   3. 4)   4. 1)
5. 긴 머리는 비녀를 이용해 쪽을 지는 것이 가장 잘 어울린다. 깔끔하게 빗어 넘겨 하나로 묶거나 올림 머리를 최대한 단정하게 마무리한다. 댕기나 비녀, 뒤꽂이, 등으로 장식하면 포인

트가 된다. 피부화장은 평소보다 밝고 화사한 것이 좋다. 눈썹은 한복과 어울리도록 아치형으로 우아하게 그려 주고 눈화장은 저고리 색에 맞춰 은은하게 표현한다.

제22과 사람을 감동시키는 글(1)

마당 1
1. 언제나 내 몫을 할당 받자마자 그 자리에서 모조리 먹어 치웠습니다.
2. 동생은 서랍 가득 아빠의 선물들을 모아 놓고 지독하다 싶을 만큼 아꼈다.
3. 초콜릿이 아무리 먹고 싶어도 인형만은 절대로 바꾸지 않을 참이었지만 그 결심은 오래 가지 않았습니다. 끝내 달콤한 유혹을 이기지 못하고 동생과 또 다시 물물교환을 해 버린 것입니다.
4. 아버지가 돌아가신 뒤 기억 속에 가장 큰 아쉬움으로 남아 있던 아버지의 생일선물을 주었다.

마당 2
1. 위염으로 여겼다가 위암 말기라는 진단을 받았다.
2. 가기 전에 좋은 일이라도 하고 싶다. 자신이 죽거든 자신의 장기를 죽어가는 사람들을 살리는 데 쓰라고 했다.
3. 엄마 말씀대로 하겠다고 거짓말을 했다.
4. 갑작스런 죽음 앞에 따이 꺼지고 하늘이 무너질 어머니께 장기조차 쓸모없게 됐다는 걸 차마 알려 드릴 수 없었다.
5. 위암 말기라서 장기들은 썩은데 기증할 수 없게 된 것을 알면서도 아들이 기증하겠다는 말을 듣고 당황스러웠다.

마당 3
1. 딸이 보고 싶어서 전화를 했다.
2. 꿈 속에서 어머니가 찾아왔다. 그리고 가랑잎처럼 마른 가슴을 문질렀다. "막내야, 여기가 아프구나. 파스 좀 붙여주련."라고 하셨다.
3. 생략

마당 4
1. 양심거울에 자신의 모습을 비춰 보며 양심함에 물건값을 넣고 문구를 가져갔다.
2. 1)
3. 돈이 없어 물건을 그냥 가져갔던 누군가가 갚은 외상값이었던 것이다.

마당 5
1. 집안의 늦둥이로 태어나고 부모님께서 일찍 돌아가셨지만 큰형님 내외는 부모의 역할을 하면서 자기를 키웠다.
2. 시장 모퉁이에 있는 손바닥 만한 가게에서 야채를 팔고 꽁보리밥과 국수로 끼니를 때우며 나를 대학공부까지 시키셨다.
3. 아무 원망도 없고 축하만 하셨다.
4. 반지는 어려운 가운데서도 키워 낸 큰형님 부부의 결혼반지를 녹여서 만든 것으로 자기의 반지를 만들어 주기 때문이다.
5. 형님과 형수님의 그 뜨거운 사랑을 죽어도 잊지 않겠다고 다짐했다.

제23과 사람을 감동시키는 글(2)

마당 1
1.
1) 또래, 덩치, 먹보, 왈가닥
2) 불똥이, 떡쟁반을
3) 입을 뗐습니다
4) 핀잔하는 대신, 친구 삼게, 배려에
2. 4)
3. 다른 아이들보다 덩치가 두 배는 큰 먹보 아들과 온동네 소문이 자자한 왈가닥 딸때문에 둘이 모이면 노는 게 거의 전쟁이라서 걱정을 많이 했다.
4. 생략

마당 2 1. 1) 쪼르르   2) 모락모락, 가득   3) 끙끙   4) 딱해
2. 3)
3. 친구한테 감기를 옮길까봐 들어오지 말라고 했습니다.

마당 3 1. 1) 고비   2) 헐레벌떡, 저금통   3) 묵직한, 꽉   4) 찬, 내저었습니다
2. 3)
3. "괜찮아요. 아저씨, 나 돈 많아, 내가 가져올게요."
    놀랍게도 아이는 수술비쯤은 아무 문제가 되지 않는다는 듯 집으로 달려갔고 한참 뒤 헐레벌떡 달려온 아이의 손에는 돼지 저금통이 들려 있었다.
4. 엄마를 살리고 싶은 아이의 간절한 소망에 감동되었기 때문이다.

마당 4 1. 1) 뇌질환   2) 한결같았습니다
     3) 턱 놓였고, 환한 미소를   4) 퀭한, 깜박이며
2. "여기 이분이 누구죠" 라고 물어보고 환자는 "내가 지옥에 가서도 알아볼 유일한 사람이죠. 내 사랑하는 아내."라고 대답하였다.
3. "내가 지옥에서도 알아볼 유일한 사람…여보."라고 끝까지 말을 못했다.
4. 여자의 그 비명 같은 울음소리를 위로하고 깊은 죄책감을 느꼈다.

마당 5 1.
  1) 탓에, 벅찼지만, 쥐어 짜가며   2) 앞둔
  3) 어수선했던, 끼얹   4) 웅성웅성, 주절주절
2. 만일 사흘 후에 죽게 된다면 당장 하고 싶은 일이 뭔지 생각해 보자는 것이 무엇이냐고 물었다.
3. 여행을 하겠다. 기막하게 맛있는 걸 먹겠다. 싸우고 토라진 친구와 화해하겠다. 고향에 계신 부모님께 전화하겠다.
4. DO IT NOW? 라는 한 마디이다.
5. 생략

제24과 한국의 경제

마당 1
대화 1 1. 장기금리가 상승해서 회사가 어려워서 그렇습니다.
2. 아이엠에프 영향을 많이 받아서 그렇습니다.

대화 2 1. 회사가 경비절약을 위해서 해외출장을 줄였다.
2. 2)

대화 3 1. 3)

마당 2 1. 10월 동안에 증시는 폭락과 폭등도 반복했다가 31일에 상승세로 마감했습니다.
2. 폭락, 급등, 혼란, 빠뜨렸, 진정되, 한숨, 돌리, 원자재, 외환, 폭락, 폭등, 겹치

마당 3 1. 12, 15, 28, 36, 39, 40
2. 1등 총 당첨금 한 사람에 16억6천931만900원씩
   2등 5천756만2천549원
   3등 163만8천189원
   4등 6만3천856원

마당 4 4. 1)   5. 4)

마당 5 1. 2)
2. 미국발 금융위기가 몰고 온 한국경제의 파장 어디까지 갈 것인지 경제위기를 극복하기 위한 근본적인 해법은 무엇인지 집중 토론해 보겠습니다.
3. 김주현 현대경제연구원 원장 나오셨습니다. 김기원 방송통신대 경제학과 교수 나오셨습니다. 한국은행도 0.25% 금리인하 조치를 내렸다.

제25과 한국의 역사 인물과 옛날 이야기

마당 1
대화 1 1. 1) ×   2) ×   3) ×   4) O   2. 3)

내용 2 1. '종이 있는 거리'를 뜻한다.   2. 생략

내용 3 1. 1) 거슬러 옥황상제 견우 직녀 은하수   2) 딱한 사정을 전해 까치와 까마귀
3) 놓았 오작교   4) 칠석날 이별의 눈물
2. 1) 너무나 옷감을 잘 짜기 때문에 직녀라고 한다.
2) 소를 잘 먹이기 때문에 견우라 했다.
2) 견우와 직녀가 만나는 날이다.   4) 생략

내용 4 1. 4)
2. 1395년에 짓기 시작하여 1398년에 완성되었고 1447년에 개축하였다. 1479년에도 비교적 대규모의 보수공사가 있었다. 1961~1963년에 해체하고 수리했다.
3. 3)

마당 2 3. 1) 육지에 있는 토끼의 간을 먹으면 낫는다고 한다.
2) 토끼 화상을 가지고 육지에 이른 자라는 동물들의 모임에서 토끼를 만나 수궁에 가면 높은 벼슬을 준다고 유혹하면서 지상의 어려움을 말한다.
3) 토끼는 꾀를 내어 간을 육지에 두고 왔다고 한다.
4) 생략   2. 생략

마당 3 1. 1) ×   2) ×   3) O   4) O
2. 1) 악하 사나운 순하 착한   2) 제비 부러졌다   3) 부러뜨려   4) 뉘우치 화목하게

마당 4 3. 1) (×)   2) (O)   3) (O)   4) (×)   5) (O)
4. 5) 콩쥐 엄마가 병에 걸려 돌아가셨어요.
6) 새엄마와 팥쥐
7) 황소 한 마리가 나타나 눈 깜짝할 사이에 풀을 다 뽑아 주었다.
8) 참새들은 빠르게 벼를 쪼아 모조리 껍질을 벗겼다.

마당 5 1. 1) (×)   2) (×)   3) (O)   4) (O)   5) (×)
2. 1) 아버지는 우연히 눈이 멀어 장님이 되었다. 엄마는 심청을 낳고 그만 죽게 되었다.
2) 심청은 열다섯 살이 되자 아버지를 대신하여 걸식하여 지극히 아버지를 봉양하였다. 그리고 틈나는 대로 공부를 하고 바느질을 익혔다.
3) '공양미 삼백 석을 부처님께 바치면 눈을 뜨리라'고 들었다.
4) 눈을 뜰 수 있다는 말에 앞뒤를 생각하지 못하고 심봉사는 선뜻 공양미를 받치겠다고 약속하고 말았다. 심청은 그 상인들을 만나 자기 몸을 팔아 공양미 삼백 석을 바쳐 아버지의 눈을 뜨게 하기로 하였다.
5) 마지막으로 심봉사는 볼 수 있었다.
6) 생략